北京市知识管理研究基地、绿色发展大数据决策北京市重点实验室建设资助项目

首都高技术产业的发展质量与创新效率监测预警分析

张 健 著

中国财经出版传媒集团

经济科学出版社
Economic Science Press

图书在版编目（CIP）数据

首都高技术产业的发展质量与创新效率监测预警分析/
张健著．—北京：经济科学出版社，2018.11
ISBN 978 - 7 - 5218 - 0004 - 3

Ⅰ．①首…　Ⅱ．①张…　Ⅲ．①高技术产业 - 产业发展 -
研究 - 北京　Ⅳ．①F127.1

中国版本图书馆 CIP 数据核字（2018）第 280966 号

责任编辑：赵　芳
责任校对：郑淑艳
责任印制：邱　天

首都高技术产业的发展质量与创新效率监测预警分析
张　健　著
经济科学出版社出版、发行　新华书店经销
社址：北京市海淀区阜成路甲 28 号　邮编：100142
总编部电话：010 - 88191217　发行部电话：010 - 88191522
网址：www. esp. com. cn
电子邮件：esp@ esp. com. cn
天猫网店：经济科学出版社旗舰店
网址：http：//jjkxcbs. tmall. com
固安华明印业有限公司印装
710 × 1000　16 开　18.5 印张　340000 字
2018 年 11 月第 1 版　2018 年 11 月第 1 次印刷
ISBN 978 - 7 - 5218 - 0004 - 3　定价：38.00 元
（图书出现印装问题，本社负责调换。电话：010 - 88191510）
（版权所有　侵权必究　打击盗版　举报热线：010 - 88191661
QQ：2242791300　营销中心电话：010 - 88191537
电子邮箱：dbts@ esp. com. cn）

前 言
PREFACE

　　高技术产业作为知识密集型和技术密集型的产业，代表着一个国家或地区的科技发展水平及综合实力，也是一个国家或地区的重要经济增长点。在日趋激烈的竞争环境下，能否以高技术产业带动传统产业发展，能否在高技术产业发展上占据领先地位，是提高一个国家或地区综合实力的关键。当前我国经济发展已进入新常态的关键时期，经济结构面临转型，经济增速逐步换挡，经济驱动全面转变，在此过程中，高技术产业是实现经济有序、健康、可持续发展的重要保障。

　　目前，北京市正立足于"京津冀一体化战略"，积极调整疏解非首都核心功能，推进经济向"高精尖"结构转型。《北京市"十三五"规划纲要》及《北京市"十三五"时期加强全国科技创新中心建设规划》中均明确提出要加快实施创新驱动发展，大力推进以科技为核心的全面创新，加快实现发展动力转换。高技术产业的发展是推动经济可持续发展，促进产业结构优化升级的必要途径，也是北京市落实首都城市战略定位、加强全国科技创新中心建设、促进京津冀协同发展的关键支撑。

　　本书以首都高技术产业为研究对象，从监测、预测、预警、政策分析和可视化等视角，综合使用多种理论分析和经验分析方法，梳理了高技术产业发展和创新理论体系及指标体系，改进和完善了现有的监测、预测、预警方法，提出了适合首都高技术产业、首都高新技术园区特色的测算模型，对首都高技术产业的发展和创新趋势及驱动因素进行了分析，为提升其创新效率、保障平稳快速发展和加强经济协同性提供有益的理论依据和政策启示，具有重要理论和实践价值。

　　本书主要理论创新为：在全面梳理首都高技术产业发展现状、存在问题及影响因素的基础上，构建了首都高新技术园区经济景气、经济周期波动评价和经济预测指标体系。主要方法创新为：在综合考虑首都高技术产业特征基础上，改进和完善了现有监测预警预测方法，提升了模型测算的科学性。具体来说方法创新有：（1）结合景气循环法和综合模拟监测预警法构建了景气监测预警模型；（2）基于 BP 和广义回归神经网络构建了景气预测模型，开展了基于 IOWA 算子的多参数指数平滑模型组合预测，并且融合百度指数、招聘数据等构建了大数据预测模型；（3）首次创造性地将经验模态分解法应用于高新技术园区经济周期的测算。

　　通过研究，我们得到的主要发现如下：（1）2001～2016 年，首都高技术产业、高新技术园区和产业规模不断扩大，创新投入和产出稳步增长，领先于上海、天津、山东和安徽等省份；（2）政策评估结果显示，税收优惠政策对于首都潜在的高新技术创新企业的创新绩效有明显激励效果，但对在位企业的创新绩效无明显效果；（3）根据一致指数（由总收入、新产品产值和技术收入等发展和创新指标构成）和预警指数走势，2012 年到 2016 年各月首都高新技术园区发展总体平稳，未出现过热或过冷等极端状况，预计 2017 年 10 月至 2018 年 6 月期间将呈现整体平稳增长并稳中向好的势头；（4）经济周期分析结果表明，高新技术园区经济处于 10 年左右中周期长度，整体经济与周期影响因素的特征相似但不完全同步，一定程度存在协同性。

　　本书由张健组织，王建国、王腾霄、王磊、马承君、初睿、李博、杨颖梅、杨翠芬、张健、吴晓峰、胡佳蔚、姜雨、赵文辉、赵桂彩、郭涛（按姓氏笔画顺序）共同完成。在读的硕士研究生陈垚彤、张迪、郭华等人做了大量的编辑、排版和校对工作。

　　在研究中，我们参考和阅读了国内外学者的大量相关书籍、论文和资料，由于文献很多，没有一一列出，只将其中的一部分列在参考文献中，在此向作者表示真诚的谢意！虽然我们为本书的完成作出了很大的努力，但由于能力和水平有限，缺点、错误和不当之处在所难免，敬请读者批评和指正！

目 录
CONTENTS

第 1 章

首都高技术产业发展
现状及影响因素分析

1.1 研究背景及意义

1.1.1 研究背景

高技术产业作为知识密集型和技术密集型的产业，代表着一个国家或地区的科技发展水平及综合实力，也是一个国家或地区的重要经济增长点。近年来，我国高技术产业立足科技进步和技术创新，支撑社会主义经济健康可持续发展，为我国的自主创新、成果转化开辟了一条坚实的道路。为了支持高技术产业发展，我国政府在基础设施建设、人才培养、创业服务等方面提供了大量优惠措施。2006 年全国科技大会提出自主创新、建设创新型国家战略以来，国家高新技术园区始终以改革为动力，持续增强自主创新能力，培育经济增长新动力，不断领航高新技术产业发展，带动区域经济转变发展方式和结构调整，为保障经济平稳运行提供了重要支撑，充分发挥了对经济增长的集聚、辐射和带动作用，在我国经济发展中扮演的角色愈加重要。

高新技术产业以创新为立足命脉，这更是提高社会生产力和综合国力的战略支撑，努力提高科技水平、提高创新能力已成为我国经济增长的重要目标。2018 年《政府工作报告》提出，要把握世界新一轮科技革命和产业变革大势，深入实施创新驱动发展战略，不断增强创新力和竞争力。党的十九大报告中指出，创新是引领发展的第一动力，是建设现代化经济体系的战略支撑。国家"十三五"规划纲要中明确提出，要发挥科技创新在全面创新中的引领作用，加强基础研究，强化原始创新、集成创新和引进消化吸收再创新，着力增强自主创新能力，为经济社会发展提供持久动力。"提高自主创新能力，建设创新型国家"已成为我国发展战略的核心。如今，我国经济已由较长时期的高速增长向中高速增长转变，经济深层次的问题日益突出，社会矛盾凸显。在这个阶段，要突破自身发展瓶颈，解决深层次矛盾和问题，根本出路就在于创新，关键要靠技术创新。

高技术产业作为技术密集、辐射引领、价值高端的创新型产业，是北京市落实首都城市战略定位、加强全国科技创新中心的关键支撑。首都高技术产业在增强自主创新能力、带动经济发展方式转变等方面发挥着重要的引擎作用，是首都经济社会全面协调可持续发展的风向标和领头羊。"十二五"时期，北京高技术产业进入新的发展阶段，产业规模持续快速扩大，结构不断优化，成为推动首都经济持续健康发展和区域协同合作的重要力量。2015 年以来，在国家深化结构调整以及"大众创业、万众创新"浪潮的带动下，首都以"互联网＋"为代表的新兴产业发展迅猛，新业态、新模式层出不穷，高技术产业迎来发展的新契机。在这些有利因素带动下，首都高技术产业总体呈现出量质齐升的良好局面。2017 年 1～11 月，以中关村国家自主创新示范区为代表的首都规模以上高新技术企业总收入增速达到 14.2%，比同期北京市 GDP 增长水平高 7.5 个百分点，对首都经济的支撑作用显著。但是，目前首都高技术产业在创新发展的过程中还存在着一些问题和不足。如政府服务创新水平有待提高，大型高技术企业税负增长过快，中小型高技术企业面临人才、融资、政策扶持的三大难题，高技术企业创新动力和活力还需增强，高技术产业布局有待进一步调整等。为了解决上述问题，提升首都高技术产业总体的发展质量和创新效率，有必要对高技术产业的创新发展问题进行专门研究。

1.1.2　研究意义

北京市正立足于"京津冀一体化战略"，积极调整疏解非首都核心功能，推进经济向"高精尖"结构转型。《北京市"十三五"规划纲要》及《北京市"十三五"时期加强全国科技创新中心建设规划》中均明确提出，要加快实施创新驱动发展，大力推进以科技为核心的全面创新，加快实现发展动力转换。首都高新技术产业作为知识密集和技术密集的产业集群，已成为带动区域经济发展，激发经济活力，提升经济发展质量的新引擎。多方位、多角度监测高新技术产业经济运行情况，深入分析经济变动趋势背后的影响因素，对维持高新技术产业的良好发展势头，推动高新技术产业的转型升级具有重大作用。如何利用已有监测数据对首都高新技术产业创新效率进行分析，在此基础上提高对未来经济运行趋势的有效预测精度，并结合对已实施政策效应的研究，为决策者提供参考，是高新技术产业平稳运行的重要保障。

加强高新技术产业经济监测预测，对高新技术产业发展路径的提升以及发展政策的制定都具有重要的指导意义。目前，对于高新技术产业区域层面的经济监测、预测预警及政策影响的研究尚存在局限性。例如，研究对象的局限性，传统的监测和预测模型仅对高新园区整体的总收入以及简单指标进行监测预测，缺乏对高技术产业经济管理对象从多角度的划分和监测，不能对经济发展状况多维度多指标交互分析，忽略了很多有价值的经济信息；研究方法的局限性，现有预测模型主要采用时间序列模型，缺乏对影响经济发展背后的结构性因素的发掘，导致经济预测中的解释力不足；信息反馈形式的局限性，常用的文字形式在认知传递上，远远没有可视化分析报告的效率高，限制了工作效率的提升；政策实施效果研究的局限性，有许多创新政策已实施多年，但对其量化评估和效果评价的研究不多，对于政策是否需要调整的反馈很少，不利于准确评估政策对企业创新能力的影响。

目前，学术界对高新技术园区经济周期波动特征相关问题的研究较少，对度量指标和度量模型的选择也尚未统一。例如，对高新技术园区是否存在经济运行周期特征？若存在，是何种因素引致尚未形成科学理论体系。对高新技术园区经济周期波动的典型特征，特别是对经济运行中扩张收缩阶段的差异化表现的相关研究，既能够为平抑宏观经济周期波动提供现实依据，又能为政府政策的制定提供科学导向和理论参考。另外，本书运用的创新型监测、预测模型，在数据选取上选择多源数据，有效解决了经济预测中存在的缺乏解释力、数据缺失、数据时滞等问题，更有利于厘清高新技术园区在发展过程中的各类影响因素。

此外，从创新要素的视角看，各种要素只有实现有机组合，才能充分发挥各要素的作用，而政策要素能够在创新链的各个环节施加影响，只有找到最适合的政策制度设计，才能实现创新投入和创新产出的最优化。本书从微观企业的角度，深入探究税收优惠政策对高新技术企业创新活动的影响，不仅可以为相关部门制定政策提供参考，而且对于丰富税收优惠政策评价体系也具备一定的理论意义。此外，随着大数据、云计算、数据挖掘、机器学习、数据可视化等诸多新型技术的出现和日臻成熟，为高新技术产业经济管理方式的转变提供了全新的方向和解决方案的多样性。

1.1.3　研究内容

本书以首都高技术产业为研究对象，重点对高新技术产业的发展质量与创新效率进行全面分析，并提出促进首都高新技术产业发展的意见和建议。主要研究内容有以下九方面。

第一，首都高技术产业发展现状及影响因素分析。本部分在对高技术产业的含义和特征进行阐述的基础上，对首都高技术产业的发展现状及存在的问题进行分析，探讨影响首都高技术产业发展的因素，为促进高技术产业发展的政策制定和实施提供明确的理论基础和指向。

第二，首都高新技术企业创新效率实证分析。本部分首先从外部和内部角度分析影响高新技术企业创新效率的主要因素，构建创新投入和产出的评价指标，并对首都高新技术企业创新发展现状进行阐述，然后采用 DEA 模型及 Malmquist 指数测度首都高新技术企业创新效率，对首都高新技术企业创新效率进行评价。

第三，首都高新技术企业创新绩效与税收优惠政策关系研究。本部分首先从成本效应和风险分担两条路径，分析税收优惠政策影响企业创新绩效的作用机制，其次基于处理效应模型和反事实框架理论，提出税收优惠政策评价模型，最后对税收优惠政策对高新技术企业创新绩效的影响进行实证分析。

第四，首都高新技术园区景气监测预警分析。本部分研究采用监测预警中景气循环以及模拟监测预警方法，在分析首都高新技术园区企业特点的基础上，通过定量方法进行监测预警指标筛选分类及权重确定，编制先行、一致及滞后指数并构建预警信号灯，对首都高新技术园区的发展进行监测预警。

第五，首都高新技术园区经济发展及运行情况预测。本部分构建了基于BP 神经网络和基于广义回归神经网络的景气预测模型以及基于 IOWA 算子的多参数指数平滑模型组合预测模型，对首都高新技术园区的经济发展及运行情况进行预测。

第六，首都高新技术园区多源数据经济预测研究。本部分研究首先从影响高新技术园区经济增长的因素出发，获取影响园区经济发展的多方面数据（园区内部、外部环境、网络数据等），构建预测指标体系，其次建立基于多源数据的高新技术园区经济预测模型并进行实证分析。

第七，首都高新技术园区经济周期波动特征及成因分析。本部分首先明确了用于衡量高新技术园区经济周期波动的指标，其次基于 EMD 算法构建了高新技术园区经济周期波动测定模型，量化分析经济周期波动和趋势特征，然后结合多元线性回归模型，构建了高新技术园区经济周期波动影响因素分析模型，最后通过比照影响因子与研究对象的经济周期运行特征，对高新技术园区经济发展的先行、同步和滞后影响因素进行了探析。

第八，国内外高技术产业发展创新情况对比。本部分首先从总体发展、分技术领域发展及创新发展等角度对国内部分地区高技术产业及高新技术园区的发展情况进行了对比，其次对国外典型经济体的高技术产业发展情况进行分析，对其创新实践进行研究并总结其创新发展的主要经验，为首都高技术产业发展提供经验借鉴和政策启示。研究内容及方法如图 1-1 所示。

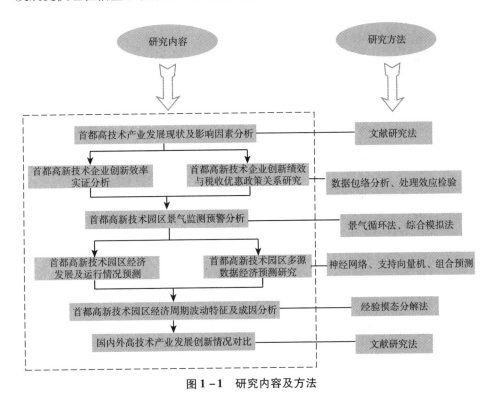

图 1-1　研究内容及方法

1.2　高技术产业的含义和特征

1.2.1　高技术的概念

"高技术"（high technology）一词源于 20 世纪 70 年代的美国，是被在

《技术和国家贸易》一书中首次明确提出的，是对当代世界前沿科学探索和在此基础上的技术发明的概括，现已被世界各国广泛使用。从经济学的角度理解，高技术是以当代尖端技术为基础建立起来的技术群。在日本，列为高技术的有微电子技术、计算机、软件工程、光电子、通信设备、空间技术、电子机械、生物技术等。中国"863"计划和"火炬计划"提出重点发展的高技术有：新材料技术、信息技术、航空航天技术、生物技术、新能源及高效节能技术、激光技术、自动化技术。从产业或产业密集程度的角度理解认为，高技术是对知识密集、技术密集的一类产品或产业的统称。

我国出版的《高技术词典》则将高技术定义为，"以最新科学成就为基础，对社会生产力发展起主导作用的知识密集型技术，或是基于科学的发展和创新而产生的技术。"高技术的使用往往带来经济超常规发展甚至是跨跃式发展，对发展中国家有着重大意义。高技术的概念包括四层含义。

第一，高技术是一个具有时空性的动态概念。就某一技术而言，在一定时期内是高技术范畴的，过一段时间就成了传统技术。因此，高技术是一个相对概念，是一个不断创新和换代的新技术群。

第二，高技术是在较高水平或最新科学成就的摇篮里孕育滋生的新技术，是以尖端科学理论为理论基础的。它标志着高技术本身的水平是"高"的、"新兴"的、"前沿"的和"尖端"的。因此，高技术是知识密集度高、技术密集度高、智力密集度高的技术。

第三，高技术的概念与市场经济紧密相连。由高技术开发出的高技术产品具有巨大的商业价值，只要不失时机地开发具有独占性的高技术产品并占领市场，即可获得高额利润。因此，高技术是高投入、高风险、高附加值、高收益的技术，是资金密集度高的技术。

第四，高技术活动是技术创新、经济贸易、生产管理等多种社会活动的结合，它的渗透力远远超过了技术本身，对产业结构、社会变革、生产方式、思维方式乃至观念都将产生深远影响。因此，高技术是高增值性、高渗透性的技术。

根据这四层含义，可以将高技术概念定义为：高技术是知识密集、技术密集、资金密集的新兴高层次实在技术群。它既是新兴技术，又是高层次技术，还是实在技术，并具有很强的创新性和相对性。其中，"新兴技术"是指新近才兴起并得到实际应用的技术，它表明高技术具有巨大的发展前途和潜力，有着旺盛的生命力；"高层次技术"是指高技术本身的技术等级高，是现阶段的先进技术和尖端技术，而不是一般的成熟技术和传统技术，高技术一定是新技术，但新技术不一定是高技术；"实在技术"是指可以直接利用并转化为商品，能够获得巨大经济效益的技术，而不是那些需要从理论上重新探讨，在将来才可以实际利用的技术；"创新性"是指高技术是建立在最新科学成就基础上的技术，客观上具有技术变化迅速、产品生命周期短、产品性能和生产工艺改进速度快等特点；"相对性"是指不同时代会有不同的高技术，今天的高技术过段时间就变成了传统技术、成熟技术。

高技术的开发与应用作为一个经济范畴，与高投资、高风险、高收益相关联。高投资是高技术产业化的重要前提；高风险则是新技术研究与开发以及产业化过程的基本表现；而高收益则是高技术产业化的正常结果，但并不等于高技术一定产生高收益。只有产业化成功的高技术形成了现实生产力，才具有很高的经济效益。

人才是高技术的载体，智力因素是高技术成长发育极为关键的因素，"高智力"的特点也是使得高技术具有周期短和渗透性高这类特性的决定因素。因为一旦高技术在高智力和流动性人才的推动下，日益成熟并逐渐普及，其生命周期将结束，新的技术创新周期即等待开始。人才的流动性和地域性也决定了高技术及其产业具有民族性、地域性、流动性和技术附身能力。高技术的这些特点决定了高技术产业具有其自身的发展规律。

1.2.2 高技术产业的含义

对高技术产业的概念，国内外有不同的意见。博特金和迪曼塞斯库（BotKin and Dimancescu，1982）在《高技术》中指出，"高技术产业的定义，主要依据：一是专业技术人员的比例高，二是销售收入中用于 R&D 的投资比例较高。"美国学者尼尔森（Nelson，1999）认为，高技术产业是研究与开发密集型产业。英国学者奥基认为，高技术产业不仅要生产高技术产品，而且生产的过程技术和生产设备也应是高技术的。中国台湾《国际贸易金融大词典》中规定："高科技企业必须指利用电脑、超大型集成电路等最尖端科技产物为基础，并投入较高的研究开发经费，从事生产的智力密集型企业。"（中华征信所，2010）

目前，比较公认的是经济合作发展组织对高技术产业做出的定义，即研究开发经费占产品销售额的比例远高于各产业平均水平的产业为高技术产业。1988 ~ 1995 年，这类产业有 6 类：电子计算机及办公设备制造业、航空航天器制造业、医药制造业、电子及通信设备制造业、电气机械制造业和科学仪器仪表制造业，其中，R&D 经费占销售额的比例都超过 5%；1995～2001 年，这类产业有 4 个：航空航天器制造业、医药制造业、电子计算机及办公设备制造业、电子及通信设备制造业，其中，R&D 经费占销售额的比例均超过 8%；2001 年又调整为 5 个：航空航天器制造业，医药品制造业，办公、会计及计算机设备制造业，无线电、电视及通信设备制造业和医疗，精密仪器及光学科学仪器制造业。截至 2015 年，高技术产业调整为医药制造业，航空、航天器及设备制造业，电子及通信设备制造业，计算机及办公设备制造业，医疗仪器设备及仪器仪表制造业 5 个，在 2016 年，又新增了信息化学品制造业，在本部分内容中暂未讨论。

在我国实践中，常把高技术与新技术混在一起，统称为"高新技术产业"，如"火炬计划"。而我国科学技术部、财政部、国家税务局在 2008 年发布了《高新技术企业认定管理办法》，提出了六条高新技术企业的认定条件：一是在中国境内（不含中国港澳台地区）注册的企业，对其主要产品（服务）的核心技术拥有自主知识产权；二是产品或服务属于《国家重点支持的高新技术领域》规定的范围；三是大学专科以上学历的科技人员占企业当年职工总数的 30% 以上，其中研发人员占企业当年职工总数的 10% 以上；四是研究开发费用总额占销售收入总额的比例，小、中、大型企业分别为 6%、4%、3%，其中，企业在中国境内发生的研究开发费用总额占全部研究开发费用总额的比例不低于 60%；五是高新技术产品（服务）收入占企业当年总收入的 60% 以上；六是企业研究开发组织管理水平、科技成果转化能力、自主知识产权数量、销售与总资产成长性等指标符合《高新技术企业认定管理工作指引》的要求。这些条件体现出了高技术产业高研究开发投入和高创新性的特点。

目前得到各国公认并将列入世纪重点研究开发的高技术领域有信息技术、生命技术、新能源与可再生能源技术、新材料技术、空间技术、海洋技术等。我国目前界定的高技术产业涉及制造业中的航空航天器制造业、电子及通信设备制造业、电子计算机及办公设备制造业、医药制造业和医疗设备及仪器仪表制造业 5 类行业。

1.2.3 高技术产业特征分析

经济合作与发展组织（OECD）提出高技术产业的五个特征是：研发（R&D）投入强度大；对政府具有战略意义；产品和工艺老化快；资本投入大、风险高；R&D 成果及其国际贸易具有高度国际合作与竞争性。

《高技术产业经济学》一书给出了高技术产业的八个基本特征。一是高研发投入强度。研发投入强度用该产业的研发投入经费占产品销售额或工业总产值或工业增加值的比例计量。高技术产业是资本高度密集的产业，对资金投资的需求大大超过传统产业，这是高技术产业发展起来的关键。二是高创新性。由于高技术产业是最新科技发展的结晶，其产品创新率和工艺创新率都处于较高的水平。三是高智力密集性。高技术产业对人才的需求比例是传统产业的 5 倍，而产业内企业间的竞争主要是对高级人才的竞争，人才则成为高技术的一个重要载体。四是高关联性。高技术产业的联系效应和带动效应很大，可以加快传统产业的整体进步，催生新兴产业，使主导产业、关联产业和基础产业体系日趋成熟。五是高需求收入弹性。这就意味着高技术产品因其高创新性而具有较低的市场竞争程度，因此，高技术产业市场需求量和产值的增长率一直远高于传统产业。六是高收益。高技术企业可以依靠其创新产品的垄断性获得超额利润。七是高风险性。由于高技术产业的研发等各环节有较高的不确定性，因此存在着高风险。八是对风险投资的高依赖性。高技术企业在发展的不同阶段对资金的需求不同，资金问题容易成为企业发展的瓶颈，而风险资本则是打破这一瓶颈的有力工具，因此，高技术产业的高风险性决定了其对风险资本的强依赖性。

从产品的生命周期角度来看，在高技术成果转化为产品的漫长过程中，存在高投入、高风险和高增值回报的特性。在入市期，高技术在转化为产品之前的投入几乎没有利润回报，产业内组织的研发和投入在这一阶段的风险最高；在推广成熟期，一旦突破技术并有效转化为产品，实现了技术流程化、产品的商品化以后，产业内组织的回报就将体现为获取高于社会平均利润水平的"超额利润"，这一阶段的风险则主要集中于"市场推广"的成功与否；而当高技术产品的回报逐渐接近社会平均利润水平时，也就达到了其市场的饱和，并逐步进入衰退期。

从以技术创新和知识创新为动力的产业集聚效应来看，高技术产业发展布局形成的规律中有两个比较普遍的现象，一是在特定的地理区域内，伴随着研发、生产及服务体系的逐步成熟，形成了新兴产业聚集区；二是产业聚集区内对人才、企业、项目、金融服务等各类资源的聚集效应，将随着功能区建设的配套和完善逐步增强，并对周边产业升级产生辐射和带动作用，对周边区域经济发展有明显驱动效果。

1.3 首都高技术产业发展现状

1.3.1 首都高技术产业整体发展情况

1.3.1.1 首都高技术产业规模不断扩大

2001~2016年，首都高技术产业的企业数、从业人员年平均人数、主营业务收入、利润总额、出口交货值等主要经济指标都显示出，首都高技术产业的规模呈现不断扩大的态势（见表1-1）。

表1-1　　　　　　2001~2016年首都高技术产业规模情况

项目	2001年	2002年	2003年	2004年	2005年	2006年	2007年	2008年
企业数（个）	605	679	625	1125	1101	1107	1163	1134
从业人员平均人数（万人）	16	16.6	16.7	18.4	20.9	22.4	24.6	24.7
主营业务收入（亿元）	1225.2	1121.9	1256.5	1571.6	2168.5	2831.9	3362.1	3182.1
利润总额（亿元）	76.2	79.6	84.9	82.1	96.8	121.7	184.9	140.8
出口交货值（亿元）	201.6	218	251.4	453.2	832.6	1152	1420.5	1328.3
项目	2009年	2010年	2011年	2012年	2013年	2014年	2015年	2016年
企业数（个）	1150	1103	737	760	782	805	805	795
从业人员平均人数（万人）	23.9	25	26	28.3	28.7	28.2	27	26.3
主营业务收入（亿元）	3019.2	3333.8	3326.3	3569.9	3826.1	4151.6	3997.1	4308.5
利润总额（亿元）	156.5	182.2	228.9	235.6	292.4	277.3	268.3	321.0
出口交货值（亿元）	1170.8	1217	1055.8	1081.4	1118.8	1031.6	695.4	645.4

资料来源：由2009~2017年《中国高技术产业统计年鉴》整理得到。

近几年来，首都高技术产业的从业人员年平均人数增长呈现先增后减态势，从2001年的16万人发展到2013年的28.7万人，随后逐年减缓，到2016

年为 26.3 万人，年均复合增长率为 3.4%。

2016 年，首都高技术产业实现增加值 5646.7 亿元，占地区生产总值的比重为 22.7%，比上年提高 0.2 个百分点，比 2010 年增加值翻一番，年均增长率达 13.1%。

1.3.1.2　主营业务收入稳步增长，利润总体有所回落

如图 1 - 2 所示，从首都高技术产业主营业务收入的变化来看，从 2001 年的 1225.2 亿元增加到 2016 年的 4308.5 亿元，年均增长 8.7%，同样反映了首都高技术产业规模的持续扩大和市场竞争力的提升。

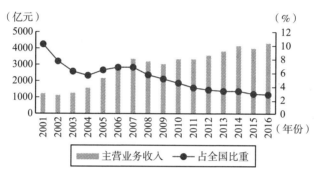

图 1 - 2　首都高技术产业主营业务收入及占全国高技术总收入比重

2016 年，首都高技术企业实现利润总额 321 亿元，比 2001 年的 76.2 亿元增长了 3.5 倍，年均复合增长率达到 10.1%（见图 1 - 3）。首都高技术产业利润总体呈上升态势。

1.3.2　首都高技术产业五大行业发展情况

1.3.2.1　首都高技术产业五大行业生产经营情况

近几年，首都高新技术产业内部五大行业发展活跃，通过表 1 - 2 和图 1 - 4，我们可以看到五大行业 2016 年生产经营的一个基本情况，其中，电子及通信设备制造业除了利润总额指标外，其他各项指标都处在领先的位置；而航空航天器制造业由于其自身行业的特点，总体由国家控制，市场开放程度低，企业数较少，各方面指标都处在比较低的位置。

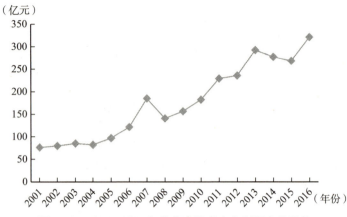

图 1-3　2001~2016 年首都高技术产业利润变化趋势

表 1-2　　　　　　　　　　**2016 年首都高技术产业五大行业总产值**

行业	企业数（个）	从业人员数（个）	资产总计（亿元）	主营业务收入（亿元）	利润总额（亿元）
医药制造业	209	74400	1290.1	809.0	153.5
航空航天器制造业	37	32212	446.1	284.2	16.9
电子及通信设备制造业	255	91010	2866.2	2063.7	21.4
电子计算机及设备制造业	47	16517	1121.4	710.1	68.5
医疗设备及仪器仪表制造业	241	47142	869.7	430.6	60.5

资料来源：由 2009~2017 年《中国高技术产业统计年鉴》整理得到。

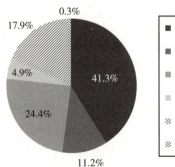

■ 医药制造业
■ 航空航天器制造业
■ 电子及通信设备制造业
□ 电子计算机及设备制造业
▨ 医疗设备及仪器仪表制造业
▧ 信息化学品制造业

图 1-4　首都高技术产业总产值各行业所占比重

1.3.2.2　首都高技术产业五大行业发展对比

如表1-3和图1-5所示，整体来看，首都高技术产业内部五大行业发展总体平稳，各行业产值位次波动小。其中，电子及通信设备制造业增加值占比在2009~2014年保持稳定，但2015年起占比明显缩小，2016年占比进一步缩小至1/4左右。而医药制造业增加值占比持续扩大，2015年起超过电子及通信设备制造业，位居各行业首位，2016年占比进一步扩大至40%。其他三个行业增加值占比总体稳定。

表1-3　　　　　　　2009~2016年首都高技术产业五大行业增加值　　　　　单位：亿元

项目	2009年	2010年	2011年	2012年	2013年	2014年	2015年	2016年
医药制造业	127.2	150.1	175.8	221.3	263.3	269.3	275.6	347.7
航空航天器制造业	28.6	34.6	41.3	46.8	57.1	58.8	56.9	94.3
电子及通信设备制造业	189.4	204.3	199.1	257.5	291.6	294.2	249.5	205.9
电子计算机及设备制造业	33.2	36.4	44.3	56.1	56.5	20.9	47.8	41.2
医疗设备及仪器仪表制造业	89.0	88.3	105.6	116.0	127.5	126.4	134.1	150.9

资料来源：由2009~2017年《中国高技术产业统计年鉴》整理得到。

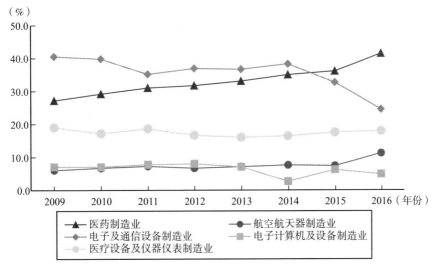

图1-5　首都高技术产业五大行业近几年总产值占比趋势

1.3.3　首都高技术产业技术创新情况

知识创新、技术创新是高技术产业的根本，是其持续发展的推动力。高技术产业是创新能力强和技术创新最为活跃的领域。本节通过对高技术产业中的大中型企业的研发活动、技术获取、新产品开发及专利等内容的分析，反映首都地区高技术产业技术创新活动的发展、特点、优势及存在的问题。

1.3.3.1　R&D 投入不断加大，成果显著

高技术产业是研发经费高投入的产业，随着规模的扩大，北京地区高技术产业的研发经费投入力度也在不断加大。表 1－4 列出了首都高技术产业科技活动的主要指标。研发经费内部支出由 2001 年的 12.9 亿元增加到 2016 年的 104.8 亿元，增加了 7.1 倍，年均增长率为 15%（见图 1－6）。由此可见首都对高技术产业的重视与支持。

表 1－4　　　　　2001～2016 年首都高技术产业技术创新活动指标

项目	2001 年	2002 年	2003 年	2004 年	2005 年	2006 年	2007 年	2008 年
研发经费内部支出（亿元）	12.9	20.8	24.9	25.5	20.7	34.6	29.0	30.0
技术引进经费支出（亿元）	7.3	6.2	1.2	26.4	3.1	2.4	2.6	2.2
技术改造经费支出（亿元）	2.5	3.9	5.1	3.4	1.8	1.1	3.6	1.6
购买国内技术支出（亿元）	0.15	0.27	0.08	0.19	0.33	0.10	0.23	0.11
专利申请数（个）	369	779	896	679	777	944	1418	2856
有效发明专利数（个）	94	18	183	477	500	490	2383	2872
项目	2009 年	2010 年	2011 年	2012 年	2013 年	2014 年	2015 年	2016 年
研发经费内部支出（亿元）	34.2	36.8	62.7	77.5	87.8	87.7	96.0	104.8
技术引进经费支出（亿元）	2.5	5.8	5.7	8.4	7.7	5.4	4.3	4.0
技术改造经费支出（亿元）	0.5	0.9	2.2	1.7	1.1	1.0	3.0	3.5
购买国内技术支出（亿元）	0.52	0.44	0.56	0.09	0.18	0.28	0.3	0.4
专利申请数（个）	1785	2804	5184	8544	6693	6803	5940	4887
有效发明专利数（个）	1585	2136	3464	3464	6877	8085	9995	

资料来源：由 2009～2017 年《中国高技术产业统计年鉴》整理得到。

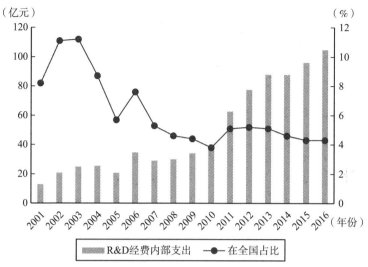

图 1-6　首都高技术产业 R&D 经费内部支出及占全国比重情况

1.3.3.2　专利申请及授权数增速显著

如图 1-7 所示，首都高技术产业有效发明专利数从 2001 年的 94 件迅猛增加至 2016 年的 12496 件，年均增长率达到 38.5%，可以看出，科研经费的支出得到了显著的效果，首都高新技术产业的科技成果有了明显的提高。

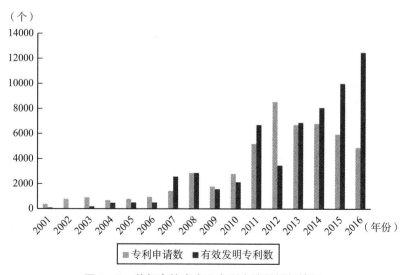

图 1-7　首都高技术产业专利申请及授权情况

1.3.3.3 技术改造经费加大，自我创新意识增加

如图 1-8 所示，2004 年是近十五年中技术引进经费支出最多的一年，随后波动增长。技术改造经费在 2012~2014 年相对平稳，2016 年的技术改造经费升至 3.5 亿元，说明首都高技术产业的自我创新意识在不断增加。

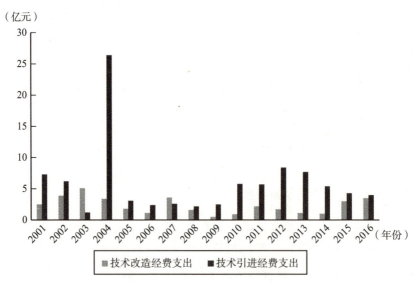

图 1-8　首都高技术产业技术改造与引进经费支出情况

1.3.3.4 产品创新收入稳步增长

产品创新是企业技术创新活动的重要形式，产品创新活动包括采用新技术原理、新设计构思研制、生产全新产品，或明显改进原有产品的结构、材质、工艺等，从而显著提高产品性能或扩大使用功能。

依据新产品开发经费支出和新产品销售收入的相关数据（见表 1-5），可以反映高技术产业产品创新活动的投入与产出情况。

表 1-5　　　　　2001~2016 年首都高技术产业产品创新情况　　　　单位：亿元

项目	2001 年	2002 年	2003 年	2004 年	2005 年	2006 年	2007 年	2008 年
新产品开发经费支出	14.1	15.8	9.0	20.4	22.3	32.5	28.7	33.2

续表

项目	2001 年	2002 年	2003 年	2004 年	2005 年	2006 年	2007 年	2008 年
新产品销售收入	424.7	441.1	223.4	479.5	377.7	422.3	1523.8	1364.3

项目	2009 年	2010 年	2011 年	2012 年	2013 年	2014 年	2015 年	2016 年
新产品开发经费支出	42.1	50.3	79.2	100.0	119.3	119.6	113.8	121.1
新产品销售收入	1292.8	1360.8	1330.0	1126.4	1405.6	1641.8	1340.0	1523.8

资料来源：由 2009～2017 年《中国高技术产业统计年鉴》整理得到。

　　新产品开发经费是企业科技活动经费内部支出中用于新产品研发的经费支出，包括新产品的研究、设计、模型研制、测试、试验等费用支出。如图 1－9 所示，2001 年新产品研发经费为 14.1 亿元，随后进入稳步增长态势，到 2016 年迅速增至 121.1 亿元。新产品开发经费支出在全国中的占比在 2007 年以前呈波动下降态势，2007 年以后保持平稳，说明首都高技术产业新产品开发投入日渐平稳。

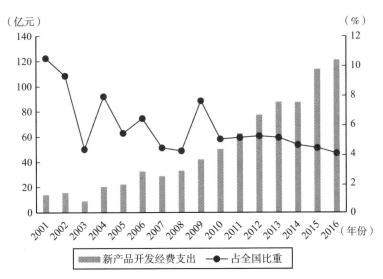

图 1－9　首都高技术产业新产品开发经费支出及占全国比重情况

　　新产品销售收入是衡量产品创新产出的指标，其规模和增长速度反映了企业产品创新的能力和水平。如图 1－10 所示，2001～2006 年，新产品销售收入份额维持在 400 亿元左右，2007 年迅猛增至 1523.8 亿元，随后处于波动增长态势。在全国占比中，2001～2006 年首都高技术产业的新产品开发支出占比波动下降，2007 年占比达到近十五年中最高点，占 14.8%，随后迅速下滑至 5% 左右，新产品销售收入占比则呈下降趋势，需要引起重视。

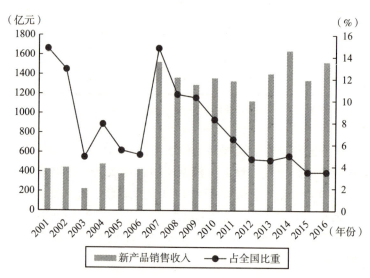

图 1-10　首都高技术产业新产品销售收入及占全国比重情况

1.3.4　首都高技术产业发展的政策与环境

由于高技术产业的高创新性特征，政府各项政策对企业技术创新活动的影响继而体现了政策对高技术产业的影响。北京作为我国的首都，是全国的政治经济文化中心，无论在基础设施建设，还是在对外交流机会以及科技人员配置等方面都有着得天独厚的优势。而在政策方面，从"十五"开始，北京市政府就为不断推进高新技术产业的发展，开展了一系列的行动，出台了一系列相关的政策。

"十五"期间，在"创新、产业化"方针的号召下，北京将发展"高科技、实现产业化"作为经济进步、科技发展的重点任务，制定并出台了一系列的规定、条例以求早日实现目标，包括《北京市关于进一步促进高技术产业发展的若干规定》《北京市技术市场条例》《中关村科技园区条例》《北京市推动科技金融创新支持科研机构科技成果转化和产业化的实施办法》《进一步做强中关村科技园区的若干意见》等政策措施。"十一五"期间，北京制定并发布了《北京城市总体规划（2004～2020）》，规划中提出了很多促进高新技术产业的发展策略，如"增强高技术的先导作用，积极发展现代服务业、高技术产业、现代制造业"、"两轴—两带—多中心"的城市空间结构等，规划了产业聚集以及创新中心等基地的布局。与此同时，北京为了落实国家对于建设创新型国家的发展战略，出台了《增强自主创新能力建设创新型城市的决定》，以"人文北京、科技北京、绿色北京"这一新理念推动高技术产业特别是研究、开发等生产性服务特征的高技术服务业的发展。

此外，北京不断优化政策环境，为各个产业园区和经济开发区提供支持。例如，北京经济技术开发区除了享有国家级开发区的相应优惠政策外，还同时享有国务院赋予高新技术产业园区的种种政策优惠，对其税收、进出口和财政等方面提供了强有力的优惠支撑。例如，北京通过制定实施"中关村科技园"建设为重点的配套性政策法规，在人才、专利标准、技术联盟、产学研结合、税收、科技中介、中小企业等政策体系及措施方面取得有效进展，在加快了产业研发基地、项目建设和人才培养的同时，首都高技术产业技术创新基础能力也得到进一步提升。北京在一系列优惠政策的实施及政府的大力支持下，高新技术产业技术创新能力有了很大的提高，国内外各大著名企业纷纷落户首都高新技术产业园，在提高就业的同时，为首都地区的经济发展做着持续的贡献。

1.3.5 首都高技术产业在全国的地位

改革开放以来，特别是近十多年来，我国大力发展高技术产业，促进了产业结构的调整和升级，推动了经济增长方式的转变，增强了国家经济的竞争力。如图 1-11 所示，从高技术产业的主要经济指标来看，北京在全国高技术产业总量中占有一定的份额，是对全国高技术产业发展做出主要贡献的地区之一。

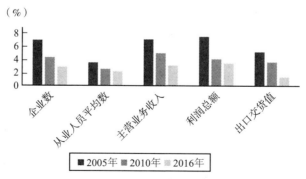

图 1-11 首都高技术产业主要经济指标占全国总量的比重

1.4　首都高技术产业发展存在的问题

1.4.1　存在技术创新瓶颈及知识产权运用问题

技术创新的瓶颈依然影响着制造业发展，特别是高技术产业，具体表现在创新资源碎片化和产业协同创新体系两方面。一是由于我国科技管理体制问题，造成了技术创新资源投入相对分散，科技资金分散，资源碎片化，资源配置的短缺与重复现象并存，难以形成创新链，科技成果转化不畅通，最终影响了高技术产业化。二是北京高技术产业协同创新体系还不完善，具体表现为产学研用互动协作不紧密，科技成果转化困难，投融资渠道不顺畅，缺乏一批具有国际竞争力的龙头企业等，这都影响着产业做大做强。

从北京高技术产业的专利产出情况来看，技术创新瓶颈制约了专利产出。近年来，专利申请与授权出现了较为快速的增长，但是，本应成为专利产出领头羊的高技术行业并没有体现出相对优势。如图 1 - 12 所示，2009～2016 年，北京高技术产业专利申请量由 1785 件增长到 2012 年的 8544 件，占全国专利申请量的比重达到最高点 8.8 个百分点，而申请数及占比在随后却连续下降至 4887 件和 3.7 个百分点。再如图 1 - 13 所示，在 2009～2012 年高技术产业有

图 1 - 12　2009～2016 年北京高技术产业专利申请量及占比

效发明专利数虽然稳步增加，但占比波动较大，在随后的三年中专利有效
发明数仍有所增长，但占比却在逐步下滑，由 2012 年的最高点 6.8% 下降
至 2016 年的 4.9%，甚至已经低于 2009 年的 5.0%。究其原因，主要是
部分企业运用专利武器保护知识产权成果的意识相对薄弱以及技术创新瓶
颈的制约。

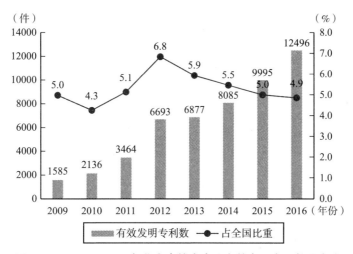

图 1 - 13　2009 ~ 2016 年北京高技术产业有效专利发明数及占比

　　高技术产业是以高科技为基础的知识密集、人才密集、资金密集的现代产
业，高技术产业的发展与知识产权密切相关，保护自主知识产权是高技术产业
发展的必由之路，它在实施"中国制造 2025"中扮演着举足轻重的角色，更
需要知识产权战略重心从保护向运用方面转变，为企业营造良好的氛围。当前
总体上看，高技术企业知识产权运用能力偏低、管理经验不足，这严重影响着
企业技术创新，突出体现为企业研发成果转化能力不够；企业知识产权信息运
用偏少；知识产权或专用技术形成的产品或服务占企业年度主营收入比例偏
低；企业不善于进行知识产权资本化运作，专利运营、交叉许可、标准提升、
海外布局等方面绝大多数企业都感到陌生。之所以产生这些问题，一方面是由
于企业自身因素所致；另一方面是企业外部因素所致，如政策体系和服务环境
等。知识产权运用能力的不足已经严重削弱了我国高技术产业的国际竞争力，
影响创新驱动发展战略的实施。

1.4.2 存在一定的成本劣势及融资问题

北京区位优势也成为高技术中小企业的成本劣势，科技园区、孵化器以外的中小企业仍承受着较高租金成本、人力成本、税收等创新成本，一定程度上阻碍了中小企业的创新、创业，甚至一些大型企业也有将研发基地外迁的倾向。

高技术企业融资渠道狭窄，对外资依赖程度高是北京高技术产业发展面临的又一问题。从北京高技术产业的企业层面来说，融资问题又是制约北京高技术产业发展的一个重要的关键因素。在实体经济的流动性整体趋紧的背景下，中小型高技术企业融资难、融资贵等问题日益突出。目前，现有的发审制度、发审标准等安排并不适应中小型高技术企业发展的需要。据部分中小型高技术企业反映，由于中小企业初创时期资金周转能力较差，面临较高的经营风险和财务风险，同时目前我国相关法律法规和信用担保体系不完善，加上中小企业拥有土地、设备、房地产等固定资产存量有限，在向银行贷款时，不能提供符合要求的抵押物，被拒率达50%以上。即便贷款成功，依然存在审批周期长、贷款利率在基准利率基础上普遍上浮30%～50%等现象，这些造成了中小企业融资成本大幅上升，严重制约了中小企业发展。此外，市场尚未建立起不同层次的资本市场间转板机制，鼓励天使投资、创业投资发展的政策环境也尚未形成，对中小型高技术企业融资支持力度不足。同时，社会风险资本严重短缺，致使高技术研究成果难以转化为高技术产品。由于高技术企业的主体中小企业规模小、抗风险能力弱、信用能力低等原因，社会融资和商业银行贷款等方面的融资难问题始终困扰着北京市中小企业的发展。综上所述，不论从政府层面还是市场层面，中小型高技术企业融资的渠道和政策支持力度都明显不够，这导致中小企业不能真正做大做强，直接影响北京高技术产业的发展。

1.4.3 高技术产业内部各行业发展不均衡

如表1-6所示，从2009～2016年的统计数据来看，北京高技术产业中的五大行业总产值按其所占比重大致可以分为三个层级。第一层级是电子及通信设备制造业和医药制造业，两大行业在五大行业中的占比始终高于20%，合计占比超过6成，其中医药制造业领先幅度持续扩大，2016年增加值占比与第二名和第三名总和相当。第二层级是医疗设备及仪器仪表制造业，其产值在五大行业中的占比先降后升，自 2013 年以来持续缓慢提升，近八年的占比稳定在 17% 左右。第三层级为航空航天制造业和电子计算机及设备制造业，两个行业在五大行业中占比合计不超过 20%，占比最小。总体而言，高技术产业五大行业发展仍不均衡。

表 1-6　　　　**2009～2016 年北京高技术产业五大行业总产值占比**　　　单位：%

行业	2009 年	2010 年	2011 年	2012 年	2013 年	2014 年	2015 年	2016 年
医药制造业	27.2	29.2	31.1	31.7	33.1	35.0	36.1	41.4
航空航天器制造业	6.1	6.7	7.3	6.7	7.2	7.6	7.4	11.2
电子及通信设备制造业	40.5	39.8	35.2	36.9	36.6	38.2	32.7	24.5
电子计算机及设备制造业	7.1	7.1	7.8	8.0	7.1	2.7	6.3	4.9
医疗设备及仪器仪表制造业	19.0	17.2	18.7	16.6	16.0	16.4	17.6	18.0

1.5　首都高技术产业发展的影响因素

1.5.1　区域协同创新能力

技术融合是未来的科技发展方向，产业技术的演化不再依靠单一的技术或者学科，而需要依靠产业内与产业外的技术融合，将会涉及更多的技术与学科。区域协同创新会对高技术产业创新发展产生一定的影响，其影响机制主要是基于资源要素、创新主体和运作方式的协同来实现，各种影响机制的作用并不是独立的，而是相互嵌套，共同作用。

区域资源要素协同是指通过整合区域内技术、知识、人才、信息等要素，产生整体效果大于单个之和的现象，其本质是通过合理配置资源，提升区域创新能力。区域协同创新更加注重创新过程中各要素的互动，打破行政区划的限制，以核心城市为中心，带动外围区域的创新行为，进而推动高技术产业创新产出能力的提升。

区域创新主体主要包括企业、高校、科研院所、中介、政府等。其中，企业是技术创新的主体，高校和科研院所是知识创新的主体，科技中介是链接创新主的中枢，政府则是制度创新的主体。区域创新主体协同是指区域内各创新主体通过协同交互作用所产生的大于个体效应之和的整体效应，其本质是区域内企业与其他创新主体打破空间限制所产生的效应增值。

在区域协同创新过程中，企业根据产品开发、改进、技术创新、人才培养等需求与其他创新主体通过买卖专利、许可证、专有技术或技术服务，构建研发联盟或研发外包等不同方式进行协同运作。区域运作方式协同效应是指区域内各创新主体通过运用不同的协同方式所产生的效应增值，主要包括企业通过各种方式所带来的协同效应。企业采取何种协同方式需要在协同效应和创新绩效最大化原则下，基于企业自身的技术创新能力，根据企业的技术需求和创新目标进行选择，并且需要考虑协同双方的技术相关性、知识互补性、文化相容性和高层互信程度。区域内不同的运作方式对高技术产业创新产出有重要影响。

1.5.2 产业集聚能力

研究认为，竞争性环境可以给研发活动带来更大的激励。随着地区高技术企业数量的增加，使产业以及行业间的合作与竞争程度越来越高，较高的产业聚集度可以促进企业间隐性知识的交流和传播，强化企业的危机意识，从而实现研发效率的不断提高，而在科技成果商业化阶段，企业可能由于竞争的加剧和低级别产品竞争导致创新效率的负增长。

产业集聚能力对高技术产业的影响主要体现在以下五个方面。

一是市场规模。一定范围内，某地区一个产业的厂商数量的增加会产生集聚经济，尤其是高技术产业，企业在空间上的集聚有助于信息沟通、技术提高，还可以加强上下游企业之间的联系与合作，对产业发展有促进作用。

二是人力资本。与物质、货币等硬资本相比，人力资本具有更大的增值空间，特别是在当今后工业时期和知识经济初期，人力资本将有着更大的增值潜力。人力资本具有创新性和创造性，具有有效配置资源、调整企业发展战略等市场能力。

三是人才溢出。高技术产业在经济活动中使用的资源大部分是智力资源，按照经典的区位理论，生产要素是决定产业区位选择的基本因素，因此，高技术产业对智力资源的需求导致高技术产业在空间上自发地向智力资源丰富的地区靠拢。研究发现，创新活动在空间上倾向于向那些大学研究活动、研究与开发活动和熟练劳动力充足的区域集聚。

四是政府干预。虽然产业的发展主要受经济环境的影响，有着自身的规律，但是政府的作用也会对其生产和发展产生影响。对于高技术产业集聚，无论集聚区的形成是自发的还是由政府组织的，政府的支持对其健康发展而言都是必不可少的。尤其是在我国，各级政府的支持对各种形式的高技术产业集聚体的发展都起着决定性作用。除了依靠政府规划和投资形成的某些地域生产综合体外，自发形成的高技术产业集聚也离不开政府的支持，虽然这些集聚体的形成是自发的，但是如果没有政府在产业政策、土地规划、市场管理等方面的扶持，以及相应的教育投入、科技投入和必要的基础设施建设等，这些高技术产业集聚体的发展将非常缓慢，甚至无法继续发展，不能在更高层次和更大规模上形成集聚。

五是知识溢出。高技术产业是知识密集型产业，在这个产业内每一个企业的决策都需要一定的知识作为基础，其中包括企业生产必需的知识和"窍门"。知识溢出能够促进高技术产业集聚的产生和发展。这些知识一旦被创造出来就会被迅速地传播，进而为大多数人所使用和掌握，使用和掌握知识的人越多，知识能为集聚体带来的好处就越大。其中在市场条件下，从外部的资源获得知识的企业，能够通过降低研发成本，在新信息的生产活动所创造的价值中获得更大部分的利润，这就是知识溢出给企业带来的好处。位于同一个产业聚集区的内部的各企业，可以通过沟通交流、合作研究或者利用"挖"人才的方式分享技术、获得知识，从而获得知识溢出。集聚区的内各企业也可以利用相关产业或同一产业中其他厂商的知识溢出，获得新的信息和技术，以降低生产成本和提高生产率。

产业集聚使得在空间上邻近的企业更方便进行交流，专业人员能够以R&D溢出的方式跨越企业障碍，在地理上邻近的企业之间通过正式或非正式的扩散形式共享与传播，位于集聚体以外的企业则无法享受到相应的好处，由此可见，集群为企业间相互学习和交流提供了条件与机会，从而实现了沉默知识的共享。技术型外部性的集聚经济效应形成途径包括技术人员的流动、直接的技术信息传播等。位于同一个集群内部不同企业之间产生的知识溢出不仅可以给集群内部带来效益，还能够为外部的其他企业带来正的效应，这种效应称为集群的溢出效应，聚集在同一区域内的企业数量越多，产业集群的知识溢出效应就越大。因此，知识的溢出倾向于吸引专业化人才向产业集聚区转移。这种人才上的聚集使得许多知识的提供者相互利用对方的创新特长，共同承担创新风险，互为创新成果的传播者和使用者。从而，知识溢出是促进高技术企业的空间集聚的重要因素。可以说与传统产业的集聚相比高新技术产业集聚最大的特点就是知识溢出，知识溢出是影响高技术产业集聚的最主要的因素之一。

1.5.3 创新政策环境

根据激励理论，激励性政策的作用相当于激励因子，能够发挥乘数效应，在其他条件成熟的情况下，它具有放大调节功能的作用。首都高技术产业的发展，关键是得益于政府的大力支持，不断推出优惠政策，吸引大量高水平人才和企业入驻。

在股权激励政策方面，首都高新技术园区股权激励政策得到财政部、科技部的大力推广。2010 年 2 月，财政部、科技部正式发布了《中关村国家自主创新示范区企业股权和分红激励实施办法》。2016 年，中关村开通"绿卡直通车"，也成为中关村先试先行，推动北京乃至全国外籍人才管理制度创新的一项重大举措。

为了营造良好的科技创新环境，北京出台了一系列政策文件。为鼓励和支持北京科技型中小企业开展技术创新活动，2006 年，北京印发了《北京市科技型中小企业技术创新资金管理办法》，设立"北京市科技型中小企业技术创新资金"，旨在增强科技型中小企业自主创新能力，引导社会资金对科技型中小企业自主创新进行投资。2008 年，由科技部、财政部、税务总局 3 部门联合出台的《高新技术企业认定管理办法》，对符合认定要求的企业，在一定程度上办理减税、免税手续。鼓励企业持续进行研究开发与技术成果转化，形成企业核心自主知识产权。2010 年，北京为进一步促进首都科技企业孵化体系建设，市科委、市发展改革委、市教委等经研究制定了《北京市关于进一步加强科技孵化体系建设若干意见》，要求对各类科技企业孵化机构根据其孵化效果给予资金奖励和支持。同时，制定了《北京市高新技术产业专业孵化基地认定和管理办法》，由市科委负责本市高新技术产业专业孵化基地的认定和管理工作。根据其在推动企业成长、促进地方经济和社会发展方面所做的贡献，给予孵化基地和在孵化企业一定额度的市财政经费支持。2014 年 5 月，北京市科学技术委员会研究制定了《北京市鼓励企业设立科技研究开发机构实施办法》，为了引导和鼓励企业在科技研究开放机构的建设，强化企业的技术创新方面的主导地位，充分发挥科技研究在服务企业创新和支撑产业发展方面的重要作用。

1.5.4　对外辐射能力

对外辐射能力包含了北京作为科技创新的中心，所发挥的经济辐射力、产业辐射力、科技辐射力等功能。经济实力是影响科技创新能力的首要因素。北京从 20 世纪 50 年代就率先开始了工业化的进程，凭借先进的工业生产技术、充裕的要素、完善的重工业体系，实现了经济从消费城市向生产城市调整时期的平稳过渡。此后，北京又凭借其在产业发展、管理、制度和模式的创新优势，实现了去工业化调整时期的平稳过渡。在全国完成投资向消费、出口向内需、工业向服务业转化的背景下，北京又率先完成以现代服务业为核心的经济发展模式的转化，凭借高产出效率、高价值附加、高市场需求的优势，在建设国际大都市的同时，实现了经济的稳步发展。作为我国经济建设的重心，北京凭借雄厚的经济实力为个人和企业进行科学研究，以及科技创新的传播提供了重要的物质保障。

在坚实的经济实力的基础上，北京在科学研究经费方面的投入正在逐年增加。据国家统计局、科学技术部、财政部在 2015 年 11 月 13 日联合发布的《2014 年全国科技经费投入统计公报》显示，2014 年北京市研究与试验发展（R&D）经费支出达 1268.8 亿元，位居全国第三位。其中，研究与试验发展（R&D）经费投入强度为 5.95%，全国居首，高于全国平均水平 3.9 个百分点。正是由于国际交流资源丰富和科研投入的增加，周边地区或省份尤为关注北京的科技创新动态，北京的经济辐射能力进一步加强。

而在产业辐射力上，北京在以中关村高新技术园区为核心的技术集群的带动下，以文化创意产业、信息产业、高技术产业和现代服务业为代表的新兴产业的占比逐渐提高。随着北京第三产业内部结构的加速升级，在 2005 年国务院批复的《北京城市总体规划（2004～2020）》中，对北京的产业发展提出了"重点发展现代服务业与文化产业"的要求。在不断发展的过程中，第三产业的内部结构正逐步趋于高端化，金融、信息、商务、科研位居前列。"十二五"期间，北京的产业结构调整已初见成效。截至 2015 年，全国互联网前100 百强企业中有 46 家总部位于北京，居于全国首位。其中，全社会研究与试验发展经费支出占地区生产总值的比重保持在 6% 左右，为北京形成"高精尖"经济结构和成为具有全球影响力的科技创新中心奠定了坚实的基础。

北京东临天津，其余部分与河北交界。天津作为环渤海经济圈的中心，在接受新事物和新技术方面都有着较强的能力，将北京的技术研发优势与天津的产业化优势相结合，利用北京的科研成果对天津传统产业进行提升，具有良好的典型性与示范性。2013 年 11 月 30 日，天津市宝坻区人民政府与中关村科技园区管委会、中关村发展集团签署了战略合作框架协议。这一举动被视为"打造京津同城发展桥头堡、京津冀一体化先行区"的重大突破。旨在深化协同创新、打造京津科技新干线方面的共同探索，构建跨区域经济融合发展模式和新型利益共享机制。而河北作为我国的工业大省，加之近年来环境污染日益严重，其对新技术的发展尤为重视。2015 年，中关村管委会已经与河北保定高新区合作建设"保定·中关村创新中心"项目，中关村管委会明确旗下软件园信息谷资产管理有限公司作为与河北保定高新区合作的主要承接方，以中关村新一代信息技术、智慧能源、创新创业服务等高端项目落户为依托，逐步打造成为集研发孵化、总部办公、创新服务、商务配套等功能为一体的京津冀协同创新示范点。同时，随着非首都核心功能疏解工作的进行，可以将北京作为研发总部，把科技创新的应用部分和高端制造业更多地放在天津和河北等地。2017 年雄安新区的设立，更是有利于北京科技创新非核心功能的缩减，也有利于天津、河北等地的科技进步和发展，提高北京作为科技创新中心的辐射力。

1.5.5 科技创新能力

相对于其他地区来说，北京目前有以中关村高新技术园区为主要代表的百余家科技园、科技孵化器和留学归国人员创业园，并呈现出产业集中化发展的态势。在这一过程中，北京的科技创新正在由"政府型"向"企业型"过渡。就北京现阶段而言，科技创新体系尽管仍以政府作为研发主体，但企业通过在生产和管理过程中，研究并借鉴国外先进的管理和技术经验，逐渐意识到企业应在科技创新的过程中发挥主导作用，因此企业尤其是新兴产业，开始加大对科技创新方面资金和技术投入，从而更好地提高企业创新能力和生产能力。与此同时，北京在 2013 年发布《关于进一步促进首都科技企业孵化体系建设的意见》，积极搭建科技型中小企业孵化与转化平台，鼓励社会资本投资兴办孵化机构，支持孵化机构品牌和服务输出，培育和推广新型孵化服务模式。截至目前，全市拥有科技孵化机构 130 家，涌现出一批创新型孵化器和孵化服务新兴业态。其中，以联想之星、车库咖啡、36 氪为代表的 17 家创新型孵化器纳入国家级科技企业孵化器的管理体系。2015 年，北京市科学技术委员会在全国率先授予 65 家机构"北京市众创空间"称号，并授予中关村创业大街"北京市众创空间集聚区"称号,充分体现了新兴产业在科技创新方面的引领力。

北京作为科技创新的中心,已经形成了以海淀区为中心,以中关村科技园、北京清华科技园、北大科技园和丰台科技园等数十个科技园和开发中心为创新高地的科技创新网络。其中,中关村作为我国第一个国家自主创新示范区,不仅是技术创新的引领者,更是制度创新的先行者。2015 年,中关村高新技术园区企业年度专利申请量首次突破 6 万件,占同期全市专利申请量的42.6%,而年度专利授权量则首次突破 3 万件。另有四家企业发明申请量跻身全国十强。全年共申请 PCT 专利 3357 件,占全市 74.7%,PCT 申请量增速超过 40%。据统计,截至 2016 年底,北京发明专利拥有量达到 76.8 件/万人,居全国第一位(见图 1 – 14)。依据北京市科学技术委员会在 2016 年 2 月 16日发布的 2015 年"首都科技创新发展指数",在"十二五"期间,"首都科技创新发展指数"从 2010 年的 79.77% 增长到 2014 年的 88.72%,增幅达8.95%,年均增长 2.23%,增长态势明显。这也表明首都的科技创新发展水平不断提高,支撑首都经济社会发展的成效显著。

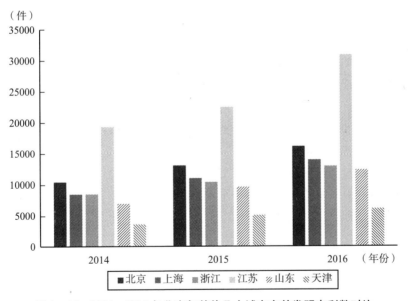

图 1 – 14　2014 ~ 2016 年北京与其他几大城市有效发明专利数对比

科技成果在生产生活中的应用能力和普及程度,决定了该科技成果对人们生活和国家发展影响的重要性。科技成果转化率是科技创新能力最直观的体现形式,转化率的高低直接影响科技创新辐射力的大小。由于许多的科技创新成果只停留在理论层面，不能与人们的生产生活紧密结合起来，影响了该科技创新技术的进步与发展，也限制了该技术的影响力和辐射力大小。因此，近年来北京许多企业和科研机构在注重科技发展的基础上，开始通过提高科技成果的转化率来提高企业的收益和市场竞争力。

1.5.6　人力资本及研发投入

人力资本可分为一般的人力资本和创新型人力资本。前者如体力劳动者、普通操作劳动者等，后者如高层次的科研人员、企业家等。在传统产业中，一般人力资本在企业中占据绝大多数。高技术产业是一种智力密集型企业，创新型人力资本是创新收益的源泉。高技术企业的成败与产业发展，决定于是否拥有掌握高技术资源开发和管理的有突出创新能力的人才。因此，创新型人力资源的投入是否充分将影响高技术产业的发展。在国外高技术产业的人员结构方面，创新型人力资本的比例很高，大致占企业总人数的1/3，约为传统企业的2倍。研究发现，比较R&D活动人员投入与新产品的销售收入之间的关系，可以发现新产品销售收入与R&D活动的人员投入成正比，增加研发阶段的人力资本投入，可以较大地提高新产品的销售收入，R&D活动投入增长较快的企业，新产品的销售收入增长也比较快。

在高技术产业的空间构成中高等教育以及开发与研究的资金投入比重远远超过了工业生产，有些产业甚至取消了生产制造环节，它们通常接近科技创新源、接近大学和研究机构、接近智密区，例如，软件园就是一个新型的投入信息、产出信息产业园区。

在中国高校和科研机构科技论文产出力的核心区域分布（前100位）中，22%的高校和科研机构位于北京。作为我国智力资源最丰富的城市和全国科技力量最集中的地区，北京地区科技资源总量占全国的1/3，拥有中央和地方各类科研院所400余所，其中，中央级科研院所占全国的74.5%。拥有普通高等院校91所，国家重点实验室111家，占全国的30.9%；国家级工程实验室50家，占全国的36%；国家工程技术研究中心66家，占全国的19.1%；国家工程研究中心41家，占全国的31.3%。科技人才是科学技术的核心载体，是先进生产力的开拓者，是社会经济和科技发展的"第一源动力"，以此为基础，能够为北京的科技创新能力的提高提供足够的科研人员。

北京作为我国的国际交流中心，为科技创新提供了更为丰富的资源。尤其是同发达国家先进的科研机构、组织和人员进行合作。为了更好地引进优秀的

人才，相互之间取长补短，更好地促进和提高本地区科技创新水平，2012 年 7
月，北京出台了《关于促进留学人员创业园发展若干意见》，对优秀留创园给
予奖励和专项资金扶持。目前，北京已经建成 23 个留学人员创业园，创办企
业 1600 多家。除此之外，2014 年，北京出台了《关于推进科研机构科技成果
转化和产业化的若干意见》，强化科研人员激励机制，进一步调动科研人员的
科研积极性。2014 年 5 月，北京市科学技术委员会研究制定了《北京市鼓励
企业设立科技研究开发机构实施办法》，为了引导和鼓励企业在科技研究开放
机构的建设，强化企业的技术创新方面的主导地位，充分发挥科技研究在服务
企业创新和支撑产业发展方面的重要作用。除此之外，北京在人才服务、海关
管理、商事制度等方面推出一系列改革新举措，一批便捷、高效、与国际惯例
接轨的试点政策先后落地，吸引国际化人才的步伐明显加快。这些政策制度不
仅进一步引导和鼓励企业科技研究开发机构建设，强化企业技术创新主体地
位，而且在能够为科技创新的发展提供保障的同时，使得北京更好地带动周边
地区经济和科技的发展。

1.6　小　　结

本章首先对高技术产业的含义和特征进行了概述，其次对首都高技术产业
整体发展情况、重点行业发展情况、技术创新情况、政策实施与外部环境以及
功能定位展开分析。结合首都高技术产业发展现状，对其存在的问题进行解
析，结果发现：高技术产业知识产权运用能力偏低、管理经验不足，研发成果
转化能力不够；知识产权信息运用偏少；知识产权或专用技术形成的产品或服
务占企业年度主营收入比例偏低；高技术企业融资渠道狭窄，对外资依赖程度
高。同时，存在一定的成本劣势及融资问题，且内部各行业发展极为不均衡。
从影响内外部影响因素的角度来看，虽然存在一定发展局限，首都高技术产业
受区域协同创新能力、产业集聚能力、创新政策环境的正向激励，以及自身对
外辐射能力、科技创新能力和人才资本及研发投入的提升，呈现出较好的发展
态势。

第 2 章

首都高新技术企业创新效率实证分析

2.1 企业创新的概念及衡量指标

2.1.1 企业创新的概念

熊彼特1912年在《经济发展理论》中首次提到创新的概念，他认为，创新就是将生产要素进行重新组合建立新的生产函数。美国国家科学基金会 NSF 报告《1976年：科学指示器》中将创新定义为将新的或改进的产品、过程或服务引入市场。国内关于创新的理论出现得相对较晚，但仍然在西方创新理论研究的基础上，结合我国实际情况，在技术创新、制度创新和管理创新等方面做了深入研究。

从创新涵盖的范围看，可以将创新分为国家层面、区域层面和企业层面的创新，三个层面的创新分别对应这三种创新系统，即国家创新系统、区域创新系统和企业创新系统。而企业创新指的就是企业通过各种要素的整合，实现新产品、新技术或新方法的过程。广义上的企业创新包括技术创新、制度创新、管理创新等多种内涵，狭义上的企业创新指的就是企业技术创新。在熊彼特的思想基础上，经济学家将创新进一步细分，提出了技术创新概念。技术创新顾名思义，就是指生产方面相关技术的创新，既包括开发新技术，也包括对现有技术的改进。

企业创新具有以下几个特点：新颖性、创造性、高投入高风险性以及高收益性。一项新的技术开发往往能够带动一个新兴产业的兴起，尤其是成功的技术创新能够带来巨大的经济效应和社会效应。本书所涉及的创新是指高新技术企业以营利为目的的商业性创新活动，不仅包括对新技术的发明，也包括对现有技术的改进和国内外先进技术的引进，消化吸收等。

2.1.2　企业创新的衡量指标

国内外学者通常用创新效率对企业的技术创新进行衡量，而目前技术创新效率的概念相对较为模糊，目前尚未有统一严格的定义。一般意义上的"效率"是由科普曼斯（Koopmans）在 1951 年提出的，即一个可行的投入产出向量称为是技术有效的，如果在不减少其他产出（或增加其他投入）的情况下，技术上不可能增加任何产出（或减少任何投入）。而技术创新效率则可定义为整个技术过程中创新产出相对于创新投入的利用率，是技术创新能力与经济效益的重要表现，反映了技术创新资源的配置效率。在衡量技术创新效率时，通常先定义生产前沿面（技术创新效率达到最优），通过对比衡量企业技术创新过程与最优效率之间的距离，这个距离就是技术创新效率。从投入角度来看，在创新产出一定情况下，要素投入与生产前沿面的距离越小，技术创新效率越高；从产出角度来看，要素投入一定情况下，创新产出与生产前沿的距离越小，技术创新效率越高。

2.2　高新技术企业创新效率影响因素及其评价指标选择

2.2.1　企业创新效率影响因素

2.2.1.1　外部因素

外部因素是指从企业外部考虑，探究影响技术创新效率的因素，这些因素一般具有普遍适用性和不可控性，从宏观层面对所有从事技术创新活动的企业产生影响，激励或抑制企业开展技术创新活动，具体包括社会环境、市场环境、政策环境等。

（1）社会环境。

企业创新的社会环境主要是指社会制度环境。基础设施的完善、领域的进入退出壁垒、具体细化的法律法规等制度从不同方面影响着创新活动，相对宽松的社会环境是推动企业开展创新活动的重要力量。企业创新的初期面临着许多问题，尤其是失败的风险较高，且风险成本相对较大，不同的企业所进行的创新方式渠道不同，面临的风险也不尽相同。对于那些不具备充足创新实力的企业，就需要得到社会的扶持，通过法律、行政法规以及各种经济手段对企业创新活动进行扶持，为其创造一个良好的社会制度环境。

同时，社会科研水平的高低也是一个重要的影响因素，它在一定程度上决定着企业技术的起点高低，周围企业科研水平较高能够起到一种示范效应，引导其他企业加大科研投入力度，积极引进技术并进行二次开发。北京是我国高新技术企业技术创新活动最活跃的地区之一，关于企业的创新活动，各级政府部门制定了与之相配套的较为完善的规章制度，从宏观和微观层面积极引导企业开展创新活动，为高新技术企业提供良好的创新外部环境。此外，北京地区新技术的研发速度相对较高，企业通过技术引进二次研发，创新活动极为活跃，据统计每天约有近百的技术专利申请。

（2）市场因素。

市场因素对创新活动的影响相对较为直接，且从多个角度施加影响。

第一，就市场需求而言，它是企业进行创新活动的动力，新的需求往往能够带动新的产业发展，对企业提出更高的要求，迫使企业积极寻找新的方式、新创造、新的发明来满足市场的需求，否则就会被淘汰。同时旧的市场需求也要求企业积极进行变更、创新以使企业生存发展壮大。

第二，有学者在探究阻碍欧洲国家创新活动的因素中，发现缺乏市场信息是阻碍创新活动的重要因素，并且这个发现在大部分国家中表现的较为突出。因此，市场条件决定了企业在进行创新时的方向，企业进行创新时要符合市场的发展趋势，在不同的市场阶段，企业产品的收入需求弹性不同，企业要根据市场供求的变化在薄弱环节和关键问题上进行研发，同时根据市场内部行业的发展现状进行必要的预判。这就要企业去预测创新发展的路径，合理地规划企业创新发展阶段。同时，规范的市场秩序能够为企业提供一个良好的外部发展环境，有效避免恶性竞争。市场规范程度越高，企业知识产权的保护强度越高，企业进行创新的意愿也就越强。

第三，市场集中度与企业创新存在较明显的相关关系。市场集中度又可以被称为产业集中度，指特定市场中卖方之间具有的相对规模结构，可以用一些特定的指标来测量，如产业集中度指数、海纳凯指数（HKI）、洛伦兹曲线等。市场集中所带来的规模性到底是推动企业创新，还是挫伤创新的积极性，不同的实证研究得出的结论有所不同，但不管市场集中度的影响是正向还是负向，其对企业创新有重要影响这是毋庸置疑的。

（3）政策环境。

企业进行创新需要投入较大的资金，对于现金流相对不充裕的企业来说，政府财政的刺激政策和稳定的融资渠道是创新时必不可少的外部支持。一般情况下政府财政刺激政策针对的是地区所有高新企业，通过财政刺激政策激励企业加大企业创新投入的力度与强度。尽管政府财政刺激政策对企业技术创新有着重要积极影响，但这种刺激政策覆盖面较少，对企业要求较高，想要调动高新技术企业技术创新的积极性，更应该在实施财政刺激政策的同时完善内部融资渠道，通过为企业提供健全的融资系统解决企业在技术创新初期资金上的缺口和中期可能遇到的财务困境，只有这样高新技术企业技术创新的活力才能进一步得到释放，技术创新动力才能得到更大的提高。

高新技术企业财政刺激政策和稳定的融资渠道对企业创新具有积极正向作用这是普遍认同的。就北京地区而言，各级政府在企业进行技术创新活动时不仅资金上给予支持，如企业创新活动时资金来源中有来自政府部门的科技活动资金项，而且在高新技术企业技术创新融资渠道上进行多样化的支持。

2.2.1.2　内部因素

内部因素按照企业自身是否可控又分为投入要素和非投入要素，投入要素与非投入要素共同影响着高新技术企业技术创新效率，二者存在协同效应，即会产生"$1+1>2$"效应。

（1）投入要素包括 R&D 经费支出、R&D 人员投入、企业资产负债率、技术溢出效应等。

①R&D 经费支出。

R&D 经费支出作为影响企业创新效率的主要因素，直接影响着企业创新产出的高低。按照国际通用的标准，当 R&D 经费支出占销售收入比重小于 1% 时，认为企业缺乏创新能力；当该比重在 1% ~2% 时，认为企业可能有所作为；当该比重大于 4% 时，认为企业的创新能力良好。

②R&D 人员投入。

R&D 人员投入总是与 R&D 经费支出放在一起作为测度企业创新效率的重要因素，二者均对企业创新产生正向推动作用，一般情况下，企业 R&D 投入（经费与人员）越多，相应的创新产出也就越多。但 R&D 人员与 R&D 经费支出对技术创新产出的弹性是不一样的，诸多研究均表现出经费支出对企业创新产出的弹性要大于人员支出的弹性。尽管如此，R&D 人员支出在探究企业创新效率影响因素时仍作为一个重要的解释变量。

③企业资产负债率。

企业在进行创新过程中不可避免地会受到资金的限制，企业融资结构从不同角度影响着创新的过程。企业资金主要来自以下几个渠道：自有资金、负债以及政府部门的补贴。对于绝大多数企业来说，特别是资金需求量较大的高新技术企业而言，企业会进行负债活动，尤其是在市场经济环境下，企业负债已成为衡量企业经营管理的现代化标志。企业创新活动所投入的资金不可避免地要受到企业资产负债率影响。企业资产负债率决定了企业是否有充足的创新活动资金，也能够反映企业是否有充足的创新意愿。资产负债率较高的公司在创新上的动力相对较弱，应对创新风险的能力较弱，而资产负债率较低的公司自有资金相对充裕，应对各种风险的能力相对较高，能够承受创新活动的风险。不同企业的资产负债率对创新产出的弹性变化有所差异，尤其是当与企业规模放在一起考虑时。因此，企业资产负债率是影响创新活动的一个重要因素。

④技术溢出效应。

我国企业在进行创新活动初期，通常与国外公司进行多渠道的联合经营，引进国外先进技术，并消化吸收进行二次创新。同样，企业从国内其他途径获取先进技术时也是如此，这样做能够在较短时间内提高企业整体的创新水平。在这个由引进并消化吸收二次创新的过程中，不可避免地要涉及相应的费用支出，这在高新技术企业中具体表现为：引进国外技术经费支出、引进技术的消化吸收经费支出、购买国内技术经费支出、技术改造经费支出。

（2）企业创新活动的非投入要素主要包括规模因素、税收因素、政府资金因素、所有权形式、企业家精神等。

①规模因素。

企业规模对创新的影响一直是国内外学者关注的重点，二者之间是否存在正向或反向关系尚无统一的答案。如朱恒鹏（2006）在对民营企业创新行为进行研究时发现企业规模和研发支出二者间存在明显的函数关系，并且这种函数关系呈现倒"U"形。周黎安和罗凯（2005）使用我国12年的省级面板数据考察了我国企业规模与创新之间的地区差异，发现在一定的企业治理结构条件下，企业规模对创新存在显著的推动作用。当然，也有些研究表明，企业规模与技术创新之间不存在线性关系，即企业规模与技术创新之间没有明显的相关性。但无论存在相关关系还是不确定关系均表示企业规模对创新绩效存在影响，在组织利用创新资源的能力以及效率上，企业规模均有着较大的制度性约束。

②税收因素。

政府在企业创新活动中扮演着引导者角色，从各个角度对企业创新活动产生影响，其中最重要的要属税收上的优惠政策。北京市高新技术企业发展整体相对成熟，各种政策机制较为完善，各级政府在高新技术企业经营活动中扮演着举足轻重的作用，尤其是对于初创企业和正在进行较大风险投资时的企业，更需要政府在政策、规章制度以及外部机构协调上发挥积极作用。税收政策是诸多鼓励政策中的最重要一个，它一方面通过在税收上的减免使企业自由现金流量相对充裕，能够抽出更多的资金进行创新，提高企业创新的动力；另一方面也体现出了政府对高新技术企业创新活动的扶持。在北京市高新技术企业创新活动中，税收政策主要体现在高新企业减免税和研究开发费用加计扣除减免税。

③政府资金因素。

高新技术企业开展创新活动需要有充足的资金支持，企业主要资金来源渠道包括自有资金、负债和政府的资金扶持，而政府扶持资金主要是针对特殊企业所进行的特殊创新活动，一般情况下不具有普遍性。当然，政府对企业创新的资金扶持不可避免地会对企业自身创新投入产生"挤出效应"，但不可否认的是政府资金会对高新技术企业创新活动产生正面的助推作用，影响高新技术企业的创新效率。在北京的高新技术企业发展过程中，政府资金扶持主要以来自政府部门的科技活动资金这一指标体现。

④所有权形式。

所有权形式不同，其内部的委托代理关系也有所不同。企业所有权形式的差异必定会体现在企业内部治理结构、运营方式以及企业文化等方面，而这些差异从不同角度上影响着企业的创新过程。

⑤企业家精神。

企业技术创新活动不仅受到外部环境和内部因素的综合影响，而且还和企业家精神息息相关，熊彼特认为，创新就是企业家对企业所拥有的生产要素进行重新组合的过程。企业家精神在实际的经营过程中具体表现在创新精神、竞争意识、拼搏精神以及人才观念上面。作为一种无形资源，企业家精神在企业创新过程中发挥着巨大的推动作用，是影响企业创新行为的重要变量。创新活动需要投入较大的人力、物力和财力，且创新过程存在着许多不可控因素，失败的风险相对较大。因此为了能够及时、有效、准确地处理问题，这就需要企业家要善于把握机会，敢于冒险，勇于承担责任，通过对市场的分析找出问题所在，针对性制定创新计划，确定创新目标和支持创新的政策，确保创新活动的顺利进行。

2.2.2 企业创新效率的评价指标

2.2.2.1 创新投入指标

企业进行创新活动时要相应地投入一定资源，按照资源的物质形态可分为人力与财力资源。目前关于企业创新投入的度量，国内外学者均偏重于使用 R&D 支出，这是因为其作为测度创新投入的指标已具有相当长的统计历史，且在各国之间均具有较统一的理论定义。根据贾菲（Jaffe，1989）的观点，研发投入不仅包括研发经费投入，也包括人力资源投入，即 R&D 经费支出和 R&D 人员投入。较长一段时间内众多学者均是根据这两个投入指标来进行创新方面的研究。

部分学者认为应该考虑把非研发投入（即技术溢出效应）考虑在内，与研发投入一起作为测度技术创新投入的指标，并且这些学者根据相关的经济数据进行了实证分析。部分实证结果表明，在企业进行创新的活动中，存在着非研发投入较研发投入更为重要的现象，这使企业创新投入的度量突破了传统的 R&D 支出界限，度量指标的选择更加科学、全面。

根据现有的研究成果并结合北京高新技术企业创新实际情况，本书将从研发投入与非研发投入两个角度对首都高新技术企业创新行为进行测度。其中，研发投入包括 R&D 经费支出和 R&D 人员，非研发投入包括引进技术的消化吸收经费支出、引进国外技术经费支出、购买国内技术经费支出、技术改造经费支出（见图 2 – 1）。

图 2 – 1　技术创新投入度量指标

2.2.2.2　创新产出指标

如图 2 - 2 所示，度量企业创新产出的指标可大致分为两类：理论指标、经济指标。其中，理论产出指标主要包括：专利数（具体细分为专利申请数、专利授权数、发明专利申请（授权）数等）、企业发表科技论文的数量、拥有的注册商标、软件著作版权数、形成国际标准和形成国家或行业标准等。经济产出指标包括：新产品销售收入、新产品产值、新产品产值占工业总产值比重、新产品销售收入占主营业务收入比重等。

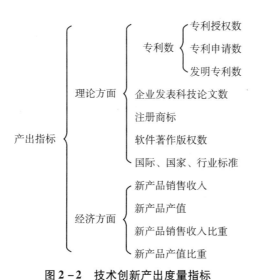

图 2 - 2　技术创新产出度量指标

对于理论产出指标，本章以专利授权数量作为唯一选择。这是因为专利授权数代表了企业创新取得的理论上的成果，是能够被行业所认可，相对专利申请数而言更具有实际意义。对于经济产出指标，在本章中将新产品销售收入作为唯一的选择指标。新产品销售收入能够直接反映高新企业研发产品及创新的竞争力，直接体现了企业进行技术创新活动的市场收益，能够给企业带来实际的经济效益，符合市场经济下企业法人追求利益的原则，使用它作为衡量技术创新效率的指标具有现实的意义。

这样就确定了创新产出指标的衡量，使用高新技术企业的专利授权数和新产品销售收入。将这两个指标放在一起使用能够更加全面地衡量创新产出。新产品销售收入是进行创新取得的成果，是创新活动最后的阶段，它能够给企业带来直接的经济利益，充分反映出企业通过创新所带来新产品的竞争力，相比专利指标更能体现出创新的直接目的性，且新产品销售收入在一定程度上弥补了专利作为衡量标准的滞后性。

综合有关创新投入产出度量的研究，确定使用高新技术企业的专利授权数和新产品销售收入作为创新产出的度量指标，在下文的内容中进行更深入的测度。

2.3 首都高新技术企业创新发展现状

本节对首都高新技术企业创新发展现状进行描述，包括创新投入和创新产出两个方面。北京高新技术企业中的绝大部分都位于中关村国家自主创新示范区（以下简称中关村高新技术园区），中关村高新技术园区的整体发展状况在很大程度上可以反映出北京高新技术企业的发展状况。由于缺少北京整体高新技术企业相关数据，因此，选取中关村高新技术园区企业作为首都高新技术企业的代表。

2.3.1 创新投入现状

从创新投入来看，2001～2016 年首都高新技术园区在 R&D 人员和经费的投入上基本保持相同的趋势（见图 2－3）。其中，2008 年经济危机之前 R&D 经费支出出现下降，趋势较为明显，并且增速在 2009 年达到最低，同比下降

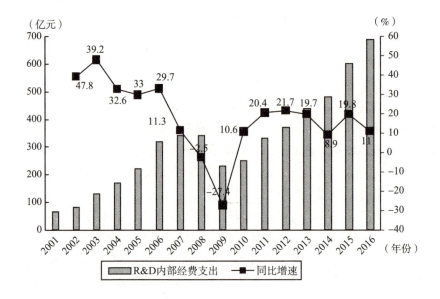

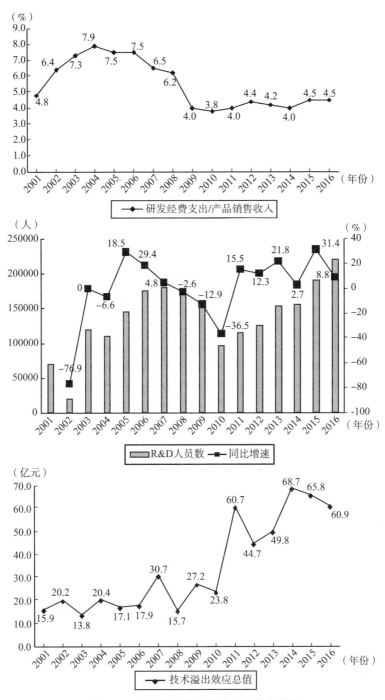

图 2-3　高新技术园区技术创新投入情况

27.4%，之后 R&D 经费支出增速反弹回升，近几年增速总体稳定。R&D 人员数则表现出相对不稳定态势。增速波动幅度较大，但总体来看呈现前低后升的态势。2001～2010 年 R&D 人员数增速波动下滑，之后反弹回升，保持在较高的水平。此外，从首都高新技术园区 R&D 研发经费支出占产品销售收入来看，经济危机之前呈现倒"U"形变动，之后保持在一个平稳的区间内。而技术溢出效应总值保持着波动增长，后期增幅相对较高，增速波动较大，呈波浪式发展。

2.3.2 创新产出现状

如图 2-4 所示，从首都高新技术园区专利授权数的年度变化来看，专利授权数在 2001～2016 年总体保持着不断增长的态势，仅在 2011 年专利授权数出现回落，为 12951 件，之后快速反弹回升，增势迅猛。从增速变动来看，高新技术园区专利授权数增速波动幅度比较大，2001～2008 年，专利授权数增速整体呈现上升，2008 年增速达到最高点，同比增长 48.4%。2009～2016 年增速波动下滑，且 2011 年增速首次由正转负，达到最低点，为 -1.5%，之后增速出现较大幅度的反弹，但增长乏力，增速近几年持续回落。

2001～2016 年，首都高新技术园区新产品销售收入总体保持着上升的趋势，2003 年出现较大幅度的回落，新产品销售收入为 667.7 亿元，较 2002 年减少了 229.4 亿元，之后反转上升，增势较迅猛。2010～2012 年，新产品销售收入持续回落，但后两年出现较大幅度的回升，2014 年实现收入 4614.8 亿元，

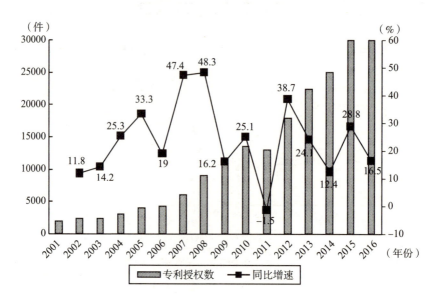

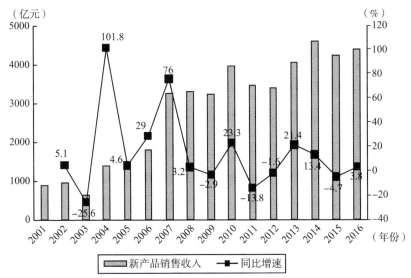

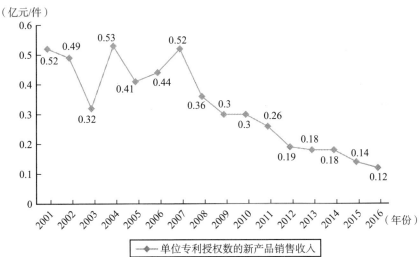

图 2 - 4　高新技术园区技术创新产出

较 2013 年增加 544.5 亿元。从增速变动来看，新产品销售收入增速波动幅度相对较大，尤其是 2008 年经济危机之前，增速最高时超过 100%，最低时低于负 20%。经济危机之后，增速仍表现出波动运行的发展态势，但波幅较之前已有所收窄。

从单位专利授权数的新产品销售收入变化趋势来看，2001～2008 年，该项指标波动运行，出现三次峰值，均高于 0.50 亿元/件。这说明经济危机之前，首都高新技术园区企业创新的效率相对较高，创新投入带来了较高的经济收益。2009～2016 年，单位专利授权数的新产品销售收入值持续回落，下降趋势较明显，2016 年该指标值为 0.12 亿元/件，较峰值低 0.41 亿元/件。这说明这一时期持续增长的专利授权数并未带来新产品销售收入的快速增长，持续回落单位专利授权数的新产品销售收入表明了高新技术园区这几间的专利未能有效地转化为实际的经济效益，部分专利仅仅作为理论成果被束之高阁，这在某种程度上是一种资源的浪费。

2.4 首都高新技术企业创新效率分析

本节首先构建高新技术企业创新效率测算模型，在此基础上，对首都高新技术企业创新效率进行测算，并进行评价。

2.4.1 企业创新效率测算模型

内生经济增长理论认为，技术进步与创新是推动经济持久增长的重要动力，而高新技术企业则是实现创新的核心力量，影响其创新的因素较多，创新效率波动较大。因此，系统考察高新技术企业创新效率的影响因素和波动是相关研究的重点。北京作为我国高新技术企业整体发展水平较高的地区，是我国企业创新活动的最前沿，每年均会有大量的新技术取得突破，给社会带来巨大的经济效益和社会效应。因此，下文将重点探究影响北京高新技术企业创新效率的因素，剖析推动创新向深层次发展的主要动力，并考察创新效率的结构变动趋势，为高新技术企业的创新活动提供理论与实践的政策建议。

用于测算投入产出效率的方法比较多，包括数据包络法、指数法、索罗余值法等，但使用相对较多的且能够具体分解技术效率的方法是数据包络分析（DEA）。数据包络分析（Data Envelopment Analysis，DEA）是一种最常用的非参数前沿效率分析方法，该方法最初是由法雷尔（Farrel）在 1957 年提出来的，后经过查恩斯（Charnes）、库珀和罗兹（Coorper and Rhodes，1978；1981）研究得出 CCR 模型，将法雷尔的单一产出效率衡量模型发展为多元产出模型，并将此种效率衡量方式重新命名。在此之后诸多学者对 DEA 进行了多方面的改进，以增强其在不同经济环境下的适用性和解释性。目前 DEA 模型被广泛地应用于投入产出效率研究，被众多的学者所青睐。

我们在以往学者关于 DEA 研究的基础上，通过使用 DEA 模型来计算首都高新技术园区企业创新效率，通过使用 Malmquist 指数来表达技术效率指数的年度变化特征，并对不同结构下的全要素生产率指数进行对比分析。

2.4.1.1　DEA 模型的应用

DEA 模型可具体分为规模报酬不变（CRS）和规模报酬可变（VRS）两种形式。其中，CRS 主要被用于测算含有规模效率的综合技术效率（STR），而 VRS 能够排除规模效率的影响，测算技术效率（TE），并对其进行进一步的分解。本书使用可变规模报酬模型，因此，这里仅介绍可变规模报酬的原理。

假设有 K 个被评价的对象 $DMU_k(0 \leqslant k \leqslant 1)$（DMU 是决策单元的英文简写），每个决策单元均具有 N 个投入要素以及 N 种产出方式，将 DMU_k 的输入输出向量表示为：

$$X_j = (x_{1j}, \ x_{2j}, \ \cdots, \ x_{Nj})^T > 0,$$
$$j = 1, \ 2, \ \cdots, \ K \tag{2-1}$$

$$Y_j = (y_{1j}, \ y_{2j}, \ \cdots, \ y_{Nj})^T > 0,$$
$$j = 1, \ 2, \ \cdots, \ K \tag{2-2}$$

基于以上的假设，BCC 模型可用下面的公式表示：

$$\min \theta$$

$$\text{s. t.} \begin{cases} \sum_{j=1}^{n} X_j \lambda_j \leqslant \theta X_k \\ \sum_{j=1}^{n} Y_j \lambda_j \geqslant Y_k \\ \sum_{j=1}^{n} \lambda_j = 1 \\ \lambda_j \geqslant 0, \ 1, \ \cdots, \ n \end{cases} \tag{2-3}$$

通过求解得出第 K 个被考察单元的技术效率值，即 θ，且 $0 \leqslant \theta \leqslant 1$。当 $\theta = 1$ 时，表示所考察的决策单元是技术有效，产出达到最优；当 $\theta < 1$ 时，表示所考察的决策单元是无效率，产出并未达到最优，还存在改进的空间。

2.4.1.2　Malmquist 指数

Malmquist 指数由瑞典经济学家和统计学家曼奎斯特提出的，最初用于定量测度消费水平，后经法勒等（Fare et al.）法雷尔、凯夫斯等（Caves et al.）的研究，Malmquist 指数内容不断丰富，理论也逐渐完善起来。本书将首都高新技术园区作为决策单元，从产出角度运用 DEA - Malmquist 指数方法来估计高新技术园区的创新效率变动情况。

以 t 时期技术 T^t 为参照,基于产出角度的 Malmquist 指数可以表示为:

$$D_0^t(x_{t+1}, y_{t+1}, x_t, y_t) = d_0^t(x_{t+1}, y_{t+1})/d_0^t(x_t, y_t) \qquad (2-4)$$

$$D_0^{t+1}(x_{t+1}, y_{t+1}, x_t, y_t) = d_0^{t+1}(x_{t+1}, y_{t+1})/d_0^{t+1}(x_t, y_t) \qquad (2-5)$$

用式(2-1)与式(2-2)的几何平均值作为衡量从 t 时期到 $t+1$ 时期生产率变化的 Malmquist 指数,该指数大于 1 时标明从 t 时期到 $t+1$ 时期短的全要素生产率是增长的。公式为:

$$D_0(x_{t+1}, y_{t+1}, x_t, y_t) = \left(\frac{d_0^t(x_{t+1}, y_{t+1})}{d_0^t(x_t, y_t)} \times \frac{d_0^{t+1}(x_{t+1}, y_{t+1})}{d_0^{t+1}(x_t, y_t)}\right)^{1/2} \qquad (2-6)$$

式(2-6)中,(x_{t+1}, y_{t+1}) 和 (x_t, y_t) 分别表示 $t+1$ 时期和 t 时期的投入与产出向量;d_0^t 和 d_0^{t+1} 分别表示以 t 时期 T^t 为参照,时期 t 和时期 $t+1$ 的距离函数。进一步的可以将 Malmquist 指数分解为技术效率变化指数(effch)和技术进步指数(techch),分解过程如下:

$$D_0(x_{t+1}, y_{t+1}, x_t, y_t) = \frac{d_0^{t+1}(x_{t+1}, y_{t+1})}{d_0^t(x_t, y_t)} \times \left(\frac{d_0^t(x_{t+1}, y_{t+1})}{d_0^{t+1}(x_{t+1}, y_{t+1})} \times \frac{d_0^t(x_t, y_t)}{d_0^{t+1}(x_t, y_t)}\right)^{1/2}$$

$$(2-7)$$

其中,技术效率变化指数(effch)进一步可分解为纯技术效率指数(pech)与规模效率指数(sech)的乘积。即:

$$effch = \frac{d_0^{t+1}(x_{t+1}, y_{t+1})}{d_0^t(x_t, y_t)} = \frac{SE_0^{t+1}(x_{t+1}, y_{t+1})}{SE_0^t(x_t, y_t)} \times \frac{d_0^{t+1}(x_{t+1}, y_{t+1}|V)}{d_0^t(x_t, y_t|V)} \qquad (2-8)$$

则

$$D_0(x_{t+1}, y_{t+1}, x_t, y_t) = tfpch = (pech \times sech) \times techch = effch \times techch$$

即全要素生产率指数由技术效率指数与技术进步指数这两部分组成,其中技术效率指数又可进一步进行分解,即纯技术效率指数和规模效率指数。当某一效率指数的值大于 1 时,说明其引起了生产率的提高,当某一效率指数的值小于 1 时,说明其引起了生产率的下降。

2.4.2 首都高新技术企业创新效率评价

结合前文对众多学者相关研究的总结,我们选取 R&D 经费支出、R&D 人员数和技术溢出效应这三个主要指标来衡量创新投入,计算首都高新技术园区整体的技术效率值,选取新产品销售收入和专利授权数来衡量创新产出,使用 DEA - Malmquist 模型来测度高新技术园区整体的创新效率(见表 2-1)。

表 2 - 1　　　　　　　　　　　投入与产出变量

新产品销售收入 （亿元）	专利授权数 （个）	技术溢出效应 （亿元）	R&D 经费支出 （亿元）	R&D 人员数 （个）
853. 29	1629	15. 88	63. 58	67154
897. 10	1822	20. 17	88. 49	15542
667. 74	2081	13. 81	130. 76	119512
1347. 28	2608	20. 45	173. 42	111623
1408. 82	3477	17. 10	224. 85	144494
1817. 30	4137	17. 92	298. 97	171270
3197. 89	6100	30. 71	332. 65	179511
3300. 75	9050	15. 67	324. 49	174797
3203. 70	10512	27. 20	235. 42	152168
3949. 19	13151	23. 81	260. 43	96699
3405. 11	12951	60. 69	313. 45	111685
3352. 08	17969	44. 68	381. 34	125429
4070. 36	22308	49. 82	456. 34	152772
4614. 83	25065	68. 68	497. 17	156915
4397. 29	32289	65. 80	595. 6	206165
4565. 64	37629	60. 90	661. 4	224237

资料来源：中关村国家自主创新示范区平台（2001~2006）

将数据导入 DEAP2. 1 软件，运行结果如表 2 - 2 所示。

表 2 - 2　　　　　2001~2016 年高新技术园区全要素生产率指数

指标	技术效率指数 （*effch*）	技术进步指数 （*techch*）	纯技术效率指数 （*pech*）	规模效率指数 （*sech*）	全要素生产率 指数（*tfpch*）
值	1. 000	1. 066	1. 000	1. 000	1. 066

　　首都高新技术园区在 2001~2016 年的全要素生产率指数为 1. 066，表明全要素生产率在这 16 年间年均增长 6. 6%，主要是由技术进步拉动，这说明了首都高新技术园区近十几年在技术进步方面保持着相对较高的速度，这一结论与实际情况也比较吻合。根据统计数据显示，首都高新技术园区每年发生

的创业投资案例和投资金额均占全国的 1/3 左右，新技术创新持续保持着较高的增速。

从图 2-5 可以看出，首都高新技术园区 2001~2016 年的全要素生产率指数大部分年度位于 1 以上。这 16 年间 2007 年以前总体平稳，2007 年以后出现两个峰值，分别为 2008 年和 2010 年，而在 2011 年形成一个谷值。2008 年之后，全要素生产率指数下滑趋势较明显，但近几年下滑有所趋缓，大体上保持在 1 左右，而在 2014~2016 年略微回升。高新技术园区创新效率的年度变化主要是受技术进步因素引起的，在这 16 年中，技术进步这一指标波动较大，直接影响了技术创新效率，全要素生产率指数的变动完全依靠技术进步推动。应强化对新技术的利用率，积极推动新技术向实际生产力的转化，优化全要素生产率的结构，从而更好地提高首都高新技术园区创新效率水平。

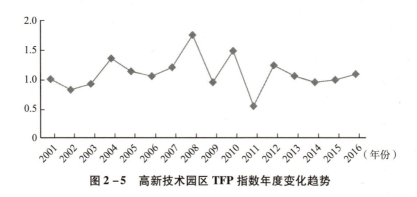

图 2-5　高新技术园区 TFP 指数年度变化趋势

2.5　不同规模的首都高新技术企业创新效率分析

本节从不同企业规模角度继续考察首都高新技术园区企业创新活动情况，这里所说的不同企业规模是将高新技术园区企业按规模分为大型企业、中型企业、小型企业、微型企业，按照不同的企业类型对创新投入产出以及创新效率进行分析。

2.5.1　创新投入情况

（1）R&D 经费支出情况。

如图 2-6 所示，从 R&D 经费支出来看，大型企业 R&D 经费支出年度变化以经济危机前后划分，呈现出两个较为明显的阶段：2001～2008 年和 2009～2016 年，这两个阶段均呈现出近似直线的增长，尤其是在后一阶段，直线增长的态势比较明显。首都高新技术园区内部大型企业技术创新活动较为活跃，这类型企业群在创新上的投入强度较大，且从年度变化曲线来看，这种高强度的经费投入预计仍将持续保持下去，大型企业仍将是首都高新技术园区

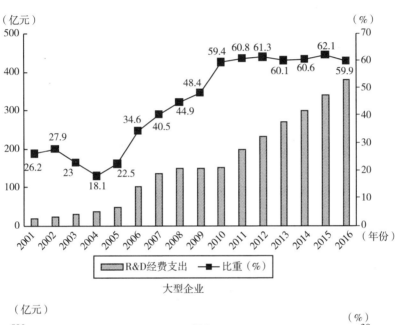

大型企业

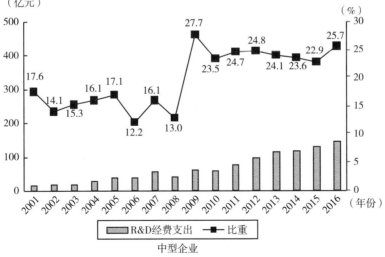

中型企业

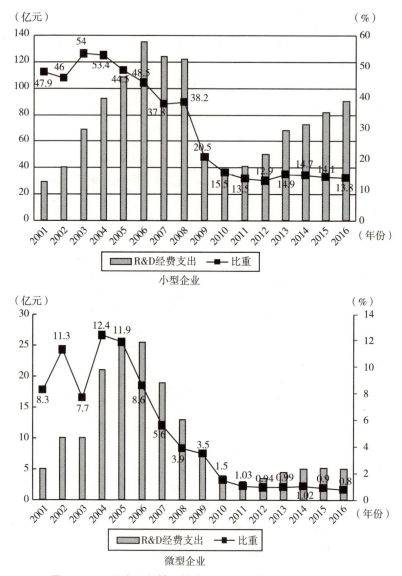

图 2 − 6 不同企业规模下技术创新投入情况 R&D 经费支出

内部企业创新的核心力量。从占比来看，2001 ～ 2009 年，大型企业 R&D 经费支出所占比重持续不断增长，而经济危机之后，在所占比重呈现弱势增长的态势，甚至在有些年度出现下降，但总体上仍保持着 60% 以上的高比例。

中型企业 R&D 经费支出相对不平稳。在 2001 ～ 2010 年波动增长，2011 ～ 2016 年，R&D 经费支出则快速平稳增长，年度变动曲线近似呈直线。从占比来看，2001 ～ 2009 年，中型企业 R&D 经费支出所占比重波动变化，且波幅相对较大，2009 年占比达到最高点，为 27.7%。2010～2016 年，占比总体稳定。

小型和微型企业研发经费支出在高新技术园区所占比重较小，对高新技术园区技术创新活动的整体影响相对较小。从 R&D 经费支出年度变动来看，小型企业呈现前期波动、后期平稳增长的态势，且经济危机对其影响相对较大。而微型企业研发经费支出表现出"前增、中降、后升"，经费支出极为不平稳。从在高新技术园区占比来看，小型、微型企业研发经费支出占比较小，且不断下降，尤其是微型企业有些年份占比位于 1% 以下。

（2）研发人员投入情况。

大型企业和中型企业研发人员在 2001～2016 年总体均保持着不断增长。其中，大型企业在 2010 年短暂出现回落，但之后便快速反弹回升，增势较为迅猛，而中型企业研发人员投入则波动幅度较大，但总体保持着增长。从占比来看，大型企业 2001～2004 年占比不断下降，之后反弹回升，但随着其他企业群的研发人员投入不断增加以及大型企业研发人员投入逐渐饱和，近两年在高新技术园区的占比有所趋缓。中型企业研发人员在 2001～2008 年占比平稳下滑，之后随着研发人员数的不断增加，占比反弹并高位趋缓，降幅不断收窄。

小型企业研发人员投入波动幅度较大，年度变化大致呈现"N"形。2001～2006 年，研发人员投入波动增长，其中，2006 年达到 16 年以来的最高点。之后快速下滑，降低幅度较大。2012～2016 年，小型企业研发人员投入逆转回升。从在高新技术园区占比来看，小型企业研发人员投入占比持续下降，但总体仍保持着较高的比重，且近三年占比有所增加。

微型企业研发人员投入年度变化趋势较明显。2001～2005 年，研发人员投入不断增长，并在 2005 年达到最高值，之后快速下降，降幅较大。但近几年降幅不断收窄，并在 2014 年出现小幅反转回升，从在高新技术园区占比来看，与人员总数变化基本保持一致，2001～2005 年波动增长，并达到最高，之后反转回落，降幅较大。

（3）技术溢出情况。

如图 2-7 所示，大型企业技术溢出效应总值在 2001～2010 年总体保持平稳，波动幅度不大。2010～2016 年，总值出现较大幅度的波动，并在 2014 年创下历史新高。从占比来看，大型企业技术溢出效应总值在高新技术园区占比较高，2001～2016 年，平均占比在 50% 以上。从年度变化趋势来看，波动较大，占比极差将近 50 个百分点。总体上看，大型企业技术溢出效应总值占比在前期波动下滑，后期波动增长。

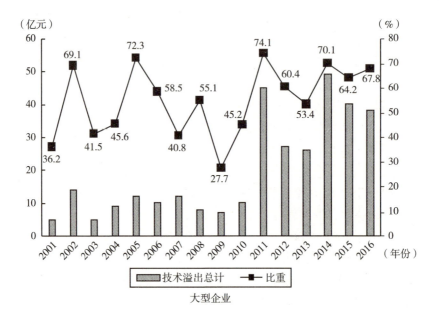

大型企业

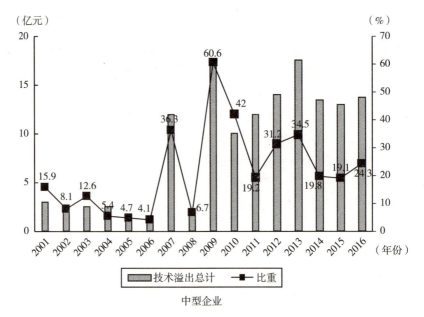

中型企业

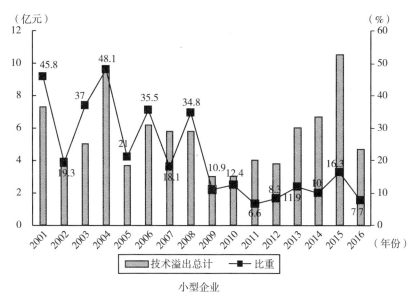

小型企业

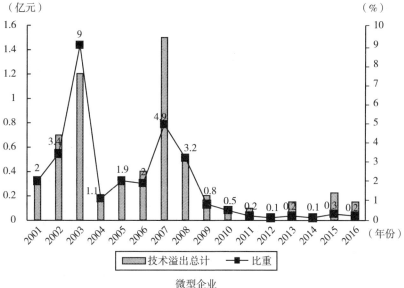

微型企业

图 2-7　不同企业规模下技术创新投入情况技术溢出

中型企业技术溢出效应总值在 2001～2006 年平稳下滑，并 2006 年达到最低点，2006～2014 年，技术溢出效应总值波动幅度较大，处于增长趋势，总值极差最大约为 15 亿元。从占比来看，比重波动幅度较大，其中在 2006 年占比最小，而在 2009 年占比达到最大，在高新技术园区占比高达 60.6%，高于大型企业技术溢出效应平均比重水平。

小型企业技术溢出效应总值在 2001～2016 年波动幅度较大，总体呈现出先降后升的态势。其中，2004 年总值达到一个峰值，之后总体走低，但在 2010 年后逐渐回升，并在 2015 年达到又一个峰值。从占比来看，比重波动幅度相对较大，且不断降低，但波幅趋向平缓。而从小型企业技术溢出效应总值在高新技术园区占比均值来看，其在技术引进和消化吸收方面仍处于重要地位，仅次于大型企业。

微型企业在高新技术园区占比较小，对技术创新活动贡献相对较低。从技术溢出效应总值来看，2003 年和 2007 年分别出现两个峰值，之后总值持续回落，降幅较大，2016 年，微型企业技术溢出效应在高新技术园区占比仅为 0.2%。微型企业对高新技术园区技术创新活动最低，且这一趋势将长期保持。

2.5.2 创新产出情况

（1）专利授权情况。

如图 2-8 所示，大型企业专利授权数在 2001～2016 年总体保持不断增长的态势。受经济危机的影响，2009 年，专利授权数量出现较大幅度的减少，之后反转回升，增势较为迅猛，2016 年，大型企业共实现专利授权数 20929 件，创下 16 年以来的历史新高。从占比来看，2001～2005 年大型企业专利授

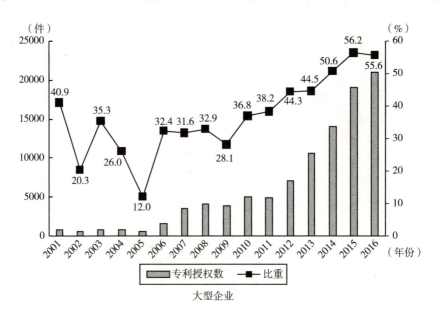

大型企业

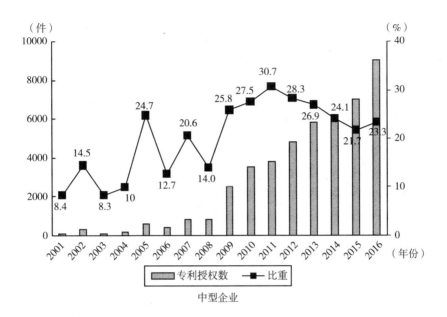

中型企业

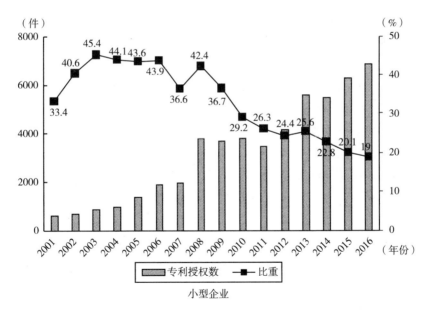

小型企业

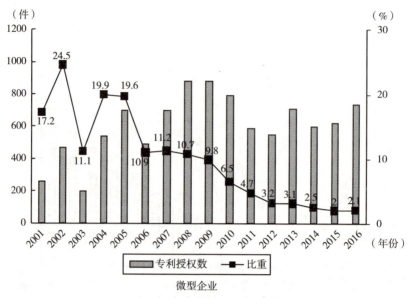

微型企业

图 2 - 8　不同企业规模下技术创新产出情况专利授权

权数占比波动下滑，降幅较大，2005 年，占比仅为 12.0%，2005～2016 年，比重总体呈不断增加趋势，2015 年，占比达到历史高位。

中型企业专利授权数量在 2001～2009 年波动增长，且在 2009 年达到最高。2010 年后持续增长。从占比来看，2001～2008 年，中型企业专利授权数基本在 8%～25% 间频繁波动，2009 年，出现较大幅度的增加，2011～2016 年，占比则小幅波动下滑，但仍在 20% 以上。

小型企业专利授权数在 2008 年之前平稳增长，2008～2011 年，保持稳定，2011 年后增长较快，并在 2016 年达到峰值。从占比来看，2001～2003 年，小型企业专利授权数占比不断增加，2003 年比重突破 45%，达到最高。2003～2006 年，保持稳定，而 2006～2016 年占比波动下滑，在 2016 年创下历史最低点。

微型企业专利授权数在 2001～2016 年变动较大，2001～2009 年，数量波动增长，并在 2009 年达到峰值，为历史最高点。2009～2012 年，专利授权数不断减少，降幅较大，但近三年数量又有所回升。从占比来看，2001～2006 年，比重波动较大，其中，2002 年占比为 24.5%，达到最大值。2006～2016 年，微型企业专利授权数占比不断下降，且降幅较大，2015 年，比重仅为 2.0%，创下 16 年以来的最低点。

从 16 年数据的均值来看，专利授权数平均占比最高的是大型企业，但其次却是小型企业，这说明了首都高新技术园区小型企业群的创新活跃度要高于中型企业，小型企业在专利授权数上的创新产出要相对较高，但2008 年经济危机以来，小型企业的这种活跃度不断降低，对高新技术园区的创新贡献不断减少。若仅以专利授权数作为衡量创新产出的指标，则小型企业的技术创新活跃度相对较高，这也佐证了部分研究者使用专利授权数来进行创新效率测算的原因，同时也说明了单纯使用专利指标衡量创新产出的缺点。

（2）新产品销售收入。

如图 2 - 9 所示，从新产品销售收入来看，大型企业新产品销售收入年度变化呈现明显的波动特征，大致每三年为一个周期，或是波动增长，或是波动下降，但总体趋势是增长的，近三年，大型企业新产品销售收入总体稳定。从占比来看，2001～2006 年大型企业新产品销售收入占比下滑，但降幅逐渐收窄。2007～2016 年比重平稳运行，保持在 50% 左右。

中型企业新产品销售收入年度变化可明显的分为两个阶段：2001～2010年与 2011～2016 年。2001～2010 年，收入不断增长，且后期增势较为迅猛。2011～2016 年，新产品销售收入在短暂反转回落后快速增长，其中，2016 年实现新产品销售收入 1297.5 亿元，创下历史新高。从占比来看，中型企业新产品销售收入占比波动较大，总体趋势是增长。

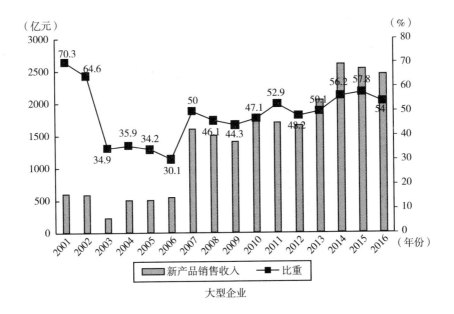

大型企业

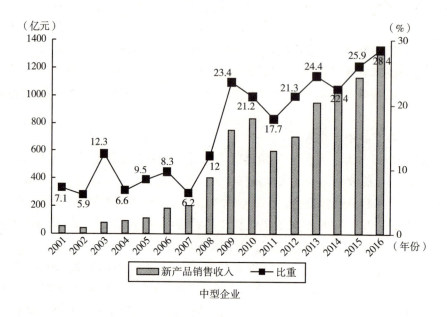

中型企业

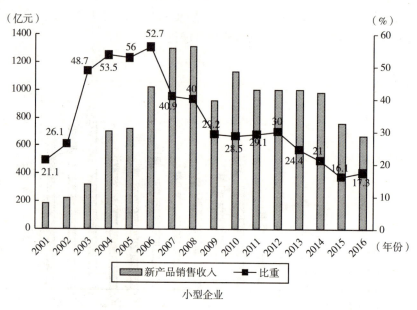

小型企业

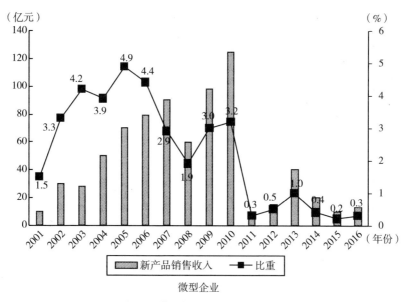

图 2 - 9　不同企业规模下技术创新产出情况新产品销售收入

　　小型企业新产品销售收入在 2008 年之前增长较快，增势较为迅猛，2008 年，实现新产品销售收入 1320.7 亿元，成为了历史最高点。受经济危机以及研发投入要素减少的影响，新产品销售收入短暂出现回落，之后平稳回落，降幅不断收窄，但 2015 年有明显下降。从占比来看，2001～2006 年，比重增长较大，且后期连续三年突破 50%。2006～2016 年，占比持续下降，降幅较大，预计小型企业新产品销售收入占比短期内仍将持续降低，对高新技术园区创新产出贡献不断减少。

　　微型企业新产品销售收入在 2001～2016 年变动幅度较大，2001～2010 年总体上不断增长，中间由于经济危机的影响有所降低。其中，2010 年，新产品销售收入为 126.1 亿元，创下 16 年以来的最高点，之后反转下降，降幅较大，2011 年，新产品销售收入仅为 10 亿元，成为最低的年份。近三年，微型企业新产品销售收入波动增长，但增长的态势不确定性较高。从占比来看，2001～2005 年，比重总体上呈增长趋势，并在 2005 年达到最高点，之后波动下降，降幅较大。微型企业新产品销售收入占比最小，2016 年仅为 0.3%，16 年的平均占比仅为 2.2%。

2.5.3　TFP 平均指数对比分析

　　通过测算得出不同企业类型在 2001～2016 年的全要素生产率（TFP）平

均指数（见表2-3），结果表明，中小微企业的技术创新效率相对较高，大型企业的创新效率比较低，这和实际情况也比较吻合，有研究表明大型企业在创新活动的积极性反而不如那些中小型企业。

表2-3　　　　　　　　不同企业规模全要素生产率指数平均值

园区	大型企业	中型企业	小型企业	微型企业
TFP 指数均指	1.003	1.086	1.152	1.083

具体来看（见图2-10），大型企业全要素生产率小幅波动，基本保持在1左右。其中，2011年创新投入较大，尤其是技术溢出效应投入增幅较高，而单位创新投入所带来的产出相对较低，因此，这一年全要素生产率指数出现触底现象。2012年，指数值反弹回升，增幅较大，这再次佐证了首都高新技术园区创新存在时滞，时滞约为1年。中型企业全要素生产率指数在2008年出现一个奇异点，这是因为2008年创新投入变动不大，但创新产出却增长较高，尤其是新产品销售收入较去年有很大幅度的提升，因此，全要素生产率指数较高。中型企业创新活动相对较稳定，创新效率也不断提升。

小型企业创新效率波动较明显，且不稳定。全要素生产率指数年度变化区间相对较大。尤其是2008年之后振幅较大，这表明小型企业创新投入力度较大，但效率相对不稳定，创新风险较高，失败率较高。尤其是2010年以后，除2012年和2016年，其他年份全要素生产率指数值均在1以下。

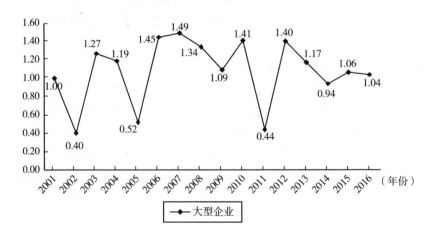

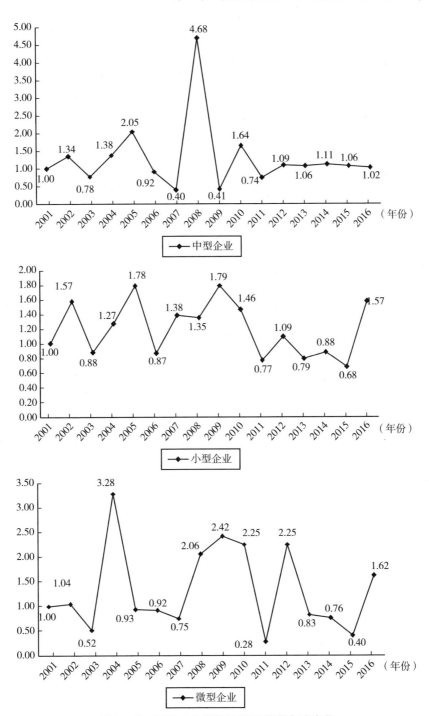

图 2 - 10　不同企业规模的 TFP 指数年度变化

微型企业全要素生产率指数在 2001～2016 年变化较小型企业较为类似，所不同的是微型企业指数值波动更为明显，创新效率更为不稳定，年度之间变动幅度较大。其中，2004 年出现一个奇异点，2008～2010 年，连续三年均保持高位，2012 年，由于新产品销售收入增长加大，单位创新投入的产出相对提升幅度较高，全要素生产率指数值再次达到高点，但 2013～2015 年持续回落，连续位于 1 以下。

2.6　小　　结

本章主要研究首都高新技术企业的技术创新效率，从影响技术创新效率的因素开始入手，从定性和定量两个角度对影响高新技术企业技术创新效率的因素进行了分析。在对企业技术创新投入产出情况进行分析的基础上，从整体、不同企业规模的角度分别对技术创新效率进行了测算，并对比分析了企业技术创新投入、产出及创新效率的结构特征，对其中存在的问题进行了分析。

通过研究得出以下结论：（1）从技术创新投入来看，后经济危机时期首都高新技术企业技术创新投入放缓，政府资金扶持的"挤出效应"逐渐显现；（2）从技术创新产出来看，专利数量和增速不断增长，新产品销售收入有所走低，技术创新带来的实际经济效益趋缓；（3）从技术创新效率来看，全要素生产率指数大部分年份在 1 以上，但结构不尽合理，技术研发效率明显高于技术利用效率。

第 3 章

首都高新技术企业创新绩效与
税收优惠政策关系研究

创新是中国提高社会生产力和综合国力的战略支撑，努力提高科技水平、提高创新能力已成为我国政府制定经济政策的重要目标。然而由于创新具有较大的正外部性，实施政策可以弥补市场失灵导致的收益损失，而税收优惠政策是各个国家激励企业创新活动最重要的政策之一。本章从微观企业的角度，深入探究税收优惠政策对企业创新活动的影响，力求丰富税收优惠政策评价的相关理论，具有一定理论意义。此外，本章也有助于为有关部门制定相关政策提供参考，有助于政府优化资源配置，对提高政策激励效果，具有现实意义。

3.1　企业创新绩效与税收优惠政策的概念及作用机制

首先，本章对创新绩效进行概念界定，并进一步分析企业创新绩效的影响因素。其次，对税收优惠政策进行阐述，同时收集 20 世纪 80 年代以来我国出台的所有促进企业创新的税收优惠政策，同时筛选出影响高新技术企业的税收优惠政策。最后，进一步从成本效应和风险分担两条路径分析税收优惠政策影响企业创新的作用机制。

3.1.1　创新绩效的概念及影响因素

3.1.1.1　创新绩效的概念

对于绩效的理解，国内外学者的观点基本一致。贝茨和霍尔顿（Bates and Holton）认为，绩效是一种多维构建，测量的因素不同，其结果也会不同。学者马璐认为，绩效是业绩和效率的统称，包括活动过程的效率和活动的结果两层含义，绩效可以认为是过程和结果的集合。

本章的创新绩效指的是高新技术企业的技术创新绩效，即高新技术企业在技术创新过程中的产出绩效和过程绩效。衡量技术创新产出绩效的指标很多，创新产品销售比率、创新产品数、技术创新收入占投入经费比例、新产品市场占有率、专利数、商业成功率等都被学者使用过。衡量技术创新过程绩效的指标，一般采用投入产出效率。本章侧重于测算税收优惠政策对高新技术企业创新结果绩效的影响，并结合对创新投入的影响，简单推算对创新过程绩效的影响。

3.1.1.2 创新绩效的影响因素

本节主要对影响创新绩效的外部环境和内部环境进行分析。在研究影响企业创新绩效的外部环境时，主要从社会环境、政策环境和市场环境三个方面进行分析。

（1）社会环境。

这里的社会环境主要是指社会制度环境。完善的制度保障，如知识产权保护制度、物权法等制度能够保障创新主体的利益不受侵害，这能够提高企业的创新意愿，提升企业开展创新活动的积极性，进而间接地提高企业的创新绩效。

（2）政策环境。

诸多创新政策从各个方面影响着企业的技术活动，如投融资政策、税收优惠政策、政府采购政策，等等。企业在创新初期会面临许多问题，尤其是对于初创企业与小微企业而言，创新的相对成本更高，难度更大，这时就需要政府制定政策对企业的创新进行扶持。其中，税收优惠政策、政府资金支持政策和政府采购政策能够直接提高企业的创新绩效，而其他政策则侧重于通过提高企业的创新意愿，进而提高企业的创新绩效。

（3）市场环境。

市场环境因素也是影响企业创新活动重要的外部因素之一。例如，市场需求是企业创新活动的重要动力，市场化程度是衡量生产要素的重要指标之一，市场集中度是衡量市场竞争程度的重要指标之一。此外，如市场网络结构、当前技术水平等因素，也会对企业的创新绩效产生影响。

在研究影响企业创新绩效的内部环境时，主要从直接投入要素和非直接投入要素两个方面进行分析。

（1）直接投入要素。

企业创新活动的直接投入要素主要包括人力资本投入和创新经费投入两大类。

人力资本是企业开展创新活动的基本要素之一，它直接影响着企业创新绩效的高低。企业的研发人员投入越多，创新绩效越高，尽管对于不同行业、不同特征的企业而言，人力资本投入的弹性不同，但人力资本仍然是直接影响企业创新绩效的基本要素。经费投入是企业开展创新活动的另一个基本要素，它也直接影响着企业创新绩效的高低。对于不同企业性质、不同行业或者不同成熟度的企业而言，创新经费投入构成可能有所差异，但总的来看，经费投入越多，创新绩效越高。

（2）非直接投入要素。

企业规模对创新绩效的影响一直是众多学者的关注点之一。关于企业规模与创新绩效二者之间的关系，尚无统一的答案，但企业规模对创新绩效的确存在影响，尤其在组织利用创新资源的能力以及效率上，企业规模均有着较大的制度性约束。

此外，企业文化、内部激励方式、企业战略等也会影响企业创新活动，进而间接影响创新绩效。

3.1.2　支持高新技术企业的税收优惠政策

在众多促进企业创新的税收优惠政策中，专门支持高新技术企业创新活动的政策有 30 项（这里将支持软件和生物医药等产业的政策视作支持高新技术企业创新的政策）。具体来看，一方面，政策出台或更新频度不断加快，在第一阶段，仅出台 3 项政策，政策间隔时间较长，而在第二阶段，几乎每两年就有新的政策出台或者政策更新，而从 2013 年起，年均出台或更新政策次数超过 2 次；另一方面，税收优惠政策愈加注重事前和事中激励，由第一个阶段只注重所得税减免和其他税费减免等手段，逐渐演变为，综合运用所得税减免、股权激励、研发费用加计扣除和加速折旧等手段，激励企业开展创新活动。

3.1.3　税收优惠政策影响企业创新绩效的作用机制分析

3.1.3.1　税收优惠政策作用的创新环节

影响企业创新的因素众多，政府根据这些影响因素制定了相应的创新政策，具体包括资金支持政策、知识产权保护政策、政府采购政策等。

在税收优惠政策中，部分税收优惠政策的促进作用比较直接，如研发费用加计扣除、固定资产加速折旧等税收优惠政策侧重于基础科学研究、专业应用研究和应用试验研究阶段，技术转让税收优惠政策侧重于成果孵化和技术转让阶段，高新技术企业减按15%的税率征收企业所得税侧重于成果孵化、技术转让、规模化生产和市场开拓运作阶段；而投资高新技术企业减免税、个人转增股本延期纳税和职工教育经费扣除等税收优惠政策，则间接地对企业的基础科学研究、专业应用研究和应用试验研究产生促进作用。

3.1.3.2 成本效应作用机制

企业开展创新活动的根本动力在于实现利益最大化，税收优惠政策能够从降低创新成本方面施加影响。因为只要开展创新活动，必然少不了资金和技术两方面的支持，而税收优惠政策正好可以降低创新活动的资金成本和技术成本，既可以提高企业的创新预期收益，增强企业的创新动力，进而激励企业增加创新投入，增加创新绩效提升的可能性，也可以直接提高企业的创新绩效（见图3-1）。

3.1.3.3 风险分担作用机制

风险即损失的不确定性。政府借助税收优惠政策帮助企业化解风险的过程，相当于政府以企业实际意义上的隐匿合伙人身份以税收支出的形式承担了部分研发活动的风险。税收优惠政策的力度越大，企业的税收负担越小，所承担的风险也会越小，企业开展创新活动的动力越高。创新风险主要表现为技术风险、市场风险、财务风险等。

（1）技术风险。

企业的技术水平是企业开展创新活动人力水平和物力水平的重要体现，技术风险越小，企业创新活动的人力物力水平越高，创新能力越强。项目复杂程度与企业自身的技术水平是影响企业创新绩效的重要因素，项目复杂程度可以视作外生变量，而企业自身的技术水平则是企业的内生变量，是企业能够通过不断学习而提高的变量。从硬件和软件两个方面，帮助企业提高技术水平和创新能力，促进企业创新绩效的提升。

（2）财务风险。

企业的财务状况是企业开展创新活动财力水平的重要体现，财务风险越小，企业创新活动的财力越充足，创新能力越强。政府能够通过允许企业固定

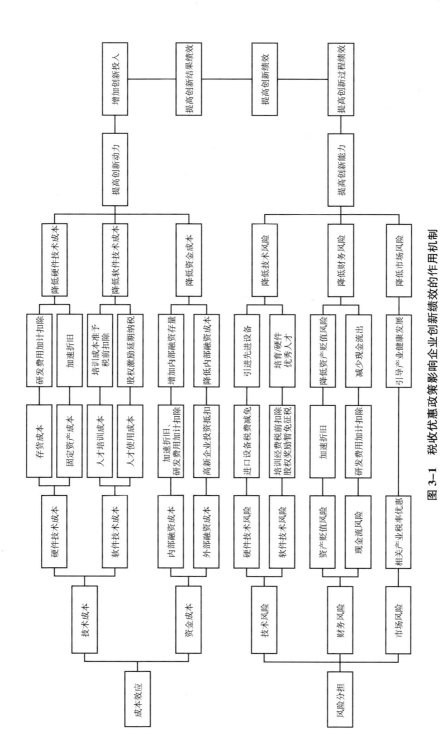

图 3-1　税收优惠政策影响企业创新绩效的作用机制

资产加速折旧，降低大型设备在使用因损耗而带来的资产贬值风险，而固定资产加速折旧政策与研发费用加计扣除政策，均可以通过抵扣企业所得税的形式帮助企业节约资金支出，一定程度上降低企业财务风险。

（3）市场风险。

企业的发展前景与所在行业（或产业）的发展前景息息相关，尤其对于科技含量高的企业而言，由于信息不对称等因素的存在，如果企业发展方向与市场发展方向相悖，企业会面临较大的市场风险。此时，政府需要发挥宏观调控功能，引导企业的发展方向。

政府通过税收优惠政策，帮助企业分担技术风险、财务风险、市场风险，客观上能够提高企业的人力、物力、财力水平，引导产业发展方向，进而提高企业的创新能力，提高企业的创新过程绩效。

3.2 基于处理效应的税收优惠政策评价模型构建

本章基于处理效应模型的相关理论，构建税收优惠政策评价模型。首先，对处理效应的概念进行阐述，结合反事实框架理论，提出税收优惠政策评价的概念模型。其次，基于提出的概念模型，选择适当指标，利用倾向指数匹配法构建具体模型。同时，对样本数据进行统计性描述分析。

3.2.1 税收优惠政策评价的概念

3.2.1.1 处理效应的概念

处理效应可以简单地理解为：某一因素影响某一事件，并对该事件的某个结果产生影响的程度。处理效应评估的一个重要目的就是对与可操纵的原因有关的描述性因果假设加以检验。

常用的干预效应主要有以下三种。

（1）平均处理效应（Average Treatment Effect，ATE），它指的是样本接受处理后的平均差异，是常用的处理效应之一，可以表示为：

$$ATE = \tau = \mathrm{E}(Y_1 \mid D = 1) - \mathrm{E}(Y_0 \mid D = 0) \tag{3-1}$$

式中，Y_1 表示结果，Y_0 表示控制组的结果，$D = 1/0$，分别表示接受/没有接受处理。

（2）干预组的平均处理效应（Average Treatment Effect of the Treated，ATT），指的是干预组成员的结果均值与假设其不处于干预状态下可能的结果均值的差异：

$$ATT = \tau = \mathrm{E}((Y_1 - Y_0) | X,\ D = 1) \qquad (3 - 2)$$

式中，Y_1 表示处理组结果，Y_0 表示控制组结果，$D = 1$ 表示接受处理，X 为协变量的集合。

（3）控制组的平均处理效应（Average Treatment Effect of the Untreated，ATU），是控制组成员的结果均值与假设其处于干预状态下可能的结果均值的差异：

$$ATU = \tau = \mathrm{E}((Y_1 - Y_0) | X,\ D = 0) \qquad (3 - 3)$$

式中，Y_1 表示处理组结果，Y_0 表示控制组结果，$D = 1$ 表示接受处理，X 为协变量的集合。

3.2.1.2　反事实框架理论

大部分评估处理效应的研究中，项目参与者的全体构成"处理组"或"实验组"，而未参与项目的则构成"控制组"或"对照组"。因为处理组与控制组样本的初始条件不同，因此存在"选择偏差"，即两组样本除了在处理变量上不同外，可能在其他变量上也存在差异，而这些差异可能会对实验结果产生影响。

因此，本章没有直接比较享受税收优惠政策的企业和没有享受税收优惠政策企业之间差异，是因为在企业享受到税收优惠政策之后，则无法观察到这个企业在没有享受到税收优惠政策情况下的创新状态，因为这是一种"反事实的情形"。

鲁宾（Rubin，1974）最早地提出了"反事实框架"，他假设虚拟变量 $D_i = \{0,\ 1\}$ 表示个体 i 是否参与项目，1 表示参与，0 表示未参与，并把 D_i 称作"处理变量"。同时，另其未来的结果为 y_i，而 y_i 有两种状态：

$$y_i = \begin{cases} y_{1i}, & \text{若 } D_i = 1 \\ y_{0i}, & \text{若 } D_i = 0 \end{cases} \qquad (3 - 4)$$

式中，y_{0i} 表示个体 i 未参加项目的结果，而 y_{1i} 表示个体 i 参加项目的结果。因此，个体 i 只能观测到 y_{0i} 或 y_{1i}，却无法同时观察到 y_{0i} 和 y_{1i}，这就是一种"反事实的情形"。

3.2.1.3　概念模型构建

基于处理效应和反事实框架理论，构建税收优惠政策效应评价概念模型。

假设有两个相似的创新主体 A 和 B，两个创新主体都开展创新活动，有不同的创新绩效，此时对创新主体 B 给予税收优惠政策，一段时间后比较两个创新主体创新绩效的变化大小，即 Δ 创新绩效 A 和 Δ 创新绩效 B 的大小，二者的差异即为税收优惠政策的效应（见图 3-2）。

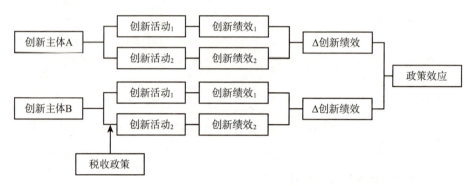

图 3-2　税收优惠政策评价的概念模型

3.2.2　方法与指标选择

3.2.2.1　倾向指数匹配法

那么，如何才能确定与没有享受税收优惠政策的企业相比，享受税收优惠政策的企业的创新水平更高，确实是由于享受税收优惠政策而导致的？本章使用赫克曼、拉隆德和史密斯（Heckman, Lalonde and Smith）提出的"倾向指数匹配方法"。这种方法的基本思想是，由于实际非随机样本数据中缺少享受税收优惠政策的企业在未享受税收优惠政策情况下的"反事实情形"，因此，需要建立一个与享受税收优惠政策企业组（处理组）主要特征尽可能相似的没有享受税收优惠政策企业组（控制组），两个样本组的配对企业之间仅在是否享受税收优惠政策上不同，这样就能够用控制组最大限度地近似代替处理组的"反事实情形"，倾向指数匹配法也能够剔除"选择偏差"对实验结果的影响。

具体而言，首先考虑企业的特征变量如式（3-5）：

$$Pr(X_i) = Pr\{D_i = 1 \mid X_i\} = E(D_i \mid X_i) \tag{3-5}$$

式中，用二元虚拟变量 D 对企业样本进行分类，D 取 0 表示控制组企业，取 1 表示处理组企业，X_i 是处理组企业的特征变量集合，在本章匹配模型中，

匹配向量 X_i 包括：企业规模、劳动生产率、人力资本密集度、是否出口、企业性质、企业寿命和行业大类虚拟变量。因此，$Pr(X_i)$ 可作为倾向指数，在本章中使用 Probit 回归模型估计：

$$Pr(X_i) = Pr\{D_i = 1 \mid X_i\} = \varphi(h(X_i)) \qquad (3-6)$$

式中，φ 表示正态累积分布函数，$h(X_i)$ 为一个不含交叉项和高阶项的线性函数。式（3-6）是匹配过程的一个重要基础，当其已知时，为处理组中每一个企业匹配与其倾向指数接近的控制组企业，匹配成功后，可计算处理组的处理平均效果（ATT）：

$$\tau = E(Y_{1i} - Y_{0i} \mid D_i = 1) = E\{E\{Y_{1i} - Y_{0i} \mid D_i = 1,\ Pr(X_i)\}\}$$

$$= E\{E\{Y_{1i} \mid D_i = 1,\ Pr(X_i)\} - E\{Y_{0i} \mid D_i = 0,\ Pr(X_i)\} \mid D_i = 1\} \qquad (3-7)$$

式中，Y_{1i} 表示处理组的结果，Y_{0i} 表示控制组的结果。

此外，匹配结果还要符合"共同支持条件"与"平衡性能条件"。在满足以上条件并匹配成功后，ATT 值可以写成以下形式：

$$\tau = \frac{1}{N_T} \sum_{i \in T} Y_i^T - \frac{1}{N_T} \sum_{i \in C} w_j Y_j^C \qquad (3-8)$$

式中，T 代表匹配后的处理组，i 表示处理组中第 i 个企业，C 代表匹配成功的控制组，j 代表成功匹配后控制组的第 j 个企业，Y_i^T 为处理组中第 i 个企业观测的结果，Y_j^C 表示控制组中第 j 个企业观测的结果，w_j 表示权重，因为控制组中的某些企业可能不止一次与处理组的企业匹配成功。

3.2.2.2　具体匹配方法

具体的匹配方法有很多，本章选用的三种匹配方法是：最近邻匹配法、半径匹配法与核匹配法。

最近邻匹配是基于处理组中每一个个体的倾向值，在控制组中找到一个与之最为接近的个体进行匹配。假设 T 表示享受了税收优惠政策的企业组（即处理组），C 表示没有享受税收优惠政策的企业组（即控制组）。令处理组中的个体 i 的倾向得分为 p_j，C_j 是与处理组中第 i 个个体对应的控制组的匹配个体集合，那么最近邻匹配的思想可以这样表达：$C(i) = \min_j |p_i - p_j|$。

半径匹配法是先设定一个较小的正数 r，将与处理组个体 i 的倾向值的差值小于 r 的控制组个体作为其匹配对象，即有：$C_i = \{|p_i - p_j| < r\}$。理论上看，半径值越小，匹配的效果越好；但若将半径设置过小，则很可能找不到对照个体进行匹配。

采用以上两种方法，即最近邻匹配法和半径匹配法估计出的平均处理效应可用式（3-9）表达：

$$ATT = \frac{1}{N^T} \sum_{i \in T} \left(y_{i1} - \sum_{j \in C(i)} w_{ij} y_{j0} \right) \qquad (3-9)$$

式中，若 $j \in C(i)$，权重 $w_{ij} = \frac{1}{N_i^C}$，否则 $w_{ij} = 0$。N_i^C 为 $C(i)$ 中的个体数，N^T 表示处理组中观测对象的个数。

而核匹配方法估计出的税收优惠政策的对企业创新绩效影响的平均处理效应为：

$$ATT = \frac{1}{N^T} \sum_{i \in T} \left(y_{i1} - \frac{\sum_{j \in C} y_{0i} K\left(\frac{p_j - p_i}{h_n} \right)}{\sum_{j \in C(i)} K\left(\frac{p_j - p_i}{h_n} \right)} \right) \qquad (3-10)$$

其中，h_n 是窗宽（bandwidth parameter），$K(\cdot)$ 为核函数，可以取 Epanechnikov 核或者标准正太密度函数，两种函数下实证研究结果的差异不大，本章使用标准正态密度函数。

倾向得分需要估计，而估计方法有很多，常用的算法包括 Probit 模型、Logit 模型等，或者用非参数方法进行估计。本章采用 Logit 模型估计倾向得分。

3.2.2.3 模型指标选择

从本章的研究目的出发，基于倾向指数匹配模型以及相关经验研究，分别从处理指标、结果指标和匹配指标三个方面选取指标。

（1）处理指标。

由于本章主要考察研发费用加计扣除和高新技术企业减免税两种政策的政策评价效果，因此将这两种政策的虚拟变量作为处理变量。

（2）结果指标。

本章从企业的创新产出和创新过程两个方面衡量企业的创新绩效。

创新产出包括理论产出和实际产出两部分。理论产出的衡量指标包括专利数量、论文数量等，由于论文水平参差不齐，而专利相对而言标准更加明确，而且专利授权存在滞后性，而本章数据时间跨度有限，本章暂不考虑滞后性的影响，因此选用专利申请数作为创新产出指标之一。由于中国政府对于创新的关注与鼓励，尤其是近几年大力开展"双创"工作的背景下，企业有可能盲目关注专利申请，导致创新产出虚高。因此，将人均专利申请数纳入创新产出指标中进行考察。

而创新过程的指标一般选用创新投入产出效率进行衡量，但由于创新投入要素有许多，包括资本投入、人力资本投入、新理念或者模式的引进等诸多要素，单纯采用参数或者非参数方法计算出来的创新投入产出效率并不能对企业技术创新过程效率进行准确的评价。

由于本章的时间跨度不长，从理论上看，在企业创新投入的诸多要素中，人力资本投入和新理念或者新模式的引进等长期变量在观察期内不会有明显的变化，因此，在衡量创新投入的指标中暂不考虑研发人力资本的投入等其他创新投入要素。短期而言，企业研发经费投入的变化很大程度上代表了企业创新投入要素的整体变化，因此，本章用研发经费投入指标代替企业创新投入。创新投入的指标包括研发经费投入、人均研发经费投入和研发密集度。

（3）匹配指标。

从本章的研究目标出发，结合高新技术企业特征，主要从生产效率、企业规模、人才资源、企业类型、出口状况和企业成熟度六个方面进行衡量，对应的具体指标分别为劳动生产率、期末从业人员数量、高素质人才比重、企业性质、是否出口和存活期限六个指标。

本章主要涉及的变量及其详细解释如表 3 - 1 所示。

表 3 - 1　　　　　　　　　　　　主要变量的定义和说明

变量类型	变量定义	说明
处理变量	YFSAVE	虚拟变量，当企业在考察年份享受研发费用加计扣除政策时为 1，否则为 0
	GXSAVE	虚拟变量，当企业在考察年份享受高新技术企业减免税政策时为 1，否则为 0
结果变量	REVNEW	新产品销售收入，该变量是反映企业创新产出的重要指标之一
	NEWPER	新产品销售收入占比，（以新产品销售收入/总收入）的比值度量，该变量是反映企业创新产出的重要指标之一
	PAT	专利申请数，该变量是反映企业创新产出的重要指标之一
	PATA	人均专利申请数，该变量是反映企业创新产出的重要指标之一
	RDINP	研发经费投入，以研发内部经费支出度量，该变量是衡量企业创新投入的重要指标之一
	RDINPA	人均研发经费投入，以（研发内部经费支出/全体职工数）度量，该变量是衡量企业创新投入的重要指标之一
	RDDEN	研发密集度，以（研发内部经费支出/总收入）度量，该变量是衡量企业创新投入的重要指标之一

变量类型	变量定义	说明
匹配变量	*LABP*	劳动生产率，以（企业总收入/全体职工数）的比值近似衡量，该变量是衡量企业生产效率的一个重要指标
	LAB	企业规模，以企业期末从业人员来度量，该变量是衡量企业规模的一个重要指标
	HLAB	高素质员工比例，以（本科及以上学历职工人数/期末从业人员总数）的比值度量，该变量是衡量企业人力资本密集度的一个重要指标
	TYPE	企业性质，虚拟变量，该变量是衡量企业性质的重要指标，若为国有控股或集体控股，值为 0，否则为 1
	YEAR	企业寿命，该变量是反映企业生存能力的重要指标
	EXP	出口情况，虚拟变量，该变量是衡量企业对外贸易的重要指标，若出口值大于零时为 1，否则为 0

3.2.3 变量选择与样本数据描述

3.2.3.1 数据来源

本章选择首都高新技术企业作为样本进行研究。数据来自北京高新技术企业数据库。在确定研究考察的企业样本选择标准时，由于本章研究的是税收优惠政策对企业创新活动的影响，而不考虑企业的市场进入和退出过程，故本章选取的是 2012～2016 年持续经营的企业。所有非虚拟变量均取对数值。

首先，从研发费用加计扣除政策来看，在剔除数据异常的企业后，共有 7596 家企业纳入样本统计范围。就享受研发费用加计扣除政策的企业比例来看，在考察期（2012～2016 年）内享受研发费用加计扣除政策的企业比例分别为 7.50%、8.83%、10.91%、11.87% 和 11.82%，从样本看，在考察期内享受研发费用加计扣除政策企业的比例总体上在不断提高，这表明，越来越多的企业享受到了研发费用加计扣除的政策，但能够享受研发费用加计扣除政策的企业占比仍然较低；就享受研发费用加计扣除政策企业的人均研发费用加计扣除减免税金额而言，在考察期内人均研发费用加计扣除减免税金额分别为 0.0954、0.1106、0.1373、0.1535、0.1530，人均研发费用加计扣除减免税金额总体上不断提升，而对应的中位数则为 0，远小于均值，这表明人均研发费用加计扣除减免税金额的分布呈明显的偏态分布，而且其分布偏度较高。

其次，从高新技术企业减免税政策来看，在剔除数据异常的企业后，共有 7596 家企业纳入样本统计范围。就享受高新技术企业减免税政策的企业比例来看，在考察期（2012 ~ 2016 年）内享受高新技术企业减免税政策的企业比例分别为 17.18%、19.10%、19.44%、19.48% 和 17.56%，从样本看，能够享受高新技术企业减免税政策的企业占比有小幅波动，2013 年占比有明显扩大，而在 2016 年占比又有明显缩小，平均每年约 1/5 的企业享受到该政策，大部分企业并未享受到高新技术企业减免税政策；就享受高新技术企业减免税政策企业的人均高新技术企业减免税金额而言，在考察期内人均高新技术企业减免税金额分别为 0.2296、0.2554、0.2597、0.2620、0.2417，而对应的中位数则为 0，远小于均值，这表明人均高新技术企业减免税金额的分布呈明显的偏态分布，而且其分布偏度较高。

3.2.3.2　样本数据描述

本章选取 2015 年高新技术企业的政策情况作为处理变量进行分析，表 3 - 2 给出了 2015 年各变量的描述性统计分析结果。

表 3 - 2　　　2015 年处理组与控制组主要变量对比（研发费用加计扣除政策）

变量	控制组			处理组			P
	样本	均值	标准差	样本	均值	标准差	
创新投入							
RDINP	6694	1.69	3.34	902	5.23	4.57	0.00
RDINPA	6694	0.43	0.88	902	1.02	0.90	0.00
RDDEN	6694	0.05	0.49	902	0.05	0.13	0.93
创新产出							
REVNEW	6694	1.51	3.62	902	5.43	5.60	0.00
NEWPER	6694	0.09	0.25	902	0.27	0.36	0.00
PAT	6694	0.27	0.76	902	1.20	1.47	0.00
PATA	6694	0.06	0.16	902	0.21	0.24	0.00
其他							
LABP	6694	6.27	1.32	902	6.64	0.89	0.00
HLAB	6694	0.55	0.28	902	0.57	0.23	0.04

续表

变量	控制组			处理组			P
	样本	均值	标准差	样本	均值	标准差	
YEAR	6694	13.51	5.62	902	15.22	8.13	0.00
LAB	6694	3.62	1.53	902	5.13	1.30	0.00
EXP	6694	0.11	0.32	902	0.26	0.44	0.38
TYPE	6694	0.82	0.38	902	0.68	0.47	0.00

首先，在研发费用加计扣除政策方面，从均值看，享受研发费用加计扣除政策的企业在研发经费投入、人均研发经费投入、新产品销售收入、新产品销售收入占比、专利申请数、人均专利申请数等创新活动指标上均显著高于未享受研发费用加计扣除政策的企业，而在其他指标上，两组企业在劳动生产率、员工素质、企业寿命、劳动生产率和企业性质方面存在显著差异。

其次，在高新技术企业减免税政策方面，从均值看，获得高新技术企业减免税政策的企业在研发经费投入、人均研发经费投入、新产品销售收入、新产品销售收入占比、专利申请数、人均专利申请数等创新活动指标上均显著高于未获得高新技术企业减免税政策的企业（见表3－3）。

表3－3　　2015年处理组与控制组主要变量对比（高新技术企业减免税政策）

变量	控制组			处理组			P
	样本	均值	标准差	样本	均值	标准差	
创新投入							
RDINP	6116	1.57	3.26	1480	4.34	4.46	0.00
RDINPA	6116	0.40	0.86	1480	0.91	0.95	0.00
RDDEN	6116	0.05	0.50	1480	0.05	0.25	0.49
创新产出							
REVNEW	6116	1.25	3.33	1480	4.97	5.44	0.00
NEWPER	6116	0.08	0.23	1480	0.27	0.36	0.00
PAT	6116	0.26	0.77	1480	0.88	1.28	0.00
PATA	6116	0.05	0.16	1480	0.17	0.23	0.00
其他							
LABP	6116	6.25	1.35	1480	6.59	0.92	0.00

续表

变量	控制组			处理组			P
	样本	均值	标准差	样本	均值	标准差	
HLAB	6116	0.55	0.28	1480	0.57	0.24	0.03
YEAR	6116	13.43	5.76	1480	14.86	6.78	0.00
LAB	6116	3.59	1.55	1480	4.74	1.34	0.00
EXP	6116	0.11	0.31	1480	0.22	0.41	0.00
TYPE	6116	0.83	0.38	1480	0.73	0.44	0.00

3.3 税收优惠政策对高新技术企业创新绩效影响的实证分析

3.3.1 研发费用加计扣除政策和高新技术企业减免税政策的影响

3.3.1.1 变量相关关系分析

本节利用前文中提出的税收优惠政策评价模型，基于首都高新技术企业数据展开实证分析。具体来看，选取研发费用加计扣除政策和高新技术企业减免税两项政策，实证分析税收优惠政策对高新技术企业创新绩效的影响，并将两种政策的实证结果进行对比，比较两种政策的实施效果。在相关关系分析中，本章用企业创新产出的虚拟变量和创新投入与产出的实际值作为被解释变量，用企业是否享受研发费用加计扣除政策的虚拟变量作为解释变量，分别用Logit 和 OLS 回归模型对高新技术企业的数据进行回归。

首先，当以"企业创新与否"的虚拟变量作为被解释变量，即以新产品销售收入、专利申请数和研发经费支出作为被解释变量时，以企业是否享受研发费用加计扣除政策虚拟变量作为解释变量，进行 Logit 回归分析后，由模型1、模型 2 和模型 3 中均验证了数据的显著性。而用这 5 年的面板数据进行分析，仍然得到了相似的结果。就以上结果，可以认为：在考察期内研发费用加计扣除政策与企业创新活动之间具有显著的正相关关系。其次，分别以创新投入和创新产出的实际值，包括新产品销售收入、新产品销售收入占比、专利申请数、人均专利申请数、研发经费支出、人均研发经费支出和研发密集度作为被解释变量，以企业是否享受研发费用加计扣除政策虚拟变量作为解释变量，进行 OLS 回归，结果显示，研发费用加计扣除政策与企业创新产出和研发经费投入以及人均研发经费投入之间具有显著的正相关关系，而与企业研发密集度之间无明显的相关关系。

综上所述，就首都高新技术企业而言，在考察期内，研发费用加计扣除政策不论与企业是否开展创新活动，还是企业创新活动水平之间都存在显著的正相关关系，而与研发密集度的关系并不明显。总的来看，可以认为，不论是从定性，还是定量两个角度看，研发费用加计扣除政策与企业创新活动之间存在显著的正相关关系，而且这种正相关关系非常稳健。尽管如此，这却并不足以推出二者之间存在因果关系，二者之间的因果关系类型与方向还需要采用 PSM 模型继续进行实证分析。

3.3.1.2　倾向指数匹配结果分析

基于前述结果，进一步构建 PSM 模型分析政策与创新绩效之间的关系。首先，对潜在创新产出企业、在位创新产出企业、潜在创新投入企业和在位创新投入企业进行定义，定义规则是：在考察期内，享受研发费用加计扣除政策的前一年没有创新产出或创新投入的企业划为潜在创新产出企业或潜在创新投入企业，有创新产出或创新投入的企业划为潜在创新投入企业。对研发费用加计扣除政策和高新技术企业减免税政策提出如下假设。

假设一：如果政策对象是潜在创新产出企业或潜在创新投入企业，则针对这类企业的该政策能够促使其之后产生创新产出。

假设二：如果政策对象是潜在创新产出企业或潜在创新投入企业，则针对这类企业的该政策能够促使其之后进行创新投入。

假设三：如果享受政策的对象是在位创新产出企业或在位创新投入企业，则针对这类企业的该政策能够使其之后的创新产出增加。

假设四：如果享受政策的对象是在位创新产出企业或在位创新投入企业，则针对这类企业的该政策能够使得其之后的创新投入增加。

为了检验上述因果关系假设的存在，根据企业在享受政策前一年（2014年）的创新活动情况，笔者将全部样本企业集合分为两部分：潜在创新产出企业子集和在位创新产出企业子集，并对每一个样本企业子集使用 PSM 方法进行实际因果关系分析。

在研究实际因果关系分析时，分别对税收优惠政策与企业是否有创新活动、是否与企业创新活动之间的因果关系进行分析。本次匹配定义处理变量为企业在 2015 年是否享受研发费用加计扣除政策的虚拟变量，处理变量在企业研发费用加计扣除金额大于 0 时为 1，否则为 0，定义结果变量为企业的创新产出和创新投入的虚拟变量。同时，定义结果变量为 2015 年或 2016 年企业开始有创新产出或创新投入，以新产品销售收入为例，取值规则是在 2015 年或 2016 年中的任何一年中企业的新产品销售收入大于 0 时为 1，否则为 0。

笔者选择的匹配方法是"倾向指数匹配方法"，其中的匹配变量包括企业享受税收优惠政策前一年，即 2014 年的生产效率（以劳动生产率度量）、人力资本密集度（以高素质员工比例度量）、企业规模（以期末从业人员数度量）、企业成熟度（以企业寿命度量）以及企业出口状态（以出口情况度量），通过 Probit 回归模型估计倾向指数，为处理组中的企业一一配对倾向指数最接近的控制组企业。同时，如前所述，匹配的结果需要满足两个条件：一个是共同支持条件，这个条件在匹配过程中施加；另一个是平衡性能条件，这个条件需要在匹配后验证。

笔者分别选用最邻近匹配法、半径匹配法和核匹配法，以新产品销售收入和专利申请数的虚拟变量作为创新产出的结果变量，以研发经费投入的虚拟变量作为创新投入的结果变量，选取劳动生产率、高素质员工比例、企业规模、企业寿命、出口情况以及行业大类虚拟变量作为匹配变量。匹配后发现，以新产品销售收入和专利申请数的虚拟变量作为结果变量时，匹配后的两组企业在企业规模变量上仍然存在显著性差异，匹配未成功，因此，仅考虑最近邻匹配法和半径匹配法的匹配结果。在最近邻匹配法和半径匹配法中，处理组和控制组企业的所有匹配变量的双样本 T 检验均不能拒绝原假设，即匹配后处理组和控制组企业的匹配变量均不存在显著性差异，匹配成功。

（1）研发费用加计扣除政策与企业是否有创新活动之间的因果关系分析。

处理组包括 2012～2014 年没有新产品销售收入、2014 年没有享受研发费用加计扣除政策，而 2015 年享受研发费用加计扣除政策的 125 家样本企业。控制组包括 2012～2014 年没有新产品销售收入、2014～2016 年没有享受研发费用加计扣除政策的 4938 家企业，全部样本企业为 5063 家。当以专利申请数和研发经费投入作为被解释变量时，其取值规则与新产品销售收入作为被解释变量时相同，全部样本企业分别为 4698 家和 2116 家。

匹配结果与平衡性能检验结果如表 3-4、表 3-5 和表 3-6 所示。可以看出，在匹配前，处理组企业和控制组企业的匹配变量的双样本 T 检验结果显示：两组企业在劳动生产率、企业性质方面存在显著性差异。因此，必须在匹配后再次对匹配变量进行双样本 T 检验，以保证匹配结果满足平衡性条件。

表 3 - 4 潜在创新企业匹配前后双样本 T 检验结果

（研发费用加计扣除政策 - 最近邻匹配法）

匹配变量	组别	新产品销售收入			专利申请			研发经费投入		
		处理组	控制组	P 值	处理组	控制组	P 值	处理组	控制组	P 值
LABP	匹配前	6.24	6.19	0.72	6.20	6.21	0.98	6.17	6.24	0.58
	匹配后	6.24	6.41	0.26	6.20	6.28	0.63	6.17	6.24	0.58
HLAB	匹配前	0.62	0.55	0.01	0.65	0.54	0.00	0.65	0.60	0.07
	匹配后	0.62	0.67	0.16	0.65	0.68	0.31	0.65	0.65	0.98
LAB	匹配前	4.89	3.47	0.00	4.59	3.36	0.00	4.83	3.97	0.00
	匹配后	4.89	4.86	0.85	4.59	4.66	0.76	4.83	4.88	0.80
YEAR	匹配前	12.78	13.20	0.37	13.11	13.27	0.76	13.33	13.63	0.58
	匹配后	12.78	13.12	0.59	13.11	13.51	0.56	13.33	14.00	0.35
EXP	匹配前	0.10	0.08	0.31	0.10	0.08	0.40	0.11	0.11	1.00
	匹配后	0.10	0.11	0.84	0.10	0.13	0.51	0.11	0.12	0.81
TYPE	匹配前	0.78	0.83	0.20	0.84	0.84	0.86	0.82	0.84	0.56
	匹配后	0.78	0.75	0.55	0.84	0.79	0.36	0.82	0.87	0.40
INDU1	匹配前	0.58	0.35	0.00	0.68	0.36	0.00	0.74	0.62	0.02
	匹配后	0.58	0.59	0.90	0.68	0.63	0.45	0.74	0.76	0.86
INDU 2	匹配前	0.14	0.24	0.01	0.10	0.21	0.01	0.07	0.11	0.27
	匹配后	0.14	0.17	0.60	0.10	0.08	0.62	0.07	0.06	0.76
INDU 3	匹配前	0.12	0.14	0.52	0.08	0.16	0.04	0.10	0.16	0.15
	匹配后	0.12	0.10	0.69	0.08	0.11	0.47	0.10	0.08	0.79

表 3 - 5 潜在创新企业匹配前后双样本 T 检验结果

（研发费用加计扣除政策——半径匹配法）

匹配变量	组别	新产品销售收入			专利申请			研发经费投入		
		处理组	控制组	P 值	处理组	控制组	P 值	处理组	控制组	P 值
LABP	匹配前	6.24	6.19	0.72	6.20	6.21	0.98	6.17	6.24	0.58
	匹配后	6.24	6.25	0.98	6.20	6.24	0.82	6.18	6.14	0.82
HLAB	匹配前	0.62	0.55	0.01	0.65	0.54	0.00	0.65	0.60	0.07
	匹配后	0.62	0.63	0.88	0.65	0.65	0.83	0.66	0.66	0.88

续表

匹配变量	组别	新产品销售收入			专利申请			研发经费投入		
		处理组	控制组	P 值	处理组	控制组	P 值	处理组	控制组	P 值
LAB	匹配前	4.89	3.47	0.00	4.59	3.36	0.00	4.83	3.97	0.00
	匹配后	4.89	4.81	0.78	4.59	4.53	0.75	4.77	4.74	0.88
YEAR	匹配前	12.78	13.20	0.37	13.11	13.27	0.76	13.33	13.63	0.58
	匹配后	12.78	12.82	0.92	13.11	13.09	0.97	13.30	13.25	0.94
EXP	匹配前	0.10	0.08	0.31	0.10	0.08	0.40	0.11	0.11	1.00
	匹配后	0.10	0.11	0.94	0.10	0.11	0.91	0.11	0.12	0.88
TYPE	匹配前	0.78	0.83	0.20	0.84	0.84	0.86	0.82	0.84	0.56
	匹配后	0.78	0.77	0.81	0.84	0.82	0.81	0.81	0.82	0.91
INDU1	匹配前	0.58	0.35	0.00	0.68	0.36	0.00	0.74	0.62	0.02
	匹配后	0.58	0.57	0.93	0.68	0.67	0.85	0.74	0.74	1.00
INDU2	匹配前	0.14	0.24	0.01	0.10	0.21	0.01	0.07	0.11	0.27
	匹配后	0.14	0.15	0.92	0.10	0.11	0.91	0.07	0.07	1.00
INDU3	匹配前	0.12	0.14	0.52	0.08	0.16	0.04	0.10	0.16	0.15
	匹配后	0.12	0.12	0.90	0.08	0.09	0.92	0.10	0.10	0.90

表 3-6 　　　　　潜在创新企业匹配前后双样本 T 检验结果

（研发费用加计扣除政策——核匹配法）

匹配变量	组别	新产品销售收入			专利申请			研发经费投入		
		处理组	控制组	P 值	处理组	控制组	P 值	处理组	控制组	P 值
LABP	匹配前	6.24	6.19	0.72	6.20	6.21	0.98	6.17	6.24	0.58
	匹配后	6.24	6.24	0.99	6.20	6.23	0.84	6.17	6.19	0.87
HLAB	匹配前	0.62	0.55	0.01	0.65	0.54	0.00	0.65	0.60	0.07
	匹配后	0.62	0.61	0.73	0.65	0.62	0.44	0.65	0.64	0.72
LAB	匹配前	4.89	3.47	0.00	4.59	3.36	0.00	4.83	3.97	0.00
	匹配后	4.89	4.45	0.02 *	4.59	4.17	0.03 *	4.83	4.47	0.08
YEAR	匹配前	12.78	13.20	0.37	13.11	13.27	0.76	13.33	13.63	0.58
	匹配后	12.78	12.90	0.86	13.11	13.11	1.00	13.33	13.31	0.97

续表

匹配变量	组别	新产品销售收入			专利申请			研发经费投入		
		处理组	控制组	P 值	处理组	控制组	P 值	处理组	控制组	P 值
EXP	匹配前	0.10	0.08	0.31	0.10	0.08	0.40	0.11	0.11	1.00
	匹配后	0.10	0.09	0.81	0.10	0.09	0.88	0.11	0.11	1.00
TYPE	匹配前	0.78	0.83	0.20	0.84	0.84	0.86	0.82	0.84	0.56
	匹配后	0.78	0.79	0.86	0.84	0.83	0.87	0.82	0.83	0.89
INDU1	匹配前	0.58	0.35	0.00	0.68	0.36	0.00	0.74	0.62	0.02
	匹配后	0.58	0.50	0.17	0.68	0.55	0.06	0.74	0.70	0.49
INDU2	匹配前	0.14	0.24	0.01	0.10	0.21	0.01	0.07	0.11	0.27
	匹配后	0.14	0.18	0.40	0.10	0.15	0.32	0.07	0.09	0.75
INDU3	匹配前	0.12	0.14	0.52	0.08	0.16	0.04	0.10	0.16	0.15
	匹配后	0.12	0.13	0.81	0.08	0.11	0.44	0.10	0.12	0.59

注：* 表示 $p < 0.05$，没有通过平衡性检验。

匹配结果如表 3-7 所示，*ATT* 即为研发费用加计扣除政策对企业创新活动的影响（尽管核匹配法中，个别变量在平衡性方面未达到要求，但仍给出匹配结果供参考）。在新产品销售收入模型中，处理组企业的值高于控制组企业 0.13 左右，而且在最近邻匹配与半径匹配法下都非常显著（核匹配法结果同样显著）；在专利申请数模型中，在半径匹配与核匹配法下显著，但在最近邻匹配法下不显著，结果稳健性略低；而在研发经费投入模型中，三种方法均不显著。

表 3-7　　潜在创新企业 PSM 模型匹配结果（研发费用加计扣除政策）

	结果变量	处理组样本	控制组样本	最近邻匹配		半径匹配		核匹配	
				平均 *ATT*	t 值	平均 *ATT*	t 值	平均 *ATT*	t 值
创新产出	*REVNEW*	125	4938	0.14	3.95	0.13	3.59	0.13	3.77
	PAT	98	4600	0.03	0.57	0.09	2.21	0.10	2.40
创新投入	*RDINP*	82	2034	0.04	0.64	0.05	1.26	0.05	1.22

尽管个别方法没有通过平衡性检验，但是结果仍然能够表明，在企业其他条件相同的情况下，获得研发费用加计扣除政策的潜在产生创新产出的企业在

随后产生创新产出的概率显著高于没有享受研发费用加计扣除政策的潜在产生创新产出的企业，即研发费用加计扣除政策与企业创新产出之间确实存在因果关系，而且研发费用加计扣除政策是因，创新产出是果。从创新投入角度看，研发费用加计扣除政策与企业创新投入之间的因果关系则不显著。因此，假设一成立，而假设二不成立。

从结果看，研发费用加计扣除政策对以新产品销售收入和专利申请数为代表的创新产出绩效有积极影响，而从创新过程绩效看，由于研发费用加计扣除政策对创新产出绩效有显著积极影响，而对创新投入没有表现出显著影响，可以推出研发费用加计扣除政策对潜在创新企业的创新过程绩效确实有积极影响。

（2）研发费用加计扣除政策与企业创新活动之间的因果关系分析。

本次匹配以新产品销售收入的变化作结果变量为例，处理组包括 2014 年有新产品销售收入、2014 年没有享受研发费用加计扣除政策、2015 年享受研发费用加计扣除政策的所有企业，共 89 家。控制组包括 2014 年有新产品销售收入、2014 ~ 2016 年没有享受研发费用加计扣除政策的所有企业，共 1346 家，两组企业共 1435 家，其他变量作结果变量时，对处理组和控制组的定义类似。匹配方法和过程与之前的匹配相同。

匹配方法与前文相同，匹配后发现处理组和控制组企业的所有匹配变量的双样本 T 检验均不能拒绝原假设，即匹配后处理组和控制组企业的匹配变量均不存在显著性差异，满足平衡性能条件，匹配成功。匹配的平衡性能检验结果的 P 值如表 3 – 8、表 3 – 9 和表 3 – 10 所示。

表 3 – 8　　　　　　在位创新企业匹配前后双样本 T 检验结果

（研发费用加计扣除政策——最近邻匹配）

匹配变量	组别	REVNEW	NEWPER	PAT	PATA	RDINP	RDINPA	RDDEN
LABP	匹配前	0.02	0.02	0.00	0.00	0.00	0.00	0.00
	匹配后	0.88	0.88	0.49	0.49	0.08	0.08	0.89
HLAB	匹配前	0.11	0.11	0.84	0.84	0.10	0.10	0.10
	匹配后	0.58	0.58	0.83	0.83	0.50	0.50	0.87
LAB	匹配前	0.00	0.00	0.00	0.00	0.00	0.00	0.00
	匹配后	0.85	0.85	0.47	0.47	0.96	0.96	0.98

匹配变量	组别	REVNEW	NEWPER	PAT	PATA	RDINP	RDINPA	RDDEN
YEAR	匹配前	0.39	0.39	0.71	0.71	0.51	0.51	0.50
	匹配后	0.97	0.97	0.89	0.89	0.53	0.53	0.44
EXP	匹配前	0.28	0.28	0.40	0.40	0.27	0.27	0.28
	匹配后	0.40	0.40	0.77	0.77	0.66	0.66	1.00
TYPE	匹配前	0.61	0.61	0.35	0.35	0.99	0.99	0.97
	匹配后	0.84	0.84	0.89	0.89	1.00	1.00	0.77
INDU1	匹配前	0.86	0.86	0.04	0.04	0.03	0.03	0.03
	匹配后	1.00	1.00	0.30	0.30	0.77	0.77	0.66
INDU2	匹配前	0.19	0.19	0.08	0.08	0.00	0.00	0.00
	匹配后	0.81	0.81	0.14	0.14	0.86	0.86	0.73
INDU3	匹配前	0.05	0.05	0.29	0.29	0.20	0.20	0.21
	匹配后	0.87	0.87	0.54	0.54	0.70	0.70	0.71

表 3 – 9   在位创新企业匹配前后双样本 *T* 检验结果

（研发费用加计扣除政策——半径匹配）

匹配变量	组别	REVNEW	NEWPER	PAT	PATA	RDINP	RDINPA	RDDEN
LABP	匹配前	0.02	0.02	0.00	0.00	0.00	0.00	0.00
	匹配后	0.97	0.97	0.68	0.68	0.84	0.84	0.82
HLAB	匹配前	0.11	0.11	0.84	0.84	0.10	0.10	0.10
	匹配后	0.75	0.75	0.94	0.94	0.89	0.89	0.90
LAB	匹配前	0.00	0.00	0.00	0.00	0.00	0.00	0.00
	匹配后	0.87	0.87	0.84	0.84	0.86	0.86	0.86
YEAR	匹配前	0.39	0.39	0.71	0.71	0.51	0.51	0.50
	匹配后	0.98	0.98	0.91	0.91	0.90	0.90	0.90
EXP	匹配前	0.28	0.28	0.40	0.40	0.27	0.27	0.28
	匹配后	0.95	0.95	0.69	0.69	0.67	0.67	0.66
TYPE	匹配前	0.61	0.61	0.35	0.35	0.99	0.99	0.97
	匹配后	0.98	0.98	0.86	0.86	0.94	0.94	0.94

续表

匹配变量	组别	REVNEW	NEWPER	PAT	PATA	RDINP	RDINPA	RDDEN
INDU1	匹配前	0.86	0.86	0.04	0.04	0.03	0.03	0.03
	匹配后	0.92	0.92	0.92	0.92	0.91	0.91	0.91
INDU2	匹配前	0.19	0.19	0.08	0.08	0.00	0.00	0.00
	匹配后	0.91	0.91	0.96	0.96	0.71	0.71	0.72
INDU3	匹配前	0.05	0.05	0.29	0.29	0.20	0.20	0.21
	匹配后	0.86	0.86	0.86	0.86	0.87	0.87	0.86

表 3 – 10　　　　　　在位创新企业匹配前后双样本 T 检验结果

（研发费用加计扣除政策——核匹配）

匹配变量	组别	REVNEW	NEWPER	PAT	PATA	RDINP	RDINPA	RDDEN
LABP	匹配前	0.02	0.02	0.00	0.00	0.00	0.00	0.00
	匹配后	0.57	0.57	0.59	0.59	0.63	0.63	0.64
HLAB	匹配前	0.11	0.11	0.84	0.84	0.10	0.10	0.10
	匹配后	0.79	0.79	0.91	0.91	0.62	0.62	0.62
LAB	匹配前	0.00	0.00	0.00	0.00	0.00	0.00	0.00
	匹配后	0.16	0.16	0.11	0.11	0.12	0.12	0.12
YEAR	匹配前	0.39	0.39	0.71	0.71	0.51	0.51	0.50
	匹配后	0.91	0.91	0.91	0.91	0.87	0.87	0.87
EXP	匹配前	0.28	0.28	0.40	0.40	0.27	0.27	0.28
	匹配后	0.79	0.79	0.99	0.99	0.92	0.92	0.91
TYPE	匹配前	0.61	0.61	0.35	0.35	0.99	0.99	0.97
	匹配后	0.81	0.81	0.89	0.89	0.91	0.91	0.92
INDU1	匹配前	0.86	0.86	0.04	0.04	0.03	0.03	0.03
	匹配后	0.99	0.99	0.66	0.66	0.82	0.82	0.82
INDU2	匹配前	0.19	0.19	0.08	0.08	0.00	0.00	0.00
	匹配后	0.75	0.75	0.70	0.70	0.59	0.59	0.60
INDU3	匹配前	0.05	0.05	0.29	0.29	0.20	0.20	0.21
	匹配后	0.68	0.68	0.89	0.89	0.83	0.83	0.84

匹配结果如表 3 – 11 所示，ATT 即为研发费用加计扣除政策对企业创新活

动的影响。从结果来看，当以新产品销售收入作为结果变量时，半径匹配与核匹配方法的结果显著，但最近邻匹配的结果不显著，这表明，在企业其他条件相同的情况下，对于享受研发费用加计扣除政策的在位创新企业而言，其新产品销售收入提高的概率高于没有享受研发费用加计扣除政策的在位创新企业，但稳健性略低，研发费用加计扣除政策与企业新产品销售收入提高之间的因果关系还需要进一步验证。

表 3 – 11　　　　在位创新企业 PSM 模型匹配结果（研发费用加计扣除政策）

	结果变量	处理组样本	控制组样本	最邻近匹配		半径匹配		核匹配	
				平均 *ATT*	*t* 值	平均 *ATT*	*t* 值	平均 *ATT*	*t* 值
创新产出	*REVNEW*	89	1346	0.78	1.35	1.18	2.84	1.33	3.26
	NEWP	89	1346	0.08	1.33	0.06	1.35	0.07	1.67
	PAT	136	1834	−0.00	−0.02	0.02	0.17	0.04	0.39
	PATA	136	1834	−0.01	−0.37	−0.01	−0.24	0.01	0.27
创新投入	*RDINP*	125	1857	1.22	2.37	0.64	1.83	0.72	2.11
	RDINPA	125	1857	0.21	1.68	0.10	1.22	0.17	1.99
	RDDEN	125	1846	0.07	0.54	0.42	0.17	0.91	0.41

　　而当以新产品销售收入占比作为结果变量时，三种方法的匹配结果均不显著，这表明，在企业其他条件相同的情况下，对于享受研发费用加计扣除政策的在位创新企业而言，其新产品销售收入占比提高的概率并没有显著高于没有享受研发费用加计扣除政策的在位创新企业，即研发费用加计扣除政策与新产品销售收入占比之间并没有显示出明确的因果关系。当以专利申请数和人均专利申请数为结果变量时，得到了类似的结论。因此，假设三不成立。

　　当以研发经费投入作为结果变量时，最近邻匹配与核匹配法的结果显著，半径匹配法结果的显著性稍低，这表明，在企业其他条件相同的情况下，对于享受研发费用加计扣除政策的在位创新企业而言，其研发经费投入提高的概率高于没有享受研发费用加计扣除政策的在位创新企业，但稳健性稍低，研发费用加计扣除政策与企业研发经费投入提高之间的因果关系还需要进一步验证。而当以人均研发经费投入和研发强度作为结果变量时，匹配的结果总体上看是不显著的，即研发费用加计扣除政策与人均研发经费投入和研发强度之间并没有显示出明确的因果关系。因此，假设四不成立。

　　（3）高新技术企业减免税政策与企业是否有创新活动之间的因果关系分析。

　　处理组包括 2012 ~ 2014 年没有新产品销售收入、2014 年没有享受高新技术企业减免税政策,而 2015 年享受高新技术企业减免税政策的 185 家样本企业。控制组包括 2012 ~ 2014 年没有新产品销售收入、2014 ~ 2016 年没有享受高新技术企业减免税政策的 4531 家企业,全部样本企业为 4716 家。当以专利申请数和研发经费投入作为被解释变量时,其取值规则与新产品销售收入作为被解释变量时相同,全部样本企业分别为 4386 家和 1861 家。

　　此外,这里的匹配结果同样需要满足两个条件,即共同支持条件和平衡性能条件。匹配结果与平衡性能检验结果如表 3 - 12、表 3 - 13 和表 3 - 14 所示。可以看出,在匹配前,处理组企业和控制组企业的匹配变量的双样本 *T* 检验结果显示:两组企业在劳动生产率、企业规模、高素质人才和企业性质方面存在显著性差异。因此,必须在匹配后再次对匹配变量进行双样本 *T* 检验,以保证匹配结果满足平衡性条件。

表 3 - 12　　　　　　　潜在创新企业匹配前后双样本 *T* 检验结果
（高新技术企业减免税政策——最近邻匹配法）

匹配变量	组别	新产品销售收入			专利申请			研发经费投入		
		处理组	控制组	*P* 值	处理组	控制组	*P* 值	处理组	控制组	*P* 值
LABP	匹配前	6.18	6.19	0.89	6.10	6.20	0.38	6.21	6.23	0.91
	匹配后	6.18	6.25	0.51	6.10	5.91	0.11	6.21	6.14	0.57
HLAB	匹配前	0.62	0.55	0.01	0.63	0.54	0.00	0.65	0.60	0.05
	匹配后	0.62	0.62	0.96	0.63	0.63	0.96	0.65	0.66	0.59
LAB	匹配前	4.43	3.42	0.00	4.21	3.31	0.00	4.48	3.95	0.00
	匹配后	4.43	4.55	0.43	4.21	4.13	0.57	4.48	4.31	0.33
YEAR	匹配前	13.10	13.15	0.90	13.14	13.24	0.80	13.36	13.51	0.73
	匹配后	13.10	13.32	0.73	13.14	13.11	0.94	13.36	12.78	0.26
EXP	匹配前	0.08	0.08	0.84	0.09	0.08	0.47	0.10	0.11	0.65
	匹配后	0.08	0.09	0.70	0.09	0.09	0.85	0.10	0.09	0.83
TYPE	匹配前	0.82	0.83	0.75	0.87	0.84	0.38	0.87	0.85	0.51
	匹配后	0.82	0.81	0.69	0.87	0.86	0.87	0.87	0.86	0.85
INDU1	匹配前	0.56	0.34	0.00	0.61	0.35	0.00	0.76	0.63	0.00
	匹配后	0.56	0.50	0.25	0.61	0.66	0.37	0.76	0.86	0.13

续表

匹配变量	组别	新产品销售收入			专利申请			研发经费投入		
		处理组	控制组	P 值	处理组	控制组	P 值	处理组	控制组	P 值
INDU2	匹配前	0.17	0.23	0.03	0.15	0.21	0.05	0.06	0.10	0.10
	匹配后	0.17	0.22	0.24	0.15	0.14	0.76	0.06	0.02	0.20
INDU3	匹配前	0.11	0.14	0.26	0.14	0.16	0.40	0.06	0.16	0.00
	匹配后	0.11	0.11	0.87	0.14	0.12	0.63	0.06	0.04	0.56

表 3 – 13　　　　　　潜在创新企业匹配前后双样本 T 检验结果
（高新技术企业减免税政策——半径匹配法）

匹配变量	组别	新产品销售收入			专利申请			研发经费投入		
		处理组	控制组	P 值	处理组	控制组	P 值	处理组	控制组	P 值
LABP	匹配前	6.18	6.19	0.89	6.10	6.20	0.38	6.21	6.23	0.91
	匹配后	6.18	6.17	0.94	6.10	6.09	0.90	6.21	6.22	0.95
HLAB	匹配前	0.62	0.55	0.01	0.63	0.54	0.00	0.65	0.60	0.05
	匹配后	0.62	0.63	0.86	0.63	0.63	0.92	0.65	0.65	0.95
LAB	匹配前	4.43	3.42	0.00	4.21	3.31	0.00	4.48	3.95	0.00
	匹配后	4.43	4.38	0.76	4.21	4.14	0.73	4.48	4.46	0.91
YEAR	匹配前	13.10	13.15	0.90	13.14	13.24	0.80	13.36	13.51	0.73
	匹配后	13.10	13.09	0.98	13.14	13.15	0.99	13.36	13.26	0.86
EXP	匹配前	0.08	0.08	0.84	0.09	0.08	0.47	0.10	0.11	0.65
	匹配后	0.08	0.08	0.99	0.09	0.10	0.99	0.10	0.11	0.88
TYPE	匹配前	0.82	0.83	0.75	0.87	0.84	0.38	0.87	0.85	0.51
	匹配后	0.82	0.81	0.82	0.87	0.87	0.93	0.87	0.87	0.97
INDU1	匹配前	0.56	0.34	0.00	0.61	0.35	0.00	0.76	0.63	0.00
	匹配后	0.56	0.55	0.95	0.61	0.60	0.87	0.76	0.79	0.97
INDU2	匹配前	0.17	0.23	0.03	0.15	0.21	0.05	0.06	0.10	0.10
	匹配后	0.17	0.17	0.86	0.15	0.16	0.85	0.06	0.05	0.92
INDU3	匹配前	0.11	0.14	0.26	0.14	0.16	0.40	0.06	0.16	0.00
	匹配后	0.11	0.11	0.98	0.14	0.14	0.84	0.06	0.06	0.86

表 3 – 14　　　　　　潜在创新企业匹配前后双样本 *T* 检验结果

（高新技术企业减免税政策——核匹配法）

匹配变量	组别	新产品销售收入			专利申请			研发经费投入		
		处理组	控制组	*P* 值	处理组	控制组	*P* 值	处理组	控制组	*P* 值
LABP	匹配前	6.18	6.19	0.89	6.10	6.20	0.38	6.21	6.23	0.91
	匹配后	6.18	6.17	0.97	6.10	6.12	0.89	6.21	6.23	0.91
HLAB	匹配前	0.62	0.55	0.01	0.63	0.54	0.00	0.65	0.60	0.05
	匹配后	0.62	0.60	0.39	0.63	0.60	0.28	0.65	0.64	0.72
LAB	匹配前	4.43	3.42	0.00	4.21	3.31	0.00	4.48	3.95	0.00
	匹配后	4.43	4.05	0.01 *	4.21	3.90	0.04 *	4.48	4.19	0.11
YEAR	匹配前	13.10	13.15	0.90	13.14	13.24	0.80	13.36	13.51	0.73
	匹配后	13.10	13.11	1.00	13.14	13.13	0.97	13.36	13.27	0.88
EXP	匹配前	0.08	0.08	0.84	0.09	0.08	0.47	0.10	0.11	0.65
	匹配后	0.08	0.07	0.95	0.09	0.09	0.83	0.10	0.10	1.00
TYPE	匹配前	0.82	0.83	0.75	0.87	0.84	0.38	0.87	0.85	0.51
	匹配后	0.82	0.82	0.96	0.87	0.86	0.72	0.87	0.86	0.87
INDU1	匹配前	0.56	0.34	0.00	0.61	0.35	0.00	0.76	0.63	0.00
	匹配后	0.56	0.47	0.09	0.61	0.51	0.07	0.76	0.75	0.48
INDU2	匹配前	0.17	0.23	0.03	0.15	0.21	0.05	0.06	0.10	0.10
	匹配后	0.17	0.21	0.35	0.15	0.18	0.39	0.06	0.07	0.66
INDU3	匹配前	0.11	0.14	0.26	0.14	0.16	0.40	0.16	0.16	0.00
	匹配后	0.11	0.13	0.67	0.14	0.16	0.62	0.06	0.07	0.64

注：＊表示 $p < 0.05$，没有通过平衡性检验。

匹配结果如表 3 – 15 所示，*ATT* 即为高新技术企业减免税政策对企业创新活动的影响（尽管核匹配方法在平衡性方面未达到要求，但仍给出匹配结果供参考）。在新产品销售收入模型中，处理组企业的值高于控制组企业 0.15 左右，而且最近邻匹配和半径匹配方法的结果均非常显著（核匹配结果同样显著）；在专利申请数模型中，处理组企业的值高于控制组企业 0.15 左右，而且最近邻匹配和半径匹配方法的结果均非常显著（核匹配结果同样显著）；在研发经费投入模型中，最近邻匹配法的结果显著，而另外两种方法的结果不显著。

表 3 – 15　　　潜在创新企业 PSM 模型匹配结果（高新技术企业减免税政策）

	结果变量	处理组样本	控制组样本	最近邻匹配		半径匹配		核匹配	
				平均 ATT	t 值	平均 ATT	t 值	平均 ATT	t 值
创新产出	REVNEW	185	4531	0.16	4.91	0.14	4.91	0.15	5.07
	PAT	169	4217	0.14	3.39	0.15	4.45	0.15	4.64
创新投入	RDINP	121	1740	0.11	2.83	0.05	1.58	0.05	1.53

这表明，在企业其他条件相同的情况下，享受高新技术企业减免税政策的潜在产生创新产出的企业在随后产生创新产出的概率显著高于没有享受高新技术企业减免税政策的潜在产生创新产出的企业，即高新技术企业减免税政策与企业创新产出之间确实存在因果关系，而且高新技术企业减免税政策是因，创新产出是果。从创新投入角度看，高新技术企业减免税政策与企业创新投入之间的因果关系，还需进一步验证。因此，假设一成立，而假设二还需进行其他方法的检验。

从结果看，高新技术企业减免税政策对潜在创新企业的创新产出绩效有积极影响，对创新投入影响的稳健性较低，还有待进一步考察。而由于在最近邻匹配法下，高新技术企业减免税政策对创新投入的影响时显著的，由此可见，高新技术企业减免税政策对创新过程绩效的影响似乎作用不大，但这一结论还需根据对创新投入进一步考察的结果验证。

（4）高新技术企业减免税政策与企业创新活动之间的因果关系分析。

本次匹配以新产品销售收入的变化作结果变量为例，处理组包括 2014 年有新产品销售收入、2014 年没有享受高新技术企业减免税政策、2015 年享受高新技术企业减免税政策的所有企业，共 100 家。控制组包括 2014 年有新产品销售收入、2014 ~ 2016 年没有享受高新技术企业减免税政策的所有企业，共 959 家，两组企业共 1059 家，其他变量作结果变量时，对处理组和控制组的定义类似。匹配方法和过程与之前的匹配相同。

匹配的平衡性能检验结果如表 3 – 16、表 3 – 17 和表 3 – 18 所示。匹配方法与前文相同，匹配后发现最近邻匹配法中，企业寿命变量存在显著性差异，匹配未成功，因此仅考虑半径匹配与核匹配法的匹配结果。

表 3 - 16　　　　　　　在位创新企业匹配前后双样本 *T* 检验结果

（高新技术企业减免税政策——最近邻匹配）

匹配变量	组别	REVNEW	NEWPER	PAT	PATA	RDINP	RDINPA	RDDEN
LABP	匹配前	0.09	0.09	0.00	0.00	0.02	0.02	0.02
	匹配后	0.96	0.96	0.50	0.50	0.87	0.87	0.11
HLAB	匹配前	0.08	0.08	0.21	0.21	0.04	0.04	0.04
	匹配后	0.15	0.15	0.31	0.31	0.92	0.92	0.88
LAB	匹配前	0.05	0.05	0.02	0.02	0.01	0.01	0.01
	匹配后	0.54	0.54	0.84	0.84	0.73	0.73	0.29
YEAR	匹配前	0.36	0.36	0.95	0.95	0.87	0.87	0.89
	匹配后	0.72	0.72	0.17	0.17	0.18	0.18	0.96
EXP	匹配前	0.34	0.34	0.31	0.31	0.34	0.34	0.33
	匹配后	0.20	0.20	0.52	0.52	0.62	0.62	0.31
TYPE	匹配前	0.35	0.35	0.40	0.40	0.75	0.75	0.77
	匹配后	0.58	0.58	0.59	0.59	0.89	0.89	0.89
INDU1	匹配前	0.00	0.00	0.05	0.05	0.01	0.01	0.01
	匹配后	0.77	0.77	0.61	0.61	0.80	0.80	0.90
INDU2	匹配前	0.43	0.43	0.62	0.62	0.58	0.58	0.61
	匹配后	0.85	0.85	0.12	0.12	0.78	0.78	0.68
INDU3	匹配前	0.01	0.01	0.01	0.01	0.11	0.11	0.11
	匹配后	0.57	0.57	0.17	0.17	0.90	0.90	0.54

表 3 - 17　　　　　　　在位创新企业匹配前后双样本 *T* 检验结果

（高新技术企业减免税政策——半径匹配）

匹配变量	组别	REVNEW	NEWPER	PAT	PATA	RDINP	RDINPA	RDDEN
LABP	匹配前	0.09	0.09	0.00	0.00	0.02	0.02	0.02
	匹配后	0.59	0.59	0.58	0.58	0.78	0.78	0.78
HLAB	匹配前	0.08	0.08	0.21	0.21	0.04	0.04	0.04
	匹配后	0.99	0.99	0.96	0.96	0.94	0.94	0.94
LAB	匹配前	0.05	0.05	0.02	0.02	0.01	0.01	0.01
	匹配后	0.80	0.80	0.72	0.72	0.85	0.85	0.85

续表

匹配变量	组别	REVNEW	NEWPER	PAT	PATA	RDINP	RDINPA	RDDEN
YEAR	匹配前	0.36	0.36	0.95	0.95	0.87	0.87	0.89
	匹配后	0.83	0.83	0.76	0.76	0.96	0.96	0.96
EXP	匹配前	0.34	0.34	0.31	0.31	0.34	0.34	0.33
	匹配后	0.72	0.72	0.93	0.93	0.95	0.95	0.94
TYPE	匹配前	0.35	0.35	0.40	0.40	0.75	0.75	0.77
	匹配后	0.95	0.95	0.74	0.74	0.95	0.85	0.95
INDU1	匹配前	0.00	0.00	0.05	0.05	0.01	0.01	0.01
	匹配后	0.96	0.96	0.68	0.68	0.84	0.84	0.82
INDU2	匹配前	0.43	0.43	0.62	0.62	0.58	0.58	0.61
	匹配后	0.86	0.86	0.73	0.73	0.91	0.91	0.90
INDU3	匹配前	0.01	0.01	0.01	0.01	0.11	0.11	0.11
	匹配后	0.96	0.96	0.60	0.60	0.99	0.99	0.98

表 3 – 18　　　　　　在位创新企业匹配前后双样本 *T* 检验结果
（高新技术企业减免税政策——核匹配）

匹配变量	组别	REVNEW	NEWPER	PAT	PATA	RDINP	RDINPA	RDDEN
LABP	匹配前	0.09	0.09	0.00	0.00	0.02	0.02	0.02
	匹配后	0.88	0.88	0.10	0.10	0.52	0.52	0.53
HLAB	匹配前	0.08	0.08	0.21	0.21	0.04	0.04	0.04
	匹配后	0.72	0.72	0.68	0.68	0.49	0.49	0.49
LAB	匹配前	0.05	0.05	0.02	0.02	0.01	0.01	0.01
	匹配后	0.66	0.66	0.35	0.35	0.31	0.31	0.31
YEAR	匹配前	0.36	0.36	0.95	0.95	0.87	0.87	0.89
	匹配后	0.95	0.95	0.80	0.80	0.91	0.91	0.91
EXP	匹配前	0.34	0.34	0.31	0.31	0.34	0.34	0.33
	匹配后	0.80	0.80	0.79	0.79	0.76	0.76	0.76
TYPE	匹配前	0.35	0.35	0.40	0.40	0.75	0.75	0.77
	匹配后	1.00	1.00	0.61	0.61	0.85	0.85	0.86

续表

匹配变量	组别	*REVNEW*	*NEWPER*	*PAT*	*PATA*	*RDINP*	*RDINPA*	*RDDEN*
*INDU*1	匹配前	0.00	0.00	0.05	0.05	0.01	0.01	0.01
	匹配后	0.66	0.66	0.71	0.71	0.37	0.37	0.37
*INDU*2	匹配前	0.43	0.43	0.62	0.62	0.58	0.58	0.61
	匹配后	0.87	0.87	0.65	0.65	0.74	0.74	0.74
*INDU*3	匹配前	0.01	0.01	0.01	0.01	0.11	0.11	0.11
	匹配后	0.67	0.67	0.60	0.60	0.58	0.58	0.58

匹配结果如表 3－19 所示，*ATT* 即为高新技术企业减免税政策对企业创新活动的影响。从结果来看，当以新产品销售收入作为结果变量时，半径匹配法的结果显著，而最近邻匹配与核匹配法的结果显著性较低，这表明，在企业其他条件相同的情况下，对于享受高新技术企业减免税政策的在位创新企业而言，其新产品销售收入提高的概率高于没有享受高新技术企业减免税政策的在位创新企业，但稳健性略低，高新技术企业减免税政策与企业新产品销售收入增加之间的因果关系还需要进一步验证。而当以新产品销售收入占比作为结果变量时，三种方法均不显著，即高新技术企业减免税政策对企业新产品销售收入占比没有显著的影响。

表 3－19　　　在位创新企业 PSM 模型匹配结果（高新技术企业减免税政策）

	结果变量	处理组样本	控制组样本	最邻近匹配		半径匹配		核匹配	
				平均 *ATT*	*t* 值	平均 *ATT*	*t* 值	平均 *ATT*	*t* 值
创新产出	*REVNEW*	100	959	0.19	0.29	0.99	2.14	0.77	1.73
	NEWP	100	959	−0.03	−0.54	0.02	0.56	0.01	0.42
	PAT	144	1464	0.36	2.43	0.22	2.11	0.22	2.13
	PATA	144	1464	0.06	1.76	0.04	1.55	0.04	1.71
创新投入	*RDINP*	146	1457	−0.23	−0.47	0.04	0.12	−0.04	−0.12
	RDINPA	146	1457	0.04	0.28	0.05	0.58	0.05	0.55
	RDDEN	146	1447	0.09	1.59	0.92	0.37	1.84	0.81

当以专利申请数作为结果变量时，三种方法的结果均非常显著，这表明，在企业其他条件相同的情况下，对于享受高新技术企业减免税政策的在位创新

企业而言，其专利申请提高的概率高于没有享受高新技术企业减免税政策的在位创新企业，即高新技术企业减免税政策与专利增长之间显示出明确的因果关系，且高技术企业减免税政策是因，而专利增长是果。而当以人均专利申请作为结果变量时，三种方法均不显著，即高新技术企业减免税政策对企业人均专利申请没有显著的影响。

当以研发经费投入、人均研发经费投入和研发强度作为结果变量时，三种方法均不显著，这表明，在企业其他条件相同的情况下，对于享受高新技术企业减免税政策的在位创新企业而言，其创新投入增加的概率没有高于没有享受高新技术企业减免税政策的在位创新企业，即高新技术企业减免税政策与企业创新经费投入之间并没有呈现显著的因果关系。因此，假设三和假设四均不成立。

3.3.2 税收优惠政策影响效果的稳健性检验和进一步分析

总的来看，对于在位创新企业而言，两种税收优惠政策对创新产出绩效的影响在不同指标上程度不一，对创新投入的影响同样如此。实证表明，两种税收优惠政策对在位创新企业的研发经费投入有显著的促进作用，对新产品销售收入的促进作用并不稳健，而对其他创新产出和创新投入指标并没有表现出显著的促进作用。鉴于此，税收优惠政策对在位创新企业创新过程绩效的影响暂时无法做出结论，因此结合前两节的实证分析，对两种政策影响效果做进一步对比分析。

3.3.2.1 两种税收优惠政策实证结果对比

基于样本数据的实证分析可以发现，在考察期内，对潜在创新企业而言，两种税收优惠政策对创新产出绩效均有显著正向影响，而由于对研发投入的影响不显著，因此，可以推出两种税收优惠政策对创新过程绩效同样有激励作用。而且，对比两种税收优惠政策，在创新产出绩效上，高新技术企业减免税政策的激励作用似乎略大于研发费用加计扣除政策。然后，对在位创新企业而言，整体来看，税收优惠政策的激励作用并不理想。无论是在创新产出绩效方面，还是在创新投入方面，税收优惠政策的激励作用都不太显著（见表3-20）。

表 3 - 20　　两种税收优惠政策对在位创新企业创新绩效影响的对比

结果变量	指标	研发费用加计扣除			高新技术企业减免		
		最近邻匹配	半径匹配	核匹配	最近邻匹配	半径匹配	核匹配
新产品销售收入	ATT	0.78	1.18	1.33	0.19	0.99	0.77
	t 值	1.35	2.84	3.26	0.29	2.14	1.73
新产品销售收入占比	ATT	0.08	0.06	0.07	- 0.03	0.02	0.01
	t 值	1.33	1.35	1.67	- 0.54	0.56	0.42
专利申请数	ATT	- 0.00	0.02	0.04	0.36	0.22	0.22
	t 值	- 0.02	0.17	0.39	2.43	2.11	2.13
人均专利申请数	ATT	- 0.01	- 0.01	0.01	0.06	0.04	0.04
	t 值	- 0.37	- 0.24	0.27	1.76	1.55	1.71
研发经费投入	ATT	1.22	0.64	0.72	- 0.23	0.04	- 0.04
	t 值	2.37	1.83	2.11	- 0.47	0.12	- 0.12
人均研发经费投入	ATT	0.21	0.10	0.17	0.04	0.05	0.05
	t 值	1.68	1.22	1.99	0.28	0.58	0.55
研发密度	ATT	0.07	0.42	0.91	0.09	0.92	1.84
	t 值	0.54	0.17	0.41	1.59	0.37	0.81

3.3.2.2　实证结果的稳健性检验

为了检验实证的稳健性，分别进行样本内分组检验和利用其他样本数据进行检验。

首先，在前述实证分析的基础上，再次以企业规模和企业年龄为标准，采用同样的匹配过程进行匹配，结果如表 3 - 21、表 3 - 22、表 3 - 23 和表 3 - 24所示。结果显示，无论是以企业年龄分组进行检验，还是以企业规模分组进行检验，税收优惠政策对潜在创新企业的创新产出绩效的激励作用总体上看都是显著的，而对在位创新企业的创新绩效总体上看并没有显著的激励作用，这与前文的结论基本一致。

表 3 – 21   税收优惠政策对潜在创新企业创新绩效的影响（分年龄）

分组标准	结果变量	指标	研发费用加计扣除			高新技术企业减免		
			最近邻匹配	半径匹配	核匹配	最近邻匹配	半径匹配	核匹配
年轻企业	新产品销售收入	ATT	0.1	0.15	0.15	0.11	0.12	0.12
		t 值	1.53	2.73	2.82	2.19	2.86	2.94
	专利申请数	ATT	0.14	0.14	0.14	0.15	0.17	0.18
		t 值	1.97	2.31	2.32	2.62	3.63	3.83
	研发经费投入	ATT	0.03	− 0.02	− 0.02	0.03	0.02	0.03
		t 值	0.38	− 0.36	− 0.36	0.55	0.55	0.74
成熟企业	新产品销售收入	ATT	0.08	0.09	0.1	0.19	0.17	0.17
		t 值	0.41	2.04	2.19	4.38	4.07	4.1
	专利申请数	ATT	0.04	0.05	0.06	0.07	0.11	0.12
		t 值	0.6	0.98	1.12	1.31	2.50	2.73
	研发经费投入	ATT	0.12	0.13	0.12	0.1	0.07	0.07
		t 值	1.41	1.83	1.85	1.65	1.44	1.40

表 3 – 22   税收优惠政策对在位创新企业创新绩效的影响（分年龄）

分组标准	结果变量	指标	研发费用加计扣除			高新技术企业减免		
			最近邻匹配	半径匹配	核匹配	最近邻匹配	半径匹配	核匹配
年轻企业	新产品销售收入	ATT	0.46	1.6	1.5	1.62	0.68	0.54
		t 值	0.51	2.42	2.37	1.69	1.04	0.86
	新产品销售收入占比	ATT	0.00	0.06	0.05	0.04	0.03	0.01
		t 值	0.04	0.84	0.71	0.45	0.53	0.30
	专利申请数	ATT	0.07	− 0.01	− 0.04	0.50	0.24	0.30
		t 值	0.32	− 0.07	− 0.23	2.12	1.50	1.89
	人均专利申请数	ATT	− 0.01	0.00	− 0.01	0.13	0.05	0.07
		t 值	− 0.27	− 0.01	− 0.18	2.02	1.19	1.70
	研发经费投入	ATT	0.32	0.47	0.49	0.50	0.25	0.04
		t 值	0.42	0.83	0.91	0.68	0.46	0.08

续表

分组标准	结果变量	指标	研发费用加计扣除			高新技术企业减免		
			最近邻匹配	半径匹配	核匹配	最近邻匹配	半径匹配	核匹配
年轻企业	人均研发经费投入	ATT	0.05	0.10	0.09	0.19	0.19	0.16
		t 值	0.28	0.77	0.74	0.89	1.26	1.05
	研发密度	ATT	−0.28	−0.24	−0.26	0.39	−0.22	0.19
		t 值	−1.2	−0.51	−0.72	1.38	−0.67	−0.70
成熟企业	新产品销售收入	ATT	2.11	1.18	1.43	1.51	1.22	1.3
		t 值	2.41	2.24	2.78	1.49	2.01	2.2
	新产品销售收入占比	ATT	0.1	0.09	0.1	0.08	0.02	0.04
		t 值	1.44	1.78	2.06	0.92	0.51	0.92
	专利申请数	ATT	0.02	0.06	0.12	0.02	0.25	0.25
		t 值	0.1	0.42	0.89	0.11	1.81	1.87
	人均专利申请数	ATT	0.00	0.01	0.03	0.01	0.05	0.06
		t 值	0.11	0.32	1.00	0.22	1.53	1.82
	研发经费投入	ATT	0.7	1.17	1.17	−0.33	0.14	0.08
		t 值	1.21	2.82	2.92	−0.51	0.30	0.17
	人均研发经费投入	ATT	0.13	0.24	0.29	−0.15	0.00	0.02
		t 值	0.92	2.31	2.99	−0.92	0.01	0.18
	研发密度	ATT	0.03	0.02	0.04	0.01	0.06	0.09
		t 值	1.00	0.56	1.49	0.25	1.56	2.48

表 3 − 23　　　　税收优惠政策对潜在创新企业创新绩效的影响（分规模）

分组标准	结果变量	指标	研发费用加计扣除			高新技术企业减免		
			最近邻匹配	半径匹配	核匹配	最近邻匹配	半径匹配	核匹配
大型企业	新产品销售收入	ATT	0.02	0.06	0.06	0.13	0.12	0.12
		t 值	2.43	1.37	1.44	2.87	2.93	3.00
	专利申请数	ATT	0.15	0.06	0.09	0.18	0.18	0.18
		t 值	2.51	1.10	1.13	3.04	3.56	3.73

续表

分组标准	结果变量	指标	研发费用加计扣除			高新技术企业减免		
			最近邻匹配	半径匹配	核匹配	最近邻匹配	半径匹配	核匹配
小型企业	研发经费投入	ATT	0.00	0.03	0.02	0.02	0.04	0.03
		t 值	0.00	0.49	0.39	0.27	0.89	0.76
	新产品销售收入	ATT	0.18	0.20	0.20	0.18	0.17	0.17
		t 值	2.77	3.58	3.62	3.74	4.01	3.99
	专利申请数	ATT	0.10	0.13	0.13	0.10	0.12	0.12
		t 值	1.39	2.30	2.30	1.84	2.80	2.87
	研发经费投入	ATT	0.17	0.10	0.08	0.10	0.08	0.07
		t 值	2.51	1.52	1.34	1.69	1.67	1.42

表 3 - 24　　税收优惠政策对在位创新企业创新绩效的影响（分规模）

分组标准	结果变量	指标	研发费用加计扣除			高新技术企业减免		
			最近邻匹配	半径匹配	核匹配	最近邻匹配	半径匹配	核匹配
大型企业	新产品销售收入	ATT	1.76	1.53	1.60	0.61	0.25	0.72
		t 值	1.94	2.58	2.80	0.66	0.36	1.12
	新产品销售收入占比	ATT	0.09	0.10	0.12	0.00	0.01	0.00
		t 值	1.22	1.62	1.92	-0.06	0.14	0.08
	专利申请数	ATT	0.02	0.06	0.12	0.09	0.22	0.27
		t 值	0.10	0.42	0.89	0.14	1.34	1.67
	人均专利申请数	ATT	0.05	0.01	0.03	0.03	0.04	0.05
		t 值	1.41	0.46	0.64	0.69	1.44	1.82
	研发经费投入	ATT	1.06	0.88	1.02	0.30	-0.16	-0.14
		t 值	1.51	1.92	2.31	0.43	-0.31	-0.28
	人均研发经费投入	ATT	0.19	0.14	0.19	0.04	-0.06	-0.03
		t 值	1.49	1.62	2.28	0.23	-0.58	-0.31
	研发密度	ATT	0.02	0.00	0.02	0.18	0.09	0.08
		t 值	0.84	0.09	1.05	1.41	2.13	2.27

续表

分组标准	结果变量	指标	研发费用加计扣除			高新技术企业减免		
			最近邻匹配	半径匹配	核匹配	最近邻匹配	半径匹配	核匹配
小型企业	新产品销售收入	ATT	0.18	0.68	0.68	0.43	0.63	0.54
		t 值	0.23	1.22	1.22	0.49	1.00	0.87
	新产品销售收入占比	ATT	-0.02	0.00	0.00	0.04	0.01	0.00
		t 值	-0.32	-0.06	-0.03	0.45	0.27	0.03
	专利申请数	ATT	0.07	-0.01	-0.04	0.30	0.19	0.16
		t 值	0.32	-0.07	-0.23	1.75	1.37	1.19
	人均专利申请数	ATT	0.03	-0.01	-0.02	0.08	0.06	0.04
		t 值	0.51	-0.29	-0.64	1.42	1.39	0.90
	研发经费投入	ATT	0.03	0.45	0.21	0.23	0.01	-0.03
		t 值	0.05	0.88	0.42	0.36	0.01	-0.07
	人均研发经费投入	ATT	0.06	0.15	0.06	0.19	0.01	0.02
		t 值	0.29	1.16	0.46	0.84	0.51	0.12
	研发密度	ATT	-0.18	0.41	0.75	0.75	-0.12	-0.07
		t 值	-1.08	0.30	0.64	2.29	-0.48	-0.03

　　其次，利用 2011～2015 年的样本数据，采用同样的匹配方法进行匹配，结果如表 3－25 和表 3－26 所示。结果显示，税收优惠政策对潜在创新企业的激励作用是显著的，而且在创新产出绩效和创新投入方面均显著；而对在位创新企业的创新绩效的激励作用与前面结果相似，但似乎在显著性上好于前两节的实证结果，这可能是由于样本量太少，一定程度上影响了匹配的结果。

表 3－25　　　　　两种税收优惠政策对潜在创新企业创新绩效影响的对比

结果变量	指标	研发费用加计扣除			高新技术企业减免		
		最近邻匹配	半径匹配	核匹配	最近邻匹配	半径匹配	核匹配
新产品销售收入	ATT	0.15	0.16	0.17	0.13	0.14	0.13
	t 值	3.30	4.38	4.48	4.16	4.65	4.83

续表

结果变量	指标	研发费用加计扣除			高新技术企业减免		
		最近邻匹配	半径匹配	核匹配	最近邻匹配	半径匹配	核匹配
专利申请数	ATT	0.14	0.19	0.21	0.18	0.20	0.21
	t 值	2.40	4.11	4.53	4.16	5.78	6.12
研发经费投入	ATT	0.15	0.16	0.17	0.13	0.15	0.15
	t 值	2.55	3.32	3.43	2.8	3.97	3.94

表 3 - 26   两种税收优惠政策对在位创新企业创新绩效影响的对比

结果变量	指标	研发费用加计扣除			高新技术企业减免		
		最近邻匹配	半径匹配	核匹配	最近邻匹配	半径匹配	核匹配
新产品销售收入占比	ATT	0.79	1.04	1.08	1.59	1.53	1.44
	t 值	1.45	2.75	2.93	3.04	4.20	4.03
新产品销售收入	ATT	0.11	0.09	0.09	0.10	0.10	0.10
	t 值	2.98	3.74	3.93	2.52	3.89	3.89
专利申请数	ATT	0.23	0.37	0.34	0.13	0.13	0.13
	t 值	1.83	4.12	3.80	1.07	1.37	1.42
人均专利申请数	ATT	0.04	0.07	0.07	0.03	0.03	0.03
	t 值	1.71	3.69	3.68	1.20	1.51	1.63
研发经费投入	ATT	1.13	0.58	0.56	0.60	0.67	0.68
	t 值	2.50	1.81	1.79	1.46	2.16	2.21
人均研发经费投入	ATT	0.19	0.1	0.12	0.14	0.14	0.15
	t 值	1.87	1.37	1.60	1.28	1.76	1.89
研发密度	ATT	0.13	− 0.47	− 0.54	0.07	− 0.60	− 0.61
	t 值	1.52	− 0.35	− 0.47	1.49	− 0.38	− 0.40

由此可见，税收优惠政策对高新技术企业创新绩效影响的实证结果是稳健的，即税收优惠政策对潜在创新企业的激励效果是显著的，而对在位创新企业的激励效果并不显著。

3.3.2.3　实证结果的进一步分析

关于税收优惠政策对潜在创新企业和在位创新企业的不同激励效果，笔者拟从企业创新活动的成本和税收优惠政策影响企业创新活动的路径两个方面来阐述。

相比于在位创新企业，潜在创新企业的创新意愿更加强烈，创新需求也更加迫切，但潜在企业面临着创新成本（创新成本中，仪器设备的采购所引致的固定成本占比往往较高）和预期收益孰高孰低的问题。只有当企业预期新产品的销售收入至少能覆盖创新成本，企业才会选择开展创新活动。

税收优惠政策是降低潜在创新企业创新成本的重要激励措施，对于潜在创新企业而言，从创新成本上看，在创新投入方面需要投入大量的人力财力，在创新产出方面，在销售了新产品或提供了新服务后，需要缴纳税款，而在实施税收优惠政策后，政府能够通过税收调节的手段，帮助潜在创新企业分担创新成本，例如研发费用加计扣除政策能够帮助企业减少投入端的创新成本，高新技术企业减免税政策能够帮助企业减少产出端的创新成本，税收优惠政策在一定程度上确实给予了潜在创新企业更大的创新动力。

那么潜在企业的创新投入是否可以理解为税收优惠政策激励企业创新绩效的中介变量呢？为此，进一步尝试对税收优惠政策、创新投入和创新产出进行中介效应检验，样本为潜在创新企业，以2015年的税收优惠政策的虚拟变量为自变量，当年及下一年的创新投入虚拟变量为中介变量（取值规则：以2015年或2016年的研发经费投入变量代替，若研发经费投入大于零，则取1，否则取0），当年及下一年的创新产出变量为因变量（取值规则：分别以2015年或2016年的新产品销售收入和专利申请数变量衡量，若新产品销售收入（或专利申请数）大于零，则取1，否则取0），控制变量与前文匹配时的协变量相同，结果如表3－27和表3－28所示。可以发现，在样本期内，创新投入是税收优惠政策激励企业创新绩效的中介变量，创新投入在其中发挥了部分中介效应。

表3－27　　　　　　　　　　创新投入的中介效应检验结果（1）

因变量	(1)			(2)		
	REVNEW	*RDINP*	*REVNEW*	*PAT*	*RDINP*	*PAT*
YFSAVE	1.264 ***	0.663 **	1.180 ***	0.758 **	0.886 **	0.592 *
RDINP			1.058 ***			1.706 ***

续表

因变量	(1)			(2)		
	REVNEW	*RDINP*	*REVNEW*	*PAT*	*RDINP*	*PAT*
RDLAB	0.148 **	1.225 ***	− 0.040	0.264 ***	1.292 ***	− 0.061
LAB	0.206 ***	0.165 ***	0.202 ***	0.414 ***	0.119 *	0.432 ***
LABP	0.079	− 0.0397	0.085	0.059	− 0.003	0.060
HLAB	0.096	0.624 ***	0.019	0.249	0.522 **	0.213
YEAR	− 0.003	− 0.013	− 0.001	− 0.040 **	− 0.000	− 0.038 **
EXP	0.210	0.199	0.218	− 0.220	0.147	− 0.207
TYPE	0.378	0.053	0.413 *	− 0.101	0.229	− 0.104
INDUS1	0.754 ***	− 0.323 *	0.800 ***	0.192	− 0.079	0.180
INDUS2	0.740 **	0.506 ***	0.672 **	0.721 ***	0.615 ***	0.578 **
INDUS3	1.315 ***	0.820 ***	1.181 ***	0.845 ***	0.964 ***	0.555 ***
N	5063	5063	5063	4698	4698	4698

注：* 表示 $p < 0.05$，** 表示 $p < 0.01$，*** 表示 $p < 0.001$。

表 3 - 28　　　　　　　创新投入的中介效应检验结果（2）

因变量	(3)			(4)		
	REVNEW	*RDINP*	*REVNEW*	*PAT*	*RDINP*	*PAT*
GXSAVE	1.596 ***	0.484 *	1.534 ***	1.260 ***	0.590 *	1.171 ***
RDINP			0.956 ***			1.806 ***
RDLAB	0.172 **	1.258 ***	0.000	0.269 ***	1.291 ***	− 0.072
LAB	0.185 ***	0.186 ***	0.178 **	0.435 ***	0.160 ***	0.441 ***
LABP	0.070	− 0.063	0.077	0.038	− 0.0405	0.050
HLAB	0.063	0.468 *	0.035	0.152	0.502 *	0.104
YEAR	− 0.012	− 0.021 *	− 0.009	− 0.039 **	− 0.011	− 0.034
EXP	0.257	0.187	0.257	− 0.337	0.143	− 0.336
TYPE	0.377	0.001	0.397	− 0.088	0.270	− 0.104
INDUS1	0.607 *	− 0.314 *	0.652 **	0.081	− 0.102	0.074
INDUS2	0.728 **	0.521 ***	0.665 *	0.630 **	0.553 ***	0.496 *
INDUS3	1.361 ***	0.805 ***	1.236 ***	0.785 ***	0.901 ***	0.488 *
N	4716	4716	4716	4386	4386	4386

注：* 表示 $p < 0.05$，** 表示 $p < 0.01$，*** 表示 $p < 0.001$。

此外，从实证结果中也可以发现，税收优惠政策对创新产出的激励作用比对创新投入的激励作用更加显著。这可能是由于税收优惠政策是根据创新产出给予企业优惠，对企业的创新活动形成一种暗示效应，因为创新产出越多，享受的税收优惠幅度越大，新产品销售量越多、专利数量越多，企业的创新收益越高。这可能也可以在一定程度上解释为什么创新投入在税收优惠政策和创新绩效之间仅仅起到部分中介作用。

3.4　小　　结

本章在阐述相关概念的基础上，从成本效应和风险分担两条路径，分析税收优惠政策影响企业创新绩效的作用机制，并基于处理效应模型和反事实框架理论，提出税收优惠政策评价模型。以研发费用加计扣除政策和高新技术企业减免税政策为代表，利用 2012～2016 年首都高新技术企业微观数据，在初步分析税收优惠政策与企业创新绩效之间相关关系的基础上，进一步使用"倾向指数匹配法"，从潜在创新企业和在位创新企业两个视角，分析研发费用加计扣除政策与高新技术企业减免税政策对高新技术企业创新绩效的影响。

研究结果发现，两种税收优惠政策与高新技术企业创新绩效之间存在明显的正相关关系，但对潜在创新企业的影响和对在位创新企业的影响存在差异。对于潜在创新企业而言，两种税收优惠政策对创新产出绩效的激励效应都非常明显，对创新过程绩效也有积极影响；但对于在位创新企业而言，从总体上看，税收优惠政策对创新产出绩效有影响，但影响并不显著。此外，尝试从创新成本的角度对实证结果进行进一步分析，认为只有当潜在创新企业能够突破创新早期的成本投入，税收优惠政策才有用，而在位创新企业的创新活动具有惯性，且优惠力度有限，在位创新企业的创新活动受政策因素影响较小。

第 4 章

首都高新技术园区景气监测预警分析

从宏观层面上来说，经济景气预警是根据宏观经济循环波动的经济理论，对目前经济状况进行监测，对未来的经济状况进行预警，从而实现宏观调控目标。本章采用监测预警中景气循环以及模拟监测预警方法，在分析首都高新技术园区企业特点的基础上，通过定量方法进行指标筛选分类及权重确定，编制先行、一致及滞后指数并构建预警信号灯，对首都高新技术园区的发展进行监测预警。

4.1 高新技术园区景气监测预警方法选择

4.1.1 景气监测预警方法分析

4.1.1.1 景气循环法

景气循环法，又名景气指数法，该方法已被多数国家认可，我国同样也使用景气指数法进行经济监测。景气循环法能够考虑到不同指标代表的经济含义，而只考虑单个指标的话，会导致经济政策决定者思维偏向狭隘，且单个指标难以代表整个经济的发展趋势，因此须从多个角度出发进行考量，编制景气指数。

景气循环法建立在经济循环的理论基础上，选取全面、及时、能反映经济的指标利用合成指数编制原理进行编制。景气循环法先利用时差相关分析法计算指标的相关性，将指标分成先行指标、一致指标及滞后指标三大类，再通过因子分析得到因子的方差贡献率，计算指标在各自大类中的权重，构建出园区指标体系，对比分析扩散指数及合成指数编制原理后，采取合成指数法进行指数编制，得到先行、一致以及滞后指数，便能够根据先行指数预测未来的经济状况。

4.1.1.2　综合模拟监测预警法

预警一词最初来源于军事预警，世界经济在经历20世纪30年代严重经济危机后，经济学家便仿照军事预警的思路，力图发布经济领域的预警信息，即经济预警。随着相关研究的不断深入，经济学家发现经济景气预警与经济周期循环存在密不可分的关系。

综合模拟预警，指的是将指标都放在一个类别中，不再对指标进行分类，而是根据各指标自身特点，计算出单个指标的临界点，类似于通信号灯，将每一个指标划分为红色、黄色、绿色、浅蓝色以及蓝色区域。根据单个指标的预警情况，进行模拟打分，最终根据综合评分，计算预警指数，在此基础上，基于数理统计原理，确定预警指数临界点，构建经济预警信号灯。

4.1.2　景气监测预警方法选取

现有的关于景气监测预警方法的研究大都使用行业或区域层面的经济数据，而由于笔者将其应用到由高新技术企业组成的首都高新技术园区中，需要考虑到园区经济发展过程中，高新技术企业的创新要素投入，而且作为区域经济的一部分，高新技术园区的经济发展受北京市经济发展状况影响。因此，在研究首都高新技术园区景气监测预警过程中，既融入了园区创新要素投入指标，又加入了北京市CPI指数以及房地产指标等区域经济发展指标。高新技术企业景气状况不仅通过自身经营状况反映，还受北京市宏观因素影响，因此，本章中将宏观指标和微观指标相结合进行监测预警，同时将合成指数法和扩散指数法进行对比分析，最后选择合成指数法。

已有文献对创新特征明显的高新技术园区进行监测预警的研究不够深入，首都高新技术园区是否适合采用景气循环法及综合模拟监测预警法进行监测预警还不能确认，因此，笔者试图通过实证分析进行景气指数以及预警信号灯的双重检验，探讨是否能够应用这两种方法进行园区的监测预警。在得到先行指数及预警信号灯前，需要进行指标筛选并且确定指标在各自指标大类（先行、一致或滞后）中的权重，因此，我们先根据指标的含义判断指标的分类，再通过实证分析对预测进行检验（见图4-1）。

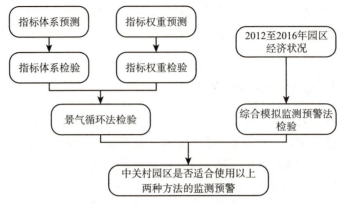

图 4 - 1　高新技术园区景气预警方案

4.1.3　指标分类方法对比分析

在进行指标分类时，借鉴已有文献，本章总结了四种方法，即时差相关分析法、峰谷对应法，K - L 信息量法以及聚类分析法。

（1）时差相关分析法。

时差相关性分析的优点在于能够通过被选指标与基准指标的相关性计算，确定被选指标的期数，而不只进行分类，还能够得到确定的期数。该方法需要运用 EViews 软件进行相关系数计算，在涉及 lag 期数选择的时候选用 12 期（指标在 12 期之外的概率几乎为零），就会出现指标的前 12 期与后 12 期的相关系数，通过寻找相对大的以及最大的系数，来确定被选指标的期数（与基准指标对比）。公式如式（4 - 1）所示。

$$r_i = \frac{\sum (y_t - \bar{y})(x_{t-i} - \bar{x})}{\sqrt{\sum (y_t - \bar{y})}\sqrt{\sum (x_{t-i} - x)^2}} \qquad (4-1)$$

其中，r_i 为相关系数；y_t 为 t 时期基准指标值；$\bar{y}$ 和 $\bar{x}$ 分别为 y 和 x 指标均值；x_{t-i} 为 $t-i$ 时期被选指标值，$i = 0$，± 1，± 2，± 3，$\cdots$，$\pm m$。

（2）峰谷对应法。

峰谷对应法，也被称作图示法，在图纸上画出基准指标和被选指标的图形，标示标记，通过图形上的波峰波谷的对应情况来分析被选指标和基准指标之间的关系。研究文献中，该方法大都只是作为辅助的方法进行验证，因为其中掺杂着较多主观因素。

（3）K－L信息量法。

K－L信息量法，其原理是以基准序列为理论分布，备选指标为样本分布，不断变化备选指标与基准序列时差，计算 K－L 信息量，K－L 信息量最小时对应的时差数确定为备选指标的最终时差。但由于该方法只能计算出指标最大的期数（k_j 最小），不能比较其他期数值，因此本章不使用这种方法。

$$p_i = \frac{y_i}{\sum_{i=1}^{n} y_i} \tag{4-2}$$

$$q_i = \frac{x_i}{\sum_{i=1}^{n} x_i} \tag{4-3}$$

$$k_j = \sum_{i=1}^{n_j} p_i \times \log(p_i / q_j) \tag{4-4}$$

其中，y_i 为基准指标；x_i 为被选指标；$j = 0$，± 1，± 2，± 3，…，$\pm m$。

（4）聚类分析。

聚类分析法的基本思想是根据一批样品的多个观测指标，具体找出一些能够度量样品或指标之间相似程度的统计量，以这些统计量作为划分类型的依据。聚类分析能够把一些相似程度较大的样品（或指标）聚合为一类，把另外一些彼此之间相似程度较大的样品（或指标）又聚合为另一类，直到把所有的样品（或指标）聚合完毕。该方法只是把最相近的指标聚成一类，但本章需要对指标的期数做一个精确的筛选，因此不考虑这种方法。

通过方法对比分析发现，时差相关分析法不仅能够筛选出先行、一致及滞后指标，还能够得到被选择指标与基准指标的先行或滞后期数；峰谷对应法只是进行两个图形的对比，没有数据支撑，不够客观，存在主观因素；K－L信息量法只是选择一个最大的 k 作为被选择指标的期数，无法知道其他期数的大小，这样就难以全面地做一个比较分析，得到更加精准的分类结果；聚类方法只是把距离最相近的指标进行分类，不能得到指标的具体分类期数。综合上述分析，本章选取时差相关分析法进行指标的筛选。

4.1.4　指标权重计算方法对比分析

确定指标权重的客观方法一般有两种，因子分析法与熵值法。

（1）因子分析法。

因子分析法指的是用少数几个因子去描述许多指标或因素之间的联系，即将相关比较密切的几个变量归在同一类中，每一类变量就成为一个因子，以较少的几个因子反映原资源的大部分信息。公式如式（4-5）、式（4-6）所示。

$$x_i = a_{i1}f_1 + a_{i2}f_2 + \cdots + a_{im}f_m + \varepsilon_i \qquad (4-5)$$

$$\partial_i = \sum_{j=1}^{m} a_{ij}^2 / \sum_{i=1}^{n} \sum_{j=1}^{m} a_{ij}^2 \qquad (4-6)$$

其中，x_i 为 i 指标；a_{i1} 为指标系数；f_m 为主成分指标；$i=1$，2，$\cdots$，n；$j=$ 1，2，3。

（2）熵值法。

在信息论中，熵是对不确定性的一种度量。信息量越大，不确定性就越小，熵也就越小；信息量越小，不确定性越大，熵越大。根据熵的特性，可通过计算熵值来判断一个事件的随机性及无序程度，也可用熵值来判断某个指标的离散程度，指标的离散程度越大，该指标对综合评价的影响越大。

$$x'_{i,j} = \frac{x_{i,j} - \min(x_{1j}, x_{2j}, \cdots, x_{nj})}{\max(x_{1j}, x_{2j}, \cdots, x_{nj}) - \min(x_{1j}, x_{2j}, \cdots, x_{nj})} + 1 \qquad (4-7)$$

$$p_{ij} = x_{ij} / \sum_{i=1}^{n} x_{ij}(i = 1, \cdots, n; j = 1, \cdots, p) \qquad (4-8)$$

$$e_j = -(1/n) \sum_{i=1}^{n} p_{ij} \times \ln p_{ij} \qquad (4-9)$$

$$w_j = (1 - e_j) / \sum_{i=1}^{n} (1 - e_i) \qquad (4-10)$$

相较熵值法而言，因子分析法具有熵值法没有的优点，即在计算指标权重时，因子分析能够通过 KMO 的检验（KMO 检验变量相关性），得到该方法是否适合指标筛选，而熵值法只是用数理统计计算指标的权重，缺少分析检验，缺乏说服力。因此，通过比较分析，本章决定采取因子分析法计算指标的权重，这样更能突出园区指标的真实性和实用性。

4.2 高新技术园区监测预警指标筛选与权重确定

4.2.1 首都高新技术园区特征分析及指标选取

指标选取原则通常有两点：第一，指标需要具有代表特性，在选取指标时，一定要选择有代表性的指标，很多指标之间存在相似性，或者是一个指标能够被另一个指标来代替，因此，我们在选择指标时应避免选择重复的指标，而选择有代表性的指标；第二，有些指标的变动是无规则的或是不稳定的，但是这些不规则的指标容易影响预警结果，因此在选择指标时，尽可能选择影响较小的指标，这样能使预警结果反映出真实经济状况。

在核算 GDP 时，通常会把它分解为消费、投资以及净出口，因此，在选择高新技术园区景气监测预警指标时，将投资、消费和出口作为其中一个类别，由于研究的对象是高新技术企业，为了反映高新技术企业的创新特征，在指标分类时增加了一个创新分类，比如专利授权数和港澳台技术人员等。在选取具有园区特征的指标时，主要借鉴中国经济景气指数和中经指数选取指标的经验，并结合高新技术企业的自身特点，从高新技术企业角度考虑，选择更能凸显高新技术企业的创新能力的指标。图 4 – 2 为指标分类结果。

产出类指标：工业总产值新产品价值
收入类指标：产品销售收入总收入技术收入商品销售收入新产品销售收入
财务类指标：利润总额实缴税费总额固定资产投资额资产总额
进出口类指标：出口总额进出口总额技术出口总额
从业人员类指标：港澳台和外籍人员科技活动人员从业人员期末人数
价格指数类指标：社会消费品零售总额住宅销售价格指数居民消费价格指数
房地产开发类指标：房地产开发施工面积完成固定资产投资
单个指标类：企业用于科技活动经费支出专利授权及申请数技术合同成交额

图 4 – 2　具体指标及分类

本章的数据，除了 3 个价格指数来自北京市统计局，其他数据均来源于中关村高新技术园区网站，数据的时间范围为 2012 年 2 月 ~ 2016 年 11 月。

4.2.2　数据预处理选取的方法

（1）缺失处理的方法。

在编制景气指数前，需要对数据进行处理。本章中采用的是月度数据，涵盖时间从 2012 年 2 月 ~ 2016 年 11 月，共 27 个指标，部分数据会出现缺少情况。比如，首都高新技术园区的指标缺少每年 1 月的值，而部分指标年末数据缺失。利用相近月份数据确定缺失值，即利用 2 月数据计算 1 月的值，利用 11 月数据计算 12 月的值，具体计算公式如下：第一个月的值/第一个月实际工作日 = 第二个月的值/第二个月实际工作日。

（2）季节调整的方法。

由于季节要素常常会掩盖真实波动要素，因此需要进行季节调整。现有文献中大都使用 X-12 季节调整法，这也是中国统计局监测中心使用的季节调整方法，因此本章同样采用 X-12 季节调整法。该方法是通过分解序列指标删除季节因素，保留重要经济循环趋势信息。设 Y 为时间序列，存在 TC（趋势循环）、S（季节）以及 I（不规则）。Y 分解为：

$$\text{add 模型：} Y = TC + S + I \tag{4-11}$$

$$\text{mul 模型：} Y = TC \times S \times I \tag{4-12}$$

$$\text{log + mul 模型：} \ln Y = \ln TC + \ln S + \ln I \tag{4-13}$$

通过上式，可以进行指标因素拆分，把无规则因素剔除，保留所需要的因素。

（3）无量纲的方法。

现有文献对数据进行无量纲处理的方法有很多，包括标准化法、均值法、比重法、极差值法等。但均值法、比重法和极差值等方法只考虑了样本数据的均值，难以考虑样本数据的偏差值，而标准化法能够同时考虑样本数据的均值和标准差状况，比其他方法更加科学，因此，我们选取标准化法对数据进行无量纲处理。

$$y_i = \frac{x_i - \bar{x}}{s} \bar{x} = \frac{\sum_{i=1}^{n} x_i}{n} s = \sqrt{\frac{\sum (x_i - \bar{x})^2}{n-1}} \tag{4-14}$$

其中，$\bar{x}$ 为均值，s 为标准差。

比重法：

$$y_i = \frac{x_i}{\sum_{i=1}^{n} x_i} \tag{4-15}$$

均值法：

$$y_i = \frac{x_i}{\bar{x}} \tag{4-16}$$

极差值法：

$$y_{ij} = \frac{x_{ij} - \min x_{ij}}{\max x_{ij} \times \min x_{ij}} \tag{4-17}$$

4.2.3 数据收集和预处理结果及基准指标确定

通过北京市统计局和中关村高新技术园区网站收集了 27 个指标数据，以工业总产值和总收入为例，每年首月产值及收入都存在缺失（一共缺失 4 个值），分别为 2013 年 1 月、2014 年 1 月、2015 年 1 月及 2016 年 1 月。通过查询相关资料，得到 2013～2016 年四个年度 1 月及 2 月工作天数分别为 23 天和 15 天、21 天和 16 天、22 天和 13 天、20 天和 16 天，在此基础上利用前文的公式，确定每年 1 月各指标的缺失值。

表 4-1 是工业总产值 X-12 季节调整结果（其他的指标均经过相同处理），通过对比发现，经过季节调整的工业总产值更加平滑，波动幅度明显减缓，季节波动影响减少，指标趋势表现为经济内在因素波动。经过季节调整后，并进行无量纲处理后，得到 27 个指标的无量纲数据，使用无量纲数据筛选指标并确定权重。

表 4-1 工业总产值 X-12 季节调整结果

年月	工业总产值季节调整后（亿元）	工业总产值（亿元）	年月	工业总产值季节调整后（亿元）	工业总产值（亿元）
2012. 02	2625. 7	681. 2	2013. 10	4000. 4	6032. 7
2012. 03	2839. 7	1216. 2	2013. 11	3982. 2	6809. 1
2012. 04	2976. 8	1702. 3	2013. 12	3893. 0	7890. 3
2012. 05	3088. 4	2232. 4	2014. 01	3465. 4	1314. 7
2012. 06	3124. 1	2750. 5	2014. 02	3860. 8	1001. 7
2012. 07	3151. 6	3205. 3	2014. 03	3875. 8	1660. 0
2012. 08	3155. 6	3684. 8	2014. 04	4025. 8	2302. 2
2012. 09	3171. 2	4212. 4	2014. 05	4067. 1	2939. 9
2012. 10	3138. 1	4732. 3	2014. 06	4160. 6	3663. 2
2012. 11	3200. 4	5472. 2	2014. 07	4216. 6	4288. 4
2012. 12	3204. 4	6494. 7	2014. 08	4220. 7	4928. 5
2013. 01	3432. 5	1302. 2	2014. 09	4264. 0	5664. 0
2013. 02	3273. 4	849. 3	2014. 10	4581. 0	6908. 2
2013. 03	3752. 5	1607. 1	2014. 11	4567. 7	7810. 2
2013. 04	3846. 0	2199. 4	2014. 12	4603. 0	9329. 4
2013. 05	3974. 8	2873. 1	2015. 01	5742. 8	2178. 7
2013. 06	4022. 0	3541. 1	2015. 02	4962. 2	1287. 4
2013. 07	4041. 0	4109. 8	2015. 03	4681. 4	2005. 0
2013. 08	4031. 3	4707. 3	2015. 04	4750. 3	2716. 5
2013. 09	4050. 8	5380. 8	2015. 05	4740. 2	3426. 4

续表

年月	工业总产值 季节调整后 （亿元）	工业总产值 （亿元）	年月	工业总产值 季节调整后 （亿元）	工业总产值 （亿元）
2015.06	4783.5	4211.5	2016.03	4503.3	1928.7
2015.07	4819.9	4902.0	2016.04	4551.8	2603.0
2015.08	4845.5	5658.0	2016.05	4584.9	3314.2
2015.09	4813.7	6394.2	2016.06	4661.5	4104.1
2015.10	4718.3	7115.3	2016.07	4745.3	4826.1
2015.11	4765.1	8147.6	2016.08	4886.1	5705.4
2015.12	4717.6	9561.7	2016.09	4931.9	6551.1
2016.01	3909.7	1483.3	2016.10	4887.0	7369.7
2016.02	4573.6	1186.6	2016.11	4875.0	8335.6

确定基准指标时，观察到国内生产总值只有季度数据，而本章需要月度指标数值。由于工业总产值能够在一定程度上反映 GDP 的状况，同时工业总产值有月度数据，因此，我们这里选用工业总产值作为基准指标。

4.2.4　先行指标、一致指标及滞后指标筛选结果

采用时差相关分析方法，选取相关系数最大时期作为被选指标期数，借助 EViews 软件，得到期数结果。在运用时差相关分析法计算前，先根据指标的含义判断指标的先行、滞后或一致的性质，再通过时差相关分析法进行验证。比如，房地产开发面积和价格指数，这两指标属于后期统计得来，能理解为滞后指标，通过时差分析法发现房地产开发面积和技术出口滞后期数为7，其他6个指标滞后期数为1。

同理，先行以及一致指标都先进行判断，并通过时差分析法实证分析。综合三大指标大类，得出高新技术园区监测预警指标体系（见表4-2、表4-3、表4-4、表4-5）。

表 4 - 2   滞后指标期数

滞后指标	期数
房地产开发施工面积	- 7
住宅销售价格指数（新建住房）	- 1
科技活动人员	- 1
专利授权数	- 1
专利申请数	- 1
企业用于科技活动经费支出	- 1
技术出口总额	- 7
固定资产投资额	- 1

表 4 - 3   先行指标期数

先行指标	期数
完成固定资产投资	1
进出口总额	4
出口总额	10
技术合同成交总额	1
居民消费价格指数	1
社会消费品零售总额	1

表 4 - 4   一致指标期数

一致指标	期数
从业人员期末人数	0
港澳台和外籍人员	0
新产品产值	0
总收入	0
技术收入	0
产品销售收入	0
软件产品销售收入	0
新产品销售收入	0
商品销售收入	0
实缴税费总额	0
资产总计	0
利润总额	0

表4-5   总指标体系

指标大类	指标
先行指标	完成固定资产投资 $X1$
	进出口总额 $X2$
	出口总额 $X3$
	技术合同成交总额 $X4$
	居民消费价格指数 $X5$
	社会消费品零售总额 $X6$
一致指标	工业总产值 $X7$
	从业人员期末人数 $X8$
	港澳台和外籍人员 $X9$
	新产品产值 $X10$
	总收入 $X11$
	技术收入 $X12$
	产品销售收入 $X13$
	软件产品销售收入 $X14$
	新产品销售收入 $X15$
	商品销售收入 $X16$
	实缴税费总额 $X17$
	资产总计 $X18$
	利润总额 $X19$
滞后指标	房地产开发施工面积 $X20$
	住宅销售价格指数（新建住房）$X21$
	科技活动人员 $X22$
	专利授权数 $X23$
	专利申请数 $X24$
	企业用于科技活动经费支出 $X25$
	技术或服务出口总额 $X26$
	固定资产投资额 $X27$

4.2.5 各项指标的权重分析

4.2.5.1 各项指标的因子分析

表 4 - 6 分别显示了先行、一致及滞后指标的因子分析结果，发现三大类指标的 KMO 检验结果分别为 0.600、0.886 及 0.757，三大 KMO 值大于或等于 0.6，说明指标通过了检验，因此，能够采取因子分析法进行指标权重的计算。通过差异总和进行分析，先行指标 accumulative 结果显示了前两个元素的累积方差达到 76.8%，这已能获取大部分信息，一致类指标 accumulative 结果显示了前两个元素累积方差为 89.7%，元素 1 和元素 2（工业总产值和从业人员）代表了一致指标大部分信息；滞后类指标 accumulative 结果显示信息比较特殊，元素 1（房地产开发面积）已经能够代表大部分信息，因此只选取这一个元素。

表 **4 – 6** 因子检验结果

因子分析检验	先行类指标	一致类指标	滞后类指标
Kaiser – Meyer – Olkin	0.600	0.886	0.757
significance	0.000	0.000	0.000
accumulative	76.80	89.80	76.70

4.2.5.2 指标权重的计算过程与结果分析

根据表 4 - 7、表 4 - 8 及表 4 - 9 因子分析输出结果，按照权重计算公式：用每个指标系数除以相应主成分特征值平方根，再乘以相应主成分方差贡献率，最后综合起来得到每个指标的权重，表 4 - 10 为指标权重计算结果。

表 **4 – 7** 先行类指标因子分析结果

元件	起始特征值		元件	
	总计	累加（%）	$X1$	$X2$
进出口总额 $X1$	3.012	50.193	0.235	0.920
出口总额 $X2$	1.597	76.807	− 0.014	0.958

元件	起始特征值		元件	
	总计	累加（%）	$X1$	$X2$
完成固定资产投资 $X3$	0.743	89.198	0.589	0.329
技术合同成交总额 $X4$	0.348	94.996	0.903	−0.156
居民消费价格指数 $X5$	0.196	98.255	−0.685	−0.472
社会消费品零售总额 $X6$	0.105	100.000	0.887	0.121

表 4 - 8　　　　　　　　　　一致类指标因子分析结果

元件	起始特征值		元件	
	总计	累加（%）	$X7$	$X28$
工业总产值 $X7$	10.529	80.992	0.747	0.598
从业人员期末人数 $X8$	1.143	89.782	0.801	0.559
港澳台和外籍人员 $X9$	0.785	95.819	−0.619	0.073
新产品产值 $X10$	0.229	97.582	0.172	0.956
总收入 $X11$	0.169	98.88	0.856	0.508
技术收入 $X12$	0.048	99.252	0.876	0.428
产品销售收入 $X13$	0.033	99.509	0.779	0.591
软件产品销售收入 $X14$	0.023	99.689	0.868	0.376
新产品销售收入 $X15$	0.023	99.864	0.306	0.913
商品销售收入 $X16$	0.012	99.953	0.825	0.503
实缴税费总额 $X17$	0.004	99.981	0.926	0.297
资产总计 $X18$	0.002	99.996	0.865	0.473
利润总额 $X19$	0.001	100.000	0.82	0.473

表 4 - 9　　　　　　　　　　滞后类指标因子分析结果

元件	起始特征值		元件
	总计	累加（%）	$X20$
房地产开发施工面积 $X20$	5.255	65.689	0.424
住宅销售价格指数（新建住房）$X21$	0.883	76.729	0.699
科技活动人员 $X22$	0.647	84.819	0.963

续表

元件	起始特征值		元件
	总计	累加（%）	X20
专利授权数 X23	0.574	91.993	0.962
专利申请数 X24	0.421	97.258	0.755
企业用于科技活动经费支出 X25	0.188	99.611	0.959
技术或服务出口总额 X26	0.022	99.892	0.850
固定资产投资额 X27	0.009	100.000	0.723

表 4 – 10　　　　　　　　　　　　　　指标权重

先行指标	完成固定资产投资	0.17
	进出口总额	0.13
	出口总额	0.16
	技术合同成交总额	0.15
	居民消费价格指数	0.20
	社会消费品零售总额	0.19
一致指标	工业总产值	0.08
	从业人员期末人数	0.08
	港澳台和外籍人员	0.03
	新产品产值	0.08
	总收入	0.08
	技术收入	0.08
	产品销售收入	0.09
	软件产品销售收入	0.08
	新产品销售收入	0.08
	商品销售收入	0.08
	实缴税费总额	0.07
	资产总计	0.08
	利润总额	0.08

	房地产开发施工面积	0.07
滞后指标	住宅销售价格指数（新建住房）	0.11
	科技活动人员	0.15
	专利授权数	0.15
	专利申请数	0.12
	企业用于科技活动经费支出	0.15
	技术出口总额	0.13
	固定资产投资额	0.11

4.3 高新技术园区景气监测预警实证分析

本部分首先对比分析景气循环法中扩散指数及合成指数方法，明确指数构建方法；其次采用合成指数及预警信号灯两种方法对首都高新技术园区的景气循环及综合预警进行实证研究，构建了 27 个指标预警信号，发现先行指数、一致指数与预警指数的拟合程度高。

4.3.1 指数构建方法对比分析

景气循环法的基本思想是编制景气指数来监测预测经济走势。景气指数编制法有两类：一类是扩散指数法，另一类是合成指数法。

扩散指数指的是分析某一时点经济指标所显示的经济状态。在计算扩散指数时，通过某时刻指标值与上月对比，上月值相对较小，给本月值标记为"＋"；相反，就标记为"－"；如果相等，也标记为"＋"，"＋"表示该指标在某月为扩张状态，显示为经济状况良好。先把指标分类为一致、先行或滞后三大类，分析显示经济处于增长趋势的指标有多少，经济处在紧缩状态的指标有多少，用显示经济扩张的指标数量除以该指标所在大类中的所有指标数量，得到该大类指标该月扩散指数。

$$DI_i = \frac{\sum I[x_i, x_{i-j}]}{N} \times 100\% \qquad (4-18)$$

$$I[x_i, \ x_{i-j}] = \begin{cases} 1, & x_i^t > x_{i-j}^t \\ 0.5, & x_i^t = x_{i-j}^t \\ 0, & x_i^t < x_{i-j}^t \end{cases} \qquad (4-19)$$

其中，DI_i 表示第 i 期扩散指数，N 为指标总数，x_i^t 为 t 指标在 i 时期数。

该方法表现原理为，当扩散指数在（0.5，1）区间时，说明某大类中（比如说先行类指标）的指标超过一半处于经济扩张状态，显示经济呈上升趋势；当扩散指数在（0，0.5）区间时，说明某大类中的指标大于一半处于经济紧缩状态，显示经济处于下降趋势，经济处于不景气状态。当扩散指数等于0.5 时，表示经济正处在转折时期，需要谨慎对待经济状况，经济极有可能转向扩张或衰退阶段，因此当扩散指数在（0.5，1）这个区间转向（0，0.5）这个区间时，就称这时的经济正处于"谷"，相反，当扩散指数在（0，0.5）区间转向（0.5，1）区间时，经济处在"峰"；当扩散指数为0.5 时，把这时的经济状态称为"景气转折线"。

合成指数是扩散指数的拓展和深化，其计算方法是先求出每个指标的对称变化率，即变化率不是以本期或上期为基数求得，而是以两者的平均数为基数求得（这样可以消除基数的影响，使上升与下降量均等）。再求出先行、一致和滞后三组指标的组内、组间平均变化率。最后以某年为基年，计算出其他月份的指数。编制合成指数公示如下：$i = 1，2，3，\cdots，k_{ij}$ 是组内指标的序号，k_j 是第 j 指标组的指标个数。首先对 $Y_{ij}(t)$ 求对称变化率 $C_{ij}(t)$：

$$C_{ij}(t) = Y_{ij}(t) - Y_{ij}(t-1)，\ t = 2，3，\cdots，n \qquad (4-20)$$

其中，$y_{ij}(t)$ 表示在 t 时期，第 i 个指标在第 j 指标组（如先行、一致或滞后组）景气指数及预警指数。

将对称变化率 $c_{ij}(t)$ 进行标准化处理以防止个别指标的强烈变动影响整体指标数的大小，求标准化因子 A_{ij}：

$$A_{ij} = \sum_2^n \frac{|C_{ij}(t)|}{n-1} \qquad (4-21)$$

将 $c_{ij}(t)$ 标准化，得到标准变化率 $s_{ij}(t)$：

$$S_{ij}(t) = \frac{C_{ij}(t)}{A_{ij}}，\ t = 2，3，\cdots，n \qquad (4-22)$$

求各指标组的平均变化率：

$$R_j(t) = \frac{\sum_{i=1}^{k_j} s_{ij}(t) \times w_{ij}}{\sum_{i=1}^{k_j} w_{ij}}，\ j = 1，2，3；t = 2，3，4，\cdots，n \qquad (4-23)$$

计算合成指数，制成以基准日期为 100 的合成指数：

$$I(t) = I(t-1) \times \frac{200 + R(t)}{200 - R(t)}, \quad CI(t) = 100 \times \frac{I(t)}{I(0)} \qquad (4-24)$$

其中，w_{ij} 为 i 指标在 j 类的权重，I_0 为基准日期合成指数。

该方法能够弥补扩散指数的缺陷，由于扩散指数只是标示经济走势方向，不能显现程度，本章不仅需要经济走势方向，更需要定量分析结果。合成指数法正是美国商务部和日本经济调查局采取的方法，该方法已有 100 多年历史，并且一直延续到现在，美国、日本和我国现在都在使用合成指数法。

综合上述两种方法对比分析，笔者确定选择合成指数法。

4.3.2 先行指数、一致指数以及滞后指数构建结果分析

利用得出的首都高新技术园区指标体系，运用合成指数编制原理得出一致、先行以及滞后指数。表 4-11 显示先行指数先行于一致指数，通过表中波峰对比分析，只要把先行指数往后推 2~4 个月就可得到滞后的"先行指数"，即一致指数，因此，可把先行指数作为未来 3~6 个月的经济趋势，先行指数显示的波峰为 2012 年 5 月、2013 年 3 月和 2015 年 3 月，一致指数显示的波峰为 2012 年 2 月、2013 年 1 月和 2015 年 1 月，验证了园区先行指数存在先行性。

表 4-11　　　　　　　　先行指数、一致指数及滞后指数

年月	先行指数	一致指数	滞后指数	年月	先行指数	一致指数	滞后指数
2012.02	100	100	100	2012.11	100.75	101.18	100.53
2012.03	99.26	103.54	99.17	2012.12	100.56	99.49	100.76
2012.04	99.96	100.44	99.66	2013.01	101.18	101.28	100.73
2012.05	100.92	100.88	100.71	2013.02	102.28	100.23	101.08
2012.06	98.34	100.32	100.87	2013.03	99.99	103.48	104.97
2012.07	100.08	99.74	100.25	2013.04	99.46	100.94	100.62
2012.08	100.36	100.37	99.8	2013.05	99.81	100.71	100.16
2012.09	99.64	99.97	99.86	2013.06	100.13	101.1	99.97
2012.10	100.14	100.16	100.64	2013.07	100.27	100.36	101.15

年月	先行指数	一致指数	滞后指数	年月	先行指数	一致指数	滞后指数
2013.08	100.41	100.44	100.74	2015.04	99.26	99.99	100.17
2013.09	100.37	100.17	100.14	2015.05	100.01	100.29	100.45
2013.10	99.93	99.94	99.84	2015.06	100	100.22	100.32
2013.11	100.04	99.92	99.75	2015.07	100.87	100.31	100.95
2013.12	100.32	100.08	99.48	2015.08	99.54	100.56	100.96
2014.01	101.21	100.43	100.68	2015.09	99.53	100.68	101.63
2014.02	98.3	100.29	99.61	2015.10	101.14	100.23	100.9
2014.03	101.73	99.72	99.91	2015.11	99.71	100.82	100.85
2014.04	99.8	100.89	99.84	2015.12	99.37	100.78	99.82
2014.05	100.51	100.95	100.01	2016.01	99.69	100.14	100.67
2014.06	100.75	101.14	100.48	2016.02	97.82	101.18	99.53
2014.07	99.1	100.78	99.74	2016.03	100.46	99.74	100.7
2014.08	100.39	100.02	99.48	2016.04	99.61	100.19	100.79
2014.09	99.3	100.31	99.86	2016.05	99.57	100.07	101.13
2014.10	99.44	100.99	99.75	2016.06	100.84	100.34	100.29
2014.11	100.08	99.9	99.84	2016.07	100.23	100.78	100.06
2014.12	100.22	100.47	100.84	2016.08	100.07	100.61	100.74
2015.01	99.75	100.21	100.35	2016.09	100.38	100.3	100.86
2015.02	98.9	101.98	101.96	2016.10	101.23	100.14	99.99
2015.03	102.21	98.11	99.34	2016.11	100.19	100.14	99.47

4.3.3　高新技术园区预警景气信号灯构建

4.3.3.1　单个指标的预警临界确定方法分析及其选择

一般来说，景气信号灯把经济状况分为 5 个区块，分别为"过热""偏热""正常""偏冷"和"过冷"；再把这 5 个区块赋予不同颜色的灯，"过热"对应"红灯"，"偏热"对应"黄灯"，"正常"对应"绿灯"，"偏冷"对应"浅蓝色"，"过冷"对应"蓝灯"；对相应区域赋予分数，红灯：5 分；

黄灯：4分；绿灯：3分；浅蓝灯：2分；蓝灯：1分。"红灯"区域表示经济状况已经处在过热程度，表现为物价指数上涨，通货膨胀，政府需要采取调控措施缓解过热状况；"黄灯"区域代表经济处在能接受的偏热状态，但需要随时注意经济走势，防止过热现象发生；"绿灯"区域表示经济处在稳定状态，反映出较好的经济状况，各项指标都显示经济处在稳定状态，政府不需要采取政策进行调控干预；"浅蓝色"区域显示经济在下行，政府需要密切关注，防止经济走向谷底；"蓝色"区域表示经济已处在谷底，失业率上升，投资热度下降，民众消费下降，政府需要采取扩张的财政或货币政策，使经济回到稳定状态。

在区分区域后，确定预警临界值方法有两类：一类为主观法，另一类为客观法。

主观法中的多数原则为：研究数据时发现大部分指标都处于稳定区域，较少指标值会出现在红色或淡蓝色区域。由于每个人判断标准不同，会存在争议，这种方法主观性太强，缺乏说服力，因此，本章不采取主观法。

客观法主要依据 3δ 数理统计思想，是利用数据分布概率，在 $[\mu - 2\delta, \mu + 2\delta]$ 以外的概率不到5%。这里我们采用 3δ 数理方法确定预警临界值，再对个别存在异常值的指标进行修正。笔者收集了58个样本值，收集到的数据已服从 t 分布，计算数据的平均值和标准差，利用数据处于 $[\mu - k\delta, \mu + k\delta]$ 的概率进行设置，确定预警临界点。

4.3.3.2 园区预警临界值确定及预警景气信号灯分析

每个指标在不同时期会显示出某种景气状态，根据景气状态，找到相应颜色的区域，输出信号灯图。$X1 \sim X27$ 代表27个指标数据，运用 3δ 数理方法进行临界值确定（见图4-3），得到首都高新技术园区27个指标的预警临界值及得分，如表4-12、表4-13、表4-14及表4-15所示，27个指标大部分得3分（绿灯），显示园区经济平稳运行，与园区实际经济状况相符。

$$
\begin{cases}
\text{红灯区域：} [\mu + 2\delta, \ +\infty) & \text{预警指数红灯区域：} [92, \ +\infty) \\
\text{黄灯区域：} [\mu + \delta, \ \mu + 2\delta) & \text{预警指数黄灯区域：} [87, \ 92) \\
\text{绿灯区域：} [\mu - \delta, \ \mu + \delta) & \text{预警指数绿灯区域：} [77, \ 87) \\
\text{浅蓝区域：} [\mu - 2\delta, \ \mu - \delta) & \text{预警指数浅蓝灯区域：} [71, \ 77) \\
\text{蓝灯区域：} (-\infty, \ \mu - 2\delta) & \text{预警指数蓝灯区域：} (-\infty, \ 71)
\end{cases}
$$

图4-3 区域临界范围

表 4 – 12　　　　　　　　　　　单个指标临界值

指标	临界值			
	蓝—浅蓝	浅蓝—绿	绿—黄	黄—红
完成固定资产投资	97.019	98.522	101.526	103.028
进出口总额	97.210	98.687	101.642	103.120
出口总额	97.012	98.522	101.544	103.054
技术合同成交总额	96.790	98.506	101.300	103.654
居民消费价格指数	97.226	98.584	101.300	102.658
社会消费品零售总额	96.649	98.469	102.109	103.930
工业总产值	97.286	98.959	98.858	103.977
从业人员期末人数	97.131	98.905	102.452	104.226
港澳台和外籍人员	96.758	98.245	101.217	102.703
新产品产值	97.349	98.734	101.502	102.887
总收入	98.156	99.481	102.130	103.455
技术收入	98.111	99.435	102.083	103.407
产品销售收入	97.640	99.126	102.098	103.584
软件产品销售收入	97.169	98.716	101.810	103.357
新产品销售收入	97.114	98.663	101.759	103.308
商品销售收入	97.222	98.856	102.123	103.757
实缴税费总额	96.988	98.763	102.313	104.088
资产总计	99.030	99.987	101.900	102.857
利润总额	96.318	98.357	102.436	104.475
房地产开发施工面积	97.410	98.829	101.667	103.086
住宅销售价格指数（新建住房）	98.061	99.213	101.517	102.669
科技活动人员	97.609	99.094	102.066	103.552
专利授权数	97.467	98.902	101.772	103.207
专利申请数	96.256	98.180	102.028	103.952
企业用于科技活动经费支出	97.866	99.251	102.021	103.406
技术出口总额	97.030	98.539	101.558	103.067
固定资产投资额	97.019	98.522	101.526	103.028

表 4 - 13 $X1 \sim X9$ 指标得分

年月	X1	X2	X3	X4	X5	X6	X7	X8	X9
2012. 03	1	5	3	3	3	3	5	3	1
2012. 04	2	5	3	3	3	3	3	3	3
2012. 05	5	3	3	3	3	3	3	3	2
2012. 06	3	2	1	3	3	3	3	3	1
2012. 07	3	3	4	3	3	3	3	3	3
2012. 08	4	3	3	3	3	3	3	3	3
2012. 09	3	3	3	3	3	3	3	3	3
2012. 10	3	3	3	3	3	3	3	3	3
2012. 11	3	3	3	3	3	3	3	3	3
2012. 12	3	3	3	3	3	3	3	1	3
2013. 01	3	3	3	3	3	4	3	5	4
2013. 02	4	5	3	3	4	3	3	2	3
2013. 03	5	1	5	3	2	3	5	5	4
2013. 04	2	3	3	3	3	3	3	3	3
2013. 05	3	3	3	3	3	3	3	3	3
2013. 06	2	3	3	3	5	3	3	3	3
2013. 07	5	3	3	3	2	3	3	3	3
2013. 08	3	3	4	3	3	3	3	3	3
2013. 09	3	3	3	3	3	3	3	3	3
2013. 10	2	3	3	3	3	3	3	3	3
2013. 11	3	3	3	3	3	3	3	3	3
2013. 12	3	4	3	4	2	3	3	3	4
2014. 01	3	3	3	2	5	3	3	3	3
2014. 02	1	3	5	3	1	3	3	3	3
2014. 03	4	3	4	3	3	3	3	3	4
2014. 04	4	3	2	3	2	3	3	3	3
2014. 05	3	3	3	3	4	3	3	3	3
2014. 06	3	3	3	3	3	3	3	3	3
2014. 07	3	3	3	3	2	3	3	3	3

年月	X1	X2	X3	X4	X5	X6	X7	X8	X9
2014. 08	3	4	3	3	3	3	3	3	3
2014. 09	3	2	3	3	2	3	3	3	3
2014. 10	3	3	3	3	3	3	5	3	3
2014. 11	3	3	3	3	3	3	3	3	3
2014. 12	3	3	3	3	3	3	3	3	2
2015. 01	3	3	3	3	3	2	3	3	3
2015. 02	4	3	3	4	4	1	5	3	3
2015. 03	3	4	2	1	3	5	1	3	3
2015. 04	3	2	2	3	3	3	3	3	3
2015. 05	3	3	3	3	3	3	3	3	3
2015. 06	3	3	3	3	3	3	3	3	3
2015. 07	3	3	3	3	3	3	3	3	3
2015. 08	3	2	2	3	3	3	3	4	3
2015. 09	3	3	3	5	3	2	3	3	5
2015. 10	3	3	3	3	3	4	3	3	3
2015. 11	3	3	3	3	3	3	3	3	4
2015. 12	3	3	3	3	3	3	3	3	3
2016. 01	3	3	3	3	3	3	3	3	3
2016. 02	3	3	1	3	3	3	2	3	3
2016. 03	3	2	3	5	3	3	3	2	3
2016. 04	3	3	3	2	3	3	3	3	3
2016. 05	3	3	3	3	3	3	3	3	3
2016. 06	3	3	4	2	3	3	3	3	2
2016. 07	3	3	3	3	3	3	3	3	3
2016. 08	3	3	3	3	3	3	3	3	3
2016. 09	3	3	3	3	3	3	3	3	3
2016. 10	3	3	3	3	3	4	3	3	3
2016. 11	3	3	3	3	3	3	3	3	3

表 4 – 14   **$X10 \sim X17$ 指标得分**

年月	X10	X11	X12	X13	X14	X15	X16	X17
2012. 03	3	5	3	5	3	3	5	5
2012. 04	3	3	3	3	3	3	3	3
2012. 05	2	3	3	3	3	3	3	5
2012. 06	2	3	3	3	5	2	3	3
2012. 07	3	3	3	3	1	3	3	3
2012. 08	3	3	3	3	4	3	3	3
2012. 09	3	3	2	3	3	3	3	3
2012. 10	3	3	3	3	3	3	3	3
2012. 11	3	4	3	3	3	3	5	3
2012. 12	3	2	3	3	1	3	2	3
2013. 01	3	3	3	3	3	3	3	3
2013. 02	3	2	3	5	3	3	2	2
2013. 03	4	5	5	5	3	4	2	3
2013. 04	4	3	4	3	3	4	3	3
2013. 05	3	4	1	3	3	3	4	3
2013. 06	4	3	3	3	3	5	3	3
2013. 07	3	3	3	3	3	3	3	3
2013. 08	3	3	3	3	3	3	3	3
2013. 09	3	3	3	3	3	3	3	3
2013. 10	3	3	3	3	3	3	3	3
2013. 11	3	3	3	3	3	3	3	3
2013. 12	3	3	3	2	3	3	3	3
2014. 01	3	3	3	3	3	3	3	3
2014. 02	1	3	3	1	3	1	5	5
2014. 03	3	3	3	3	3	3	3	2
2014. 04	3	3	3	3	3	3	3	3
2014. 05	3	3	5	3	3	3	3	3
2014. 06	4	3	3	4	3	3	3	3
2014. 07	3	3	3	3	3	5	3	3

续表

年月	X10	X11	X12	X13	X14	X15	X16	X17
2014. 08	3	3	3	3	3	3	3	3
2014. 09	3	3	3	3	3	3	3	3
2014. 10	3	3	3	5	3	3	3	3
2014. 11	3	3	3	3	3	3	3	3
2014. 12	3	3	2	3	4	3	3	3
2015. 01	3	3	3	3	3	3	3	3
2015. 02	4	4	3	5	2	4	3	3
2015. 03	1	1	3	1	4	1	2	2
2015. 04	3	3	3	3	3	2	3	3
2015. 05	3	3	3	3	3	3	3	3
2015. 06	1	3	3	3	3	3	3	3
2015. 07	2	3	3	3	3	3	3	3
2015. 08	3	3	3	3	3	3	3	3
2015. 09	3	3	3	3	3	3	3	3
2015. 10	3	3	3	3	3	3	3	3
2015. 11	3	3	3	3	3	3	3	3
2015. 12	3	3	5	3	5	3	3	3
2016. 01	3	3	2	3	2	3	3	3
2016. 02	5	3	3	3	3	5	4	4
2016. 03	2	2	3	2	3	4	3	2
2016. 04	3	3	3	3	3	3	3	4
2016. 05	3	3	3	3	3	3	3	3
2016. 06	1	3	3	3	3	3	3	3
2016. 07	5	3	3	3	3	3	3	3
2016. 08	3	3	3	3	3	3	3	3
2016. 09	4	3	3	3	3	3	3	3
2016. 10	2	3	3	3	3	3	3	3
2016. 11	3	3	3	3	3	3	3	3

表 4 – 15　　　　　　　　　　　　*X18 ~ X27* 指标得分

年月	X18	X19	X20	X21	X22	X23	X24	X25	X26	X27
2012. 03	4	5	5	3	3	3	3	4	1	1
2012. 04	3	3	4	3	3	1	3	3	3	2
2012. 05	3	3	3	3	3	3	3	3	3	5
2012. 06	3	3	3	3	3	3	3	3	3	3
2012. 07	3	3	3	3	3	3	3	3	3	3
2012. 08	3	3	3	3	3	3	3	3	3	2
2012. 09	3	3	3	3	3	3	3	3	3	3
2012. 10	2	3	3	3	3	3	3	3	3	3
2012. 11	5	3	3	3	3	3	3	3	3	3
2012. 12	3	3	3	3	1	4	5	1	3	3
2013. 01	3	3	2	3	5	3	1	4	3	3
2013. 02	3	3	1	4	3	5	2	3	3	4
2013. 03	4	3	5	4	5	5	3	5	4	5
2013. 04	3	3	3	3	3	2	3	3	5	2
2013. 05	3	3	4	3	3	3	3	3	3	3
2013. 06	5	3	3	3	3	3	3	3	2	2
2013. 07	3	3	3	3	3	3	3	3	3	5
2013. 08	3	3	3	3	3	3	3	3	3	3
2013. 09	3	3	3	3	3	3	3	3	3	3
2013. 10	3	3	3	3	3	3	3	3	2	2
2013. 11	2	3	3	3	3	3	3	3	3	3
2013. 12	3	3	3	3	3	3	2	2	3	3
2014. 01	3	3	3	2	3	3	4	3	3	3
2014. 02	3	5	3	2	3	3	3	3	3	1
2014. 03	3	1	3	2	2	2	3	3	4	4
2014. 04	3	3	2	2	3	3	3	3	3	4
2014. 05	3	4	3	2	3	3	3	3	3	2
2014. 06	3	3	3	2	3	3	3	3	3	3
2014. 07	3	3	3	1	3	3	3	3	3	3

续表

年月	X18	X19	X20	X21	X22	X23	X24	X25	X26	X27
2014. 08	3	3	3	2	3	3	3	3	3	3
2014. 09	3	3	3	2	3	3	3	3	2	3
2014. 10	3	3	3	2	3	3	3	3	3	3
2014. 11	3	3	3	3	3	3	3	3	3	3
2014. 12	3	3	3	3	5	3	2	4	3	3
2015. 01	2	3	3	3	3	3	4	3	3	3
2015. 02	3	5	3	3	4	3	3	5	2	4
2015. 03	3	1	2	3	2	4	3	1	3	3
2015. 04	3	3	2	3	3	4	3	3	2	3
2015. 05	3	3	3	3	3	3	3	3	3	3
2015. 06	3	3	3	3	3	3	3	3	3	3
2015. 07	3	3	3	4	3	3	3	3	3	3
2015. 08	3	3	3	4	4	3	3	3	2	3
2015. 09	4	3	3	3	3	3	3	3	5	3
2015. 10	3	3	3	4	3	3	3	3	3	3
2015. 11	3	3	3	3	3	3	3	3	3	3
2015. 12	2	3	3	3	2	3	2	4	3	3
2016. 01	4	3	3	4	3	3	4	2	3	3
2016. 02	3	3	5	3	2	1	3	3	3	3
2016. 03	3	3	1	4	3	4	3	3	3	3
2016. 04	3	3	3	4	3	4	3	3	3	3
2016. 05	3	3	3	3	3	4	3	3	3	3
2016. 06	3	3	3	3	3	3	3	3	3	3
2016. 07	3	3	3	3	3	2	3	3	3	3
2016. 08	3	3	3	3	3	2	3	3	3	3
2016. 09	3	3	3	5	3	3	3	3	3	3
2016. 10	3	3	3	3	3	3	3	3	3	3
2016. 11	3	3	3	3	3	3	3	3	1	3

对表 4 – 13、表 4 – 14 及表 4 – 15 中 27 指标的分数加总，得出综合分数，即

园区预警指数，将 2012~2016 年现实经济情况与预警指数（见表 4-16）以及预警信号灯对比分析，得知首都高新技术园区经济平稳运行，这与表 4-17 景气信号灯显示的经济情况一致，因此，发现基于合成指数原理构建的景气指数以及构建的合模拟预警信号灯是合理的，并且能够应用在高新技术园区中。

表 4-16   2012~2016 年预警指数

预警指数	2012 年	2013 年	2014 年	2015 年	2016 年
1 月		85	82	80	81
2 月		84	76	93	83
3 月	91	107	80	65	78
4 月	80	83	79	77	83
5 月	85	82	83	81	82
6 月	76	85	82	79	78
7 月	80	84	80	81	82
8 月	82	82	81	81	82
9 月	80	81	77	87	84
10 月	80	79	84	83	81
11 月	86	80	81	82	79
12 月	74	80	82	83	

表 4-17   2012~2016 年预警信号灯

预警景气灯	2012 年	2013 年	2014 年	2015 年	2016 年
1 月		绿灯	绿灯	绿灯	绿灯
2 月		绿灯	浅蓝	红灯	绿灯
3 月	黄灯	红灯	绿灯	蓝灯	绿灯
4 月	绿灯	绿灯	绿灯	浅蓝	绿灯
5 月	绿灯	绿灯	绿灯	绿灯	绿灯
6 月	浅蓝	绿灯	绿灯	绿灯	绿灯
7 月	绿灯	绿灯	绿灯	绿灯	绿灯
8 月	绿灯	绿灯	绿灯	绿灯	绿灯

续表

预警景气灯	2012 年	2013 年	2014 年	2015 年	2016 年
9 月	绿灯	绿灯	绿灯	黄灯	绿灯
10 月	绿灯	绿灯	绿灯	绿灯	绿灯
11 月	绿灯	绿灯	绿灯	绿灯	绿灯
12 月	浅蓝	绿灯	绿灯	绿灯	

4.3.4　景气指数与预警指数的检验

对一致指数与园区工业总产值增速关系、一致指数与预警指数关系以及一致指数与先行指数关系进行检验，根据检验结果，判断监测预警法（景气循环及综合模拟预警）是否适用于首都高新技术园区。

在表 4 - 18 中，工业总产值的波峰为 2013 年 2 月、2014 年 3 月、2014 年 9 月、2014 年 11 月、2015 年 1 月、2015 年 7 月、2015 年 10 月以及 2016 年 9 月，一致指数波峰为 2013 年 2 月、2014 年 2 月、2014 年 8 月、2014 年 11 月、2015 年 1 月、2015 年 6 月、2015 年 10 月以及 2016 年 8 月，通过对比分析发现，一致指数与园区实际经济状况相符。

一致指数能够代表经济现状，通过对比一致与预警指数的结果（见表 4 - 18 和图 4 - 4）对比，图 4 - 4 中两条指数线的吻合度非常高，预警指数显示的波峰为 2012 年 5 月、2013 年 3 月和 2015 年 2 月，一致指数显示的波峰为 2012 年 5 月、2013 年 3 月和 2015 年 1 月，相当一致，验证了预警指数的精准性，即预警指数能及时准确反映园区经济状况。

表 4 - 18　　　　　　　　工业总产值增速与一致指数对比

年月	工业总产值增速	一致指数	年月	工业总产值增速	一致指数
2013. 02	0. 25	101. 08	2013. 08	0. 28	100. 74
2013. 03	0. 32	104. 97	2013. 09	0. 28	100. 14
2013. 04	0. 29	100. 62	2013. 10	0. 27	99. 84
2013. 05	0. 29	100. 16	2013. 11	0. 24	99. 75
2013. 06	0. 29	99. 97	2013. 12	0. 21	99. 48
2013. 07	0. 28	101. 15	2014. 01	0. 20	100. 68

续表

年月	工业总产值增速	一致指数	年月	工业总产值增速	一致指数
2014. 02	0.18	99.61	2015.07	0.14	100.95
2014. 03	0.03	99.91	2015.08	0.15	100.96
2014. 04	0.05	99.84	2015.09	0.13	101.63
2014. 05	0.02	100.01	2015.10	0.03	100.90
2014. 06	0.03	100.48	2015.11	0.04	100.85
2014. 07	0.04	99.74	2015.12	0.02	99.82
2014. 08	0.05	99.48	2016.01	0.02	100.67
2014. 09	0.05	99.86	2016.02	−0.08	99.53
2014. 10	0.15	99.75	2016.03	−0.04	100.70
2014. 11	0.15	99.84	2016.04	−0.04	100.79
2014. 12	0.18	100.84	2016.05	−0.03	101.13
2015. 01	0.18	100.35	2016.06	−0.03	100.29
2015. 02	0.29	101.96	2016.07	−0.02	100.06
2015. 03	0.21	99.34	2016.08	0.01	100.74
2015. 04	0.18	100.17	2016.09	0.02	100.86
2015. 05	0.17	100.45	2016.10	0.04	99.99
2015. 06	0.15	100.32	2016.11	0.02	99.47

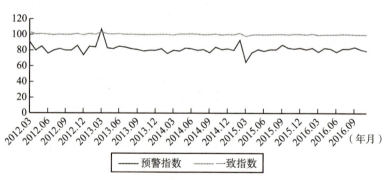

图 4 - 4 预警指数与一致指数对比

通过图 4 - 5 对比，先行指数的波峰为 2013 年 3 月、2014 年 1 月和 2015 年 3 月，预警指数的波峰为 2013 年 3 月、2013 年 12 月和 2015 年 5 月，先行指数存在先行性，先行预警时间为 1～3 个月。

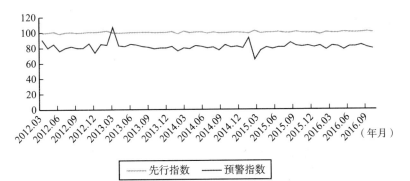

图 4 - 5　先行指数与预警指数对比

4.4　小　　结

本章利用监测预警中的景气循环以及模拟监测预警方法，分析首都高新技术园区企业的高科技创新特点，使用定量方法进行筛选分类及权重确定，运用定量与方法定性原理结合进行编制先行指数以及构建预警信号灯的研究，对首都高新技术园区进行监测预警。最后，通过对园区 2012 ~ 2016 年的经济状况与先行指数及预警指数对比分析，检验预警方法的有效性。

通过景气指数和预警信号的检验，得到以下两方面结论。

一是，首都高新技术园区能够使用合成指数原理编制先行、一致及滞后指数，并且能够得到合理结论，即一致指数能够反映园区的 2012 ~ 2016 年经济状况，先行指数先行于一致指数 1 ~ 3 个月。

二是，园区构建了预警信号灯，预警指数能够监测园区 2012 ~ 2016 年经济状况，预警指数与一致指数拟合度高，创新型园区能够使用模拟监测预警进行经济监测。

第 5 章

首都高新技术园区经济
发展及运行情况预测

　　"十二五"期间，首都高新技术园区对首都经济增长贡献显著，贡献率高达 41.7%；而从全国的情况来看，首都高新技术园区的总收入占全国高新区总收入比重较大，约占 1/7。高新技术园区是区域经济增长的重要动力，对高新技术园区发展及运行情况进行预测对正确评价地区经济运行的状态，及时反映经济调控和政策措施的效果具有重要意义。

　　本章构建了基于 BP 神经网络和基于广义回归神经网络的景气预测模型以及基于 IOWA 算子的多参数指数平滑模型组合预测模型，对首都高新技术园区的经济发展及运行情况进行预测。

5.1　基于 BP 和广义回归神经网络景气预测模型的预测

　　神经网络模型由于具有非线性、自学习能力、自适应能力强等优点，在经济管理决策、经济预测和参数优化等方面，应用越来越普及。其中，用于预测的神经网络主要有两大类型：前馈神经网络和反馈神经网络。前馈神经网络主要有三种，分别是广义回归神经网络、RBF 神经网络和 BP 神经网络；反馈神经网络是 Elman 神经网络等。从神经网络结构、神经网络算法、神经网络的优缺点三个角度综合考虑后，选取前馈神经网络的 BP 神经网络和广义回归神经网络模型构建了基于神经网络的高新技术园区经济景气预测模型。

　　本章首先从影响高新技术园区经济增长的内部因素和外部因素筛选指标，构建影响高新技术园区经济增长的指标因素，运用景气预测理论判断先行指标的期数，且确定了最大预测期数。将先行指标作为神经网络的输入层，建立基于 BP 神经网络和基于广义回归神经网络的景气预测模型。

5.1.1　高新技术园区景气指标体系的构建

首先对构建景气指标体系的数据、模型预测数据进行预处理，并构建高新技术园区景气指标体系。这里主要存在时间序列两端和中间数据缺失的问题，运用回归插补的方法对缺失的数据进行预处理。在完成数据预处理后，运用 R 聚类分析和灰色关联分析等方法，选取对高新技术园区经济增长具有明显拉动作用的指标。其次，主要运用景气预测方法对筛选的指标进行分析。最后，构建了高新技术园区景气指标体系。

5.1.1.1　数据预处理

（1）数据修正。

在对预测对象预测之前，要对数据分析处理即数据准备，主要包括外部数据和内部数据的收集和整理、数据经济含义分析、数据的分析和处理等工作。由于统计的各种原因，数据中存在非常态数据，包括数据异常、数据错误、数据缺失等，这些问题都会对模型的稳定性和精确度产生较大的影响。所以，运用模型预测时，必须对数据预处理。我们这里运用回归插补的方法对缺失数据进行插补。

（2）季节调整。

经济发展由于受内生变量增长、季节因素、政策等外部因素影响，会呈现波动发展的趋势。经济时间序列受多种因素的影响，一般会呈现非平稳特性，根据时间序列的构成原理，季节调整是把原始序列 Y_t 分解成趋势循环因素 Y_t^c、季节因素 Y_t^s 和不规则因素 Y_t^i 三个子序列，一般来说有四种方法。因为季节变动是在一年内完成整个循环的规则变动，季节分量主要受到季节因素的影响；不规则分量没有任何规律可循，且对预测总收入影响较小，可以忽略。所以在预测总收入前，要剔除季节因素和不规则因素。由于乘法模型更加符合经济发展的规律，我们选择乘法模型对时间序列进行分解。

（3）数据处理。

本章所使用数据来自中关村国家自主创新示范区网站、北京统计信息网和北京市商务委网站等，根据相关文献梳理，选取高新技术园区初选指标如表 5 - 1 所示，北京市相关指标如表 5 - 2 所示。整理数据的时间长度为 2011 年 1 月～2017 年 9 月，因为经济数据序列具有波动性，先对数据进行季节调整，为了得到更加稳定的数据，有利于模型的稳定性，在实际运算的过程中，对季节调整的数据进一步处理，得到各个指标的同比增长率，因而所得到相关经济指标的数据为 2012 年 1 月 ~2017 年 9 月数据同比增长率。

表 5 - 1 　　　　　　　　　　　高新技术园区初选指标

指标类型	初选指标	指标类型	初选指标
生产经营类	总收入	科技活动类指标	技术出口
	技术收入		专利申请数
	工业总产值		专利授权数
	减免税总额		科技活动人员合计
	应交所得税		技术合同成交总额
	实缴税费总额		引进国外技术经费支出
	固定资产投资额		企业用于科技活动经费
进出口类	进口总额	人力资源类指标	从业人员期末人数
	出口总额		从业人员工资总额
	进出口总额		本科及以上学历人员
财务类指标	资产总计		
	负债合计		
	银行贷款		
	利润总额		

表 5 - 2 　　　　　　　　　　　北京市相关初选指标

指标类型	初选指标
北京市相关指标	北京市进口额
	北京市出口额
	工业销售产值
	居民消费价格指数
	北京市固定总投资
	工业品出厂价格指数
	城镇居民人均可支配收入
	城镇居民人均消费性支出
	北京市社会消费品零售总额

　　我们这里预测的指标为园区总收入，所以首先要对影响总收入增长的各个因素和总收入进行预处理和季节调整。在实际处理过程中，对数据预处理的过程较为复杂，下面仅列出部分经过修正和季节调整的主要指标，并计算各个趋势循环指标的同比增长率，部分指标同比增速如表 5 - 3 所示。

表 5 - 3　　　　　　　　　　部分主要经济指标同比增长率

年月	总收入	进口总额	从业人员	从业人员工资	科技活动经费	固定资产投资额	城镇居民人均消费支出	工业品出厂价格指数
2012.01	0.12	0.17	0.12	0.17	0.18	0.52	0.11	0.00
2012.02	0.13	0.27	0.16	0.19	0.22	0.60	0.11	-0.01
2012.03	0.17	0.37	0.20	0.23	0.24	0.66	0.11	-0.01
2012.04	0.22	0.45	0.22	0.28	0.25	0.70	0.12	-0.01
2012.05	0.26	0.50	0.23	0.32	0.26	0.71	0.12	-0.02
2012.06	0.27	0.52	0.23	0.36	0.25	0.70	0.11	-0.02
2012.07	0.27	0.51	0.37	0.37	0.25	0.67	0.11	-0.03
2012.08	0.26	0.49	0.24	0.38	0.27	0.62	0.11	-0.03
2012.09	0.26	0.48	0.25	0.38	0.28	0.54	0.11	-0.04
2012.10	0.27	0.48	0.26	0.37	0.28	0.46	0.11	-0.04
2012.11	0.28	0.48	0.25	0.37	0.26	0.38	0.11	-0.04
2012.12	0.29	0.46	0.24	0.35	0.23	0.33	0.12	-0.04
2013.01	0.28	0.41	0.22	0.34	0.22	0.30	0.13	-0.04
2013.02	0.26	0.33	0.22	0.32	0.22	0.29	0.13	-0.03
2013.03	0.23	0.24	0.23	0.31	0.24	0.29	0.13	-0.03
2013.04	0.21	0.14	0.25	0.29	0.25	0.34	0.12	-0.03
2013.05	0.21	0.07	0.25	0.29	0.43	0.43	0.11	-0.03
2013.06	0.21	0.02	0.25	0.28	0.26	0.55	0.11	-0.03
2013.07	0.23	-0.01	0.24	0.28	0.27	0.66	0.11	-0.02
2013.08	0.24	-0.01	0.23	0.27	0.27	0.73	0.10	-0.02
2013.09	0.24	0.00	0.21	0.27	0.27	0.75	0.10	-0.02
2013.10	0.23	0.02	0.20	0.26	0.26	0.69	0.10	-0.01
2013.11	0.23	0.02	0.18	0.24	0.26	0.56	0.09	-0.01

续表

年月	总收入	进口总额	从业人员	从业人员工资	科技活动经费	固定资产投资额	城镇居民人均消费支出	工业品出厂价格指数
2013.12	0.23	0.02	0.17	0.21	0.25	0.40	0.08	0.00
2014.01	0.22	0.02	0.15	0.17	0.22	0.25	0.07	0.00
2014.02	0.21	0.02	0.11	0.13	0.18	0.14	0.07	0.01
2014.03	0.19	0.04	0.06	0.09	0.13	0.06	0.07	0.02
2014.04	0.17	0.09	0.03	0.05	0.11	-0.01	0.08	0.02
2014.05	0.15	0.15	0.02	0.03	0.10	-0.07	0.08	0.02
2014.06	0.15	0.22	0.02	0.02	0.10	-0.11	0.09	0.02
2014.07	0.15	0.28	0.03	0.02	0.10	-0.14	0.08	0.02
2014.08	0.16	0.29	0.03	0.02	0.09	-0.16	0.08	0.02
2014.09	0.17	0.27	0.03	0.03	0.08	-0.15	0.08	0.02
2014.10	0.18	0.21	0.04	0.04	0.09	-0.13	0.09	0.02
2014.11	0.19	0.14	0.05	0.05	0.12	-0.09	0.12	0.02
2014.12	0.19	0.06	0.06	0.06	0.16	-0.03	0.16	0.01
2015.01	0.18	-0.01	0.06	0.07	0.18	0.01	0.19	0.00
2015.02	0.17	-0.06	0.07	0.07	0.18	0.03	0.22	-0.01
2015.03	0.16	-0.10	0.06	0.07	0.17	0.03	0.24	-0.01
2015.04	0.13	-0.13	0.06	0.06	0.15	0.02	0.25	-0.01
2015.05	0.11	-0.14	0.05	0.06	0.14	0.01	0.26	-0.02
2015.06	0.10	-0.16	0.05	0.05	0.14	0.00	0.27	-0.02
2015.07	0.10	-0.16	0.05	0.05	0.15	0.00	0.28	-0.02
2015.08	0.11	-0.16	0.07	0.06	0.16	0.00	0.30	-0.02
2015.09	0.11	-0.14	0.08	0.07	0.18	0.02	0.30	-0.02

5.1.1.2 数据相关性判断

（1）R 聚类分析。

R 聚类分析法根据变量之间的亲疏关系把变量划分为不同的类别，能够很客观地表示分类对象之间的差别和联系。在对总收入预测时，我们会尽可能多地收集影响总收入增长的因素，但是这些影响总收入增长的变量之间可能存在一定的相关性，会造成多重共线性的问题。所以，在对高新技术园区总收入预测时，可以借助 R 聚类分析，将影响总收的增长的因素聚合成若干类，选出影响总收入增长的主要因素。

图 5 - 1 为生产经营类相关指标的聚类图。1 - 7 分别代表总收入、工业总产值、技术收入、固定资产投资额、实缴税费总额、减免税总额、应交所得税。其中，总收入和固定资产投资额、工业总产值和技术收入、实缴税费总额和应交所得税分别先聚类。表明总收入和固定资产投资额、工业总产值和技术收入、实缴税费总额和应交所得税两者相似性高，会存在多重共线性的关系，剔除指标技术收入。

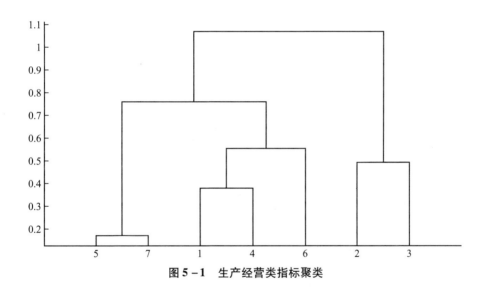

图 5 - 1 生产经营类指标聚类

应用同样的方法，依次对进出口类指标聚类，删除指标进出口总额；对科技活动类指标聚类，删除指标技术合同成交总额；对财务类指标聚类，删除指标负债合计；对人力资源类指标聚类，删除指标本科及以上学历人员；对北京市相关指标聚类，删除指标工业销售产值、进口额。对生产类指标、进口类、科技活动类指标、财务类指标、人力资源类指标、北京市相关指标聚类后结果如表 5 - 4 所示。

表 5 - 4   聚类后初选指标

指标类型	初选指标	指标类型	初选指标
生产经营类指标	总收入	科技活动类指标	技术出口
	减免税总额		专利申请数
	应交所得税		专利授权数
	工业总产值		科技活动人员合计
	实缴税费总额		企业用于科技活动经费
	固定资产投资额		引进国外技术经费支出
进出口类指标	进口总额	人力资源类指标	从业人员期末人数
	出口总额		从业人员工资总额
北京市相关指标	北京市出口额	财务类指标	资产总计
	居民消费价格指数		银行贷款
	北京市固定总投资		利润总额
	工业品出厂价格指数		
	城镇居民人均可支配收入		
	城镇居民人均消费性支出		
	北京市社会消费品零售总额		

（2）灰色关联度分析。

灰色关联度分析法可以判断因变量和自变量的相关性。其相关系数的大小说明两者发展的趋向相似程度的高低或两者动态相关联水平的高低。通过灰色关联分析可以进一步选取对高新技术园区总收入增长贡献较为显著的因素。首先，消除量纲。其次，计算关联系数。最后，计算灰色关联度。

各指标与总收入之间的灰色关联度如表 5 - 5 所示。设定灰色关联度的阈值为 0.7，灰色关联度小于 0.7 说明这些指标与总收入相关性较小，对总收入增长影响不明显，删除城镇居民人均可支配收入、居民消费价格指数指标。

表 5 - 5   初选指标与总收入的灰色关联度

初选指标	灰色关联度	初选指标	灰色关联度
资产总计	0.93	从业人员期末人数	0.92
银行贷款	0.89	从业人员工资总额	0.92

初选指标	灰色关联度	初选指标	灰色关联度
利润总额	0.79	科技活动人员合计	0.94
进口总额	0.87	企业用于科技活动经费	0.92
出口总额	0.77	引进国外技术经费支出	0.87
技术出口	0.88	北京市出口额	0.82
专利申请数	0.91	北京市固定总投资	0.9
专利授权数	0.74	居民消费价格指数	0.69
工业总产值	0.97	工业品出厂价格指数	0.77
减免税总额	0.91	城镇居民人均可支配收入	0.68
应交所得税	0.78	城镇居民人均消费性支出	0.88
实缴税费总额	0.84	北京市社会消费品零售总额	0.91
固定资产投资额	0.86		

5.1.1.3　景气指标的选择方法

本章主要对首都高新技术园区总收入预测，所以选择总收入为基准指标，运用时差相关分析法、峰谷对应法确定筛选后的指标相对基准指标的先行滞后关系，由于在后续的神经网络预测模型中需要先行指标作为输入层，因此，在这里我们重点进行先行指标的判断。

为了确定与总收入相关的经济指标之间的同步、滞后、先行之间的关系，采用峰谷对应法，结果如图 5 - 2 ~ 图 5 - 26 所示。图中实线表示高新技术园区总收入为基准指标，虚线为影响总收入增长的因素为被选指标。

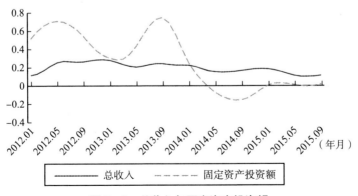

图 5 - 2　总收入与固定资产投资额

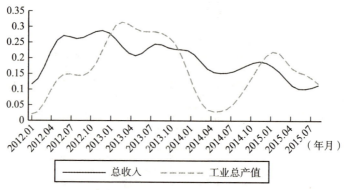

图 5 - 3　总收入与工业总产值

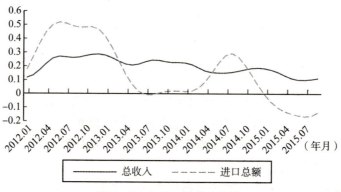

图 5 - 4　总收入与进口总额

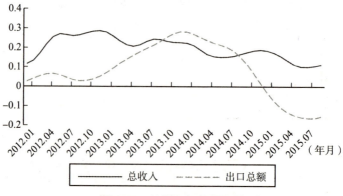

图 5 - 5　总收入与出口总额

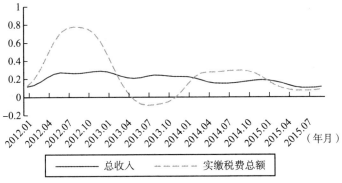

图 5－6　总收入与实缴税费总额

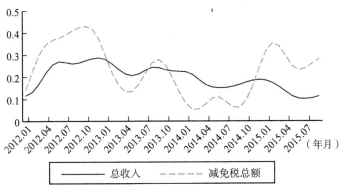

图 5－7　总收入与减免税总额

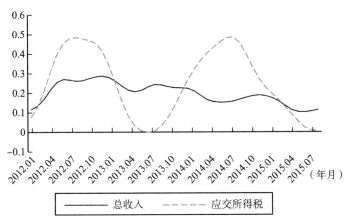

图 5－8　总收入与应交所得税

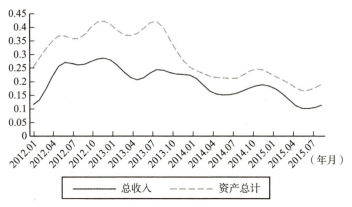

图 5 – 9　总收入与资产总计

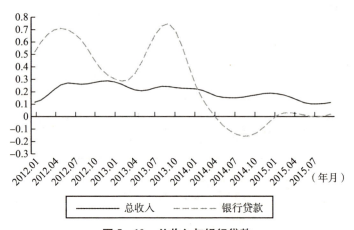

图 5 – 10　总收入与银行贷款

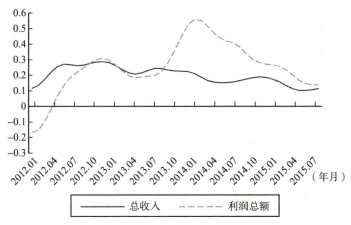

图 5 – 11　总收入与利润总额

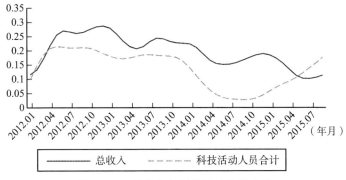

图 5 - 12 总收入与科技活动人员合计

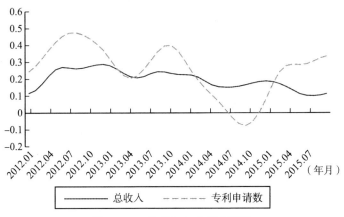

图 5 - 13 总收入与专利申请数

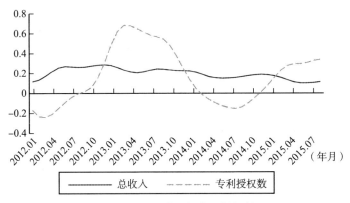

图 5 - 14 总收入与专利授权数

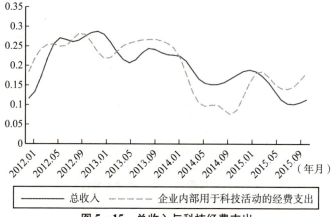

图 5 – 15　总收入与科技经费支出

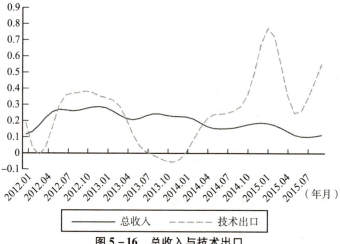

图 5 – 16　总收入与技术出口

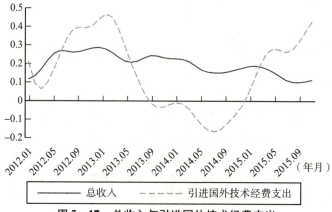

图 5 – 17　总收入与引进国外技术经费支出

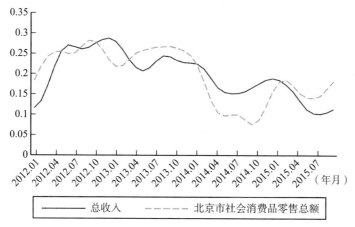

图 5 - 18　总收入与社会消费品零售总额

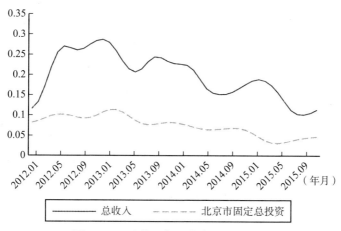

图 5 - 19　总收入与北京市固定总投资

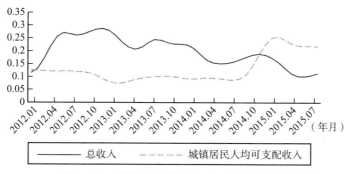

图 5 - 20　总收入与城镇居民人均可支配收入

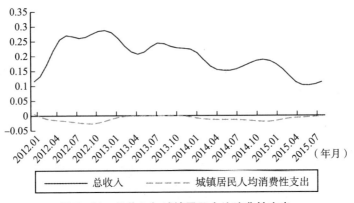

图 5-21　总收入与城镇居民人均消费性支出

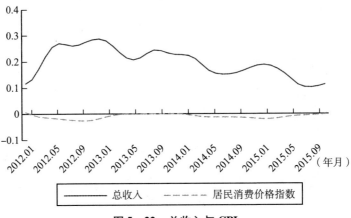

图 5-22　总收入与 CPI

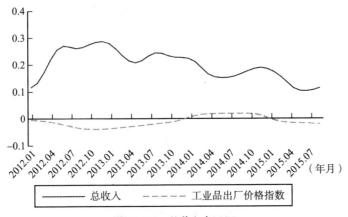

图 5-23　总收入与 PPI

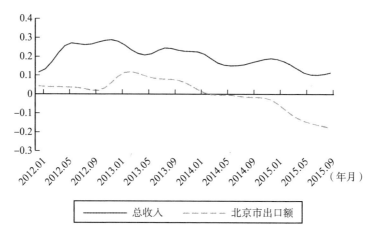

图 5 – 24　总收入与北京市出口额

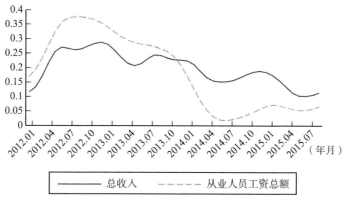

图 5 – 25　总收入与从业人员工资总额

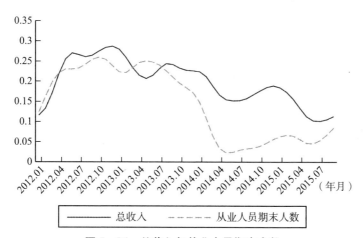

图 5 – 26　总收入与从业人员期末人数

综合运用时差相关分析法、峰谷对应法确定与总收入具有先行关系的指标，如表5－6所示。

表5－6　　　　　　　　　　与总收入具有先行关系的指标

先行指标	先行期数
进口总额	－ 28
资产总计	－ 29
专利申请数	－ 31
减免税总额	－ 30
北京市出口额	－ 34
固定资产投资额	－ 30
从业人员期末人数	－ 27
从业人员工资总额	－ 36
北京市固定总投资	－ 33
科技活动人员合计	－ 28
工业品出厂价格指数	－ 30
引进国外技术经费支出	－ 36
企业用于科技活动的经费	－ 28
城镇居民人均消费性支出	－ 30
北京市社会消费品零售总额	－ 34

由表5－6可知，从业人员工资总额、引进国外技术经费支出相对总收入先行期数最大，为36期；从业人员期末人数相对总收入先行期数最小，为27期。采用基于神经网络的景气预测模型对总收入进行预测，而最大预测期数由先行指标的最小先行期数决定，分析可知，对首都高新技术园区的最大预测期数为27期。

5.1.2　基于神经网络的景气预测模型构建

5.1.2.1　基于 BP 神经网络的景气预测模型

（1）BP 神经网络结构。

BP 神经网络是一种多层前馈型神经网络，具有输入层、隐含层、输出层三层的网络结构，如图 5 - 27 所示。该模型输入层由输入样本决定，隐含层经常采用 Sigmoid 函数，输出层函数一般采用线性 Purelin 函数，也可以根据实际问题的需要选择输出层函数。输入层到隐含层、隐含层到输出层采用全连接方式，同一层神经元之间彼此不连接。主要缺点：收敛速度慢、存在局部最优值、隐含层的层数和神经元的个数没有理论依据，一般通过反复实验得到。

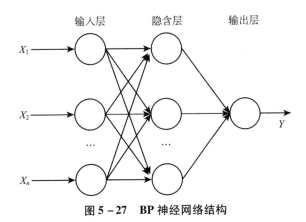

图 5 - 27　BP 神经网络结构

（2）BP 神经网络算法。

BP 神经网络算法主要由信号的正向传播与误差的逆向传播两个过程构成。正向传播是信号经由输入层到隐含层、隐含层到输出层的正向传递，误差的逆向传播是真实值与期望值的不同，根据两者之间的误差来逐层调整权值和阈值。

输入层到隐含层的函数为 Sigmoid 函数，隐含层到输出层的函数为线性 Purelin。

$$f(x) = \frac{1}{1 + e^{-u}} \qquad (5 - 1)$$

$$y = a \times x + b \tag{5-2}$$

（3）基于 BP 神经网络的景气预测模型构建。

前面筛选出的先行指标共有 15 个，这些先行指标作为 BP 神经网络模型的输入层，总收入作为输出层，建立基于 BP 神经网络的景气预测模型如图 5-28 所示。

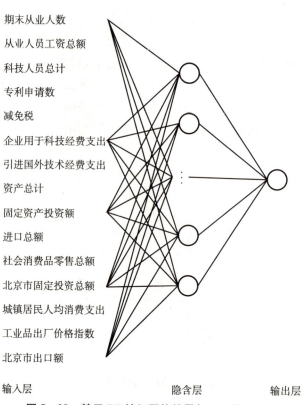

期末从业人数
从业人员工资总额
科技人员总计
专利申请数
减免税
企业用于科技经费支出
引进国外技术经费支出
资产总计
固定资产投资额
进口总额
社会消费品零售总额
北京市固定投资总额
城镇居民人均消费支出
工业品出厂价格指数
北京市出口额

输入层　　　　　　　　　隐含层　　　　　输出层

图 5 - 28　基于 BP 神经网络的景气预测模型结构

5.1.2.2　基于广义回归神经网络的景气预测模型

（1）广义回归神经网络结构。

广义回归神经网络一种基于非线性回归理论的前向式神经网络，具有输入层、模式层、求和层、输出层四层的网络结构，如图 5-29 所示。广义回归神经网络通过调整平滑参数使模型达到最优。优缺点为非线性映射能力强、样本数据需要量少、初始化参数少、收敛速度快、计算量小，但难以确定最佳光滑参数。

（2）广义回归神经网络算法。

网络输入为 $X = [x_1, x_2, \cdots, x_m]^T$，其输出为 $Y = [y_1, y_2, \cdots, y_m]^T$。

输入层。输入层神经元数目由输入向量的维数所决定。

模式层。模式层神经元数目由输入向量的数目所决定。其函数为：

$$P_i(x) = \exp\left[-\frac{(X - X_i)^T (X - X_i)}{2\sigma^2} \right] \quad i = 1, 2, \cdots, m \qquad (5-3)$$

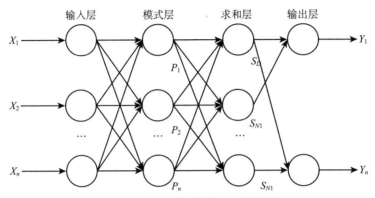

图 5 - 29　广义回归神经网络结构

求和层。求和层中包含两类神经元，分别对模式层的输出值求和。一种是直接对所有模式层输出值直接求和如式（5 - 4）所示；另一种是对模式层输出值加权求和如式（5 - 5）所示。

$$S_D = \sum_{i=1}^{n} P_i \qquad (5-4)$$

$$S_{Nj} = \sum_{i=1}^{n} y_{ij} P_{ij} \, j = 1, 2, \cdots, k \qquad (5-5)$$

输出层。输出层神经元数目由输出向量的维数所决定。各神经元将求和层的输出相除如式（5 - 6）所示。

$$y_i = \frac{S_{Nj}}{S_D} i = 1, 2, \cdots, k \qquad (5-6)$$

（3）基于广义回归神经网络的景气预测模型构建。

将 15 个先行指标作为广义回归神经网络模型的输入层，总收入作为输出层，建立基于广义回归神经网络的景气预测模型如图 5 - 30 所示。

期末从业人数
从业人员工资总额
科技人员总计
专利申请数
减免税
企业用于科技经费支出
引进国外技术经费支出
资产总计
固定资产投资额
进口总额
社会消费品零售总额
北京市固定投资总额
城镇居民人均消费支出
工业品出厂价格指数
北京市出口额

输入层　　　　　　　　　　模式层　　　　　求和层　　　　　输出层

图 5 - 30　基于广义回归神经网络的景气预测模型结构

5.1.3　基于神经网络景气预测模型的园区经济预测

5.1.3.1　模型预测步骤

基于神经网络景气预测模型的预测步骤主要有五步，包括数据的预处理、先行期数的确定、预测总收入的同比增速、预测季节因子、预测总收入等。

（1）数据的预处理。

首先，所获得的数据由于统计制度变化、统计错误、节日假期等原因，需要对数据进行插补和修正；其次，考虑到季节因素对数据平稳性和预测精度的影响，需要对先行指标和基准指标进行季节调整；最后，计算调整后数据的同比增速。

设 Y_t 为园区总收入，Y_{tc} 为趋势循环因素，Y_s 为季节因子，Y_i 为不规则因素，则有：

$$Y_t = Y_{tc} \times Y_s \times Y_i \qquad (5-7)$$

（2）确定先行期数。

运用景气预测方法确定被选指标相对基准指标的先行期数，先行指标的最小预测期数决定了预测总收入的预测期数。

（3）预测季节调整后总收入同比增速。

运用季节调整后先行指标的同比增速作为模型的输入层，Y_{tc} 的同比增速作为输出层，预测 Y_{tc} 的同比增速，继而可求出 Y_{tc} 的预测值 Y'_{tc}。

（4）预测季节因子。

用 HW 无季节模型预测不同月份下一期的季节因子 Y'_s。由于 Y_i 是不规则因素，无规律可循，对总收入预测影响较小，可忽略不计。

（5）预测总收入。

结合以上步骤计算的 Y'_{tc} 和 Y'_s，计算总收入预测值 $Y'_t = Y'_{tc} \times Y'_s$。

可以看出上述模型预测流程是相互联系的过程，数据的预处理为数据的稳定性提供基础，先行指标确定了预测的最大期数，预测季节调整后总收入趋势循环因素同比增速是预测模型的核心，预测季节因子是预测结果不可或缺的一部分，两部分预测结果共同组成了总收入预测值。

5.1.3.2　模型拟合分析

（1）基于 BP 神经网络的景气预测模型。

计算各指标的同比增速，时间长度为 2012 年 1 月 ~ 2017 年 9 月。其中，2012 年 1 月 ~ 2015 年 8 月的数据为训练集，2015 年 9 月 ~ 2017 年 9 月的数据为测试集。

第一，先行指标和预测指标的预处理。

对季节调整后的指标的同比增速进行归一化处理，将数据化为 [-1, 1] 之间，处理过程如下：

$$y(k) = \frac{x(k) - \min x(k)}{\max x(k) - \min x(k)} \tag{5-8}$$

式（5-8）中，$x(k)$ 为原始数据，$\min x(k)$ 为原始数据最小值，$\max x(k)$ 为原始数据最大值，$y(k)$ 为变换后的数据。

第二，神经元个数确定。

由于作为输入信号的先行指标有 15 个，所以该层神经元个数为 15。同理，作为模型的输出信号的指标只有总收入，所以该层神经元个数为 1。隐含层的神经元个数需要通过不断实验获取。

由图 5-31 可知，均方误差随隐含层神经元个数变化呈波动变化，当隐含层的神经元为 14 个时，均方误差达到最大值，说明此时模型的拟合效果最差，对未来结果预测精度最低。而当隐含层的神经元为 5 个时，均方误差最小，说明此时模型的拟合程度达到最优，模型对未来结果的预测精度最高。所以隐含层神经元个数为 5。

第三，BP 神经网络 Matlab 主要代码实现。

net = newff(PR，[S1，S2，S3…SN1]，{TF1，TF2…TFN}，BTF，BLF，PF)

第四，训练模拟结果。

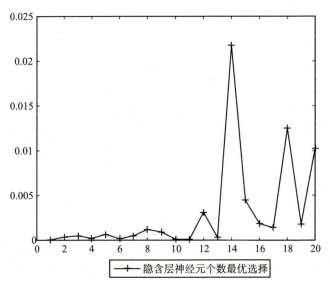

图 5 - 31　均方误差随隐含层神经元个数变化曲线

总收入趋势循环因素同比增速拟合值和总收入趋势循环因素同比增速实际值由图 5 - 32 表示，为了更方便地表示图形，用序号表示月份，即是序号 1 ~ 25 对应 2015 年 9 月 ~ 2017 年 9 月，其中横坐标表示序号，纵坐标表示总收入趋势循环因素同比增速。总收入趋势循环因素同比增速实际值用"×"表示，总收入趋势循环因素同比增速拟合值用"*"表示。

在图 5 - 32 中，分析拟合值和实际值的趋势可知，从 2015 年 9 月 ~ 2016 年 6 月，基于 BP 神经网络的景气预测趋势循环同比增速拟合值与实际总收入循环走势图基本一致；2016 年 7 月 ~ 2017 年 9 月，该模型拟合值与实际值吻合程度有一定的误差，在可接受范围之内。

（2）基于广义回归神经网络的景气预测模型。

第一，先行指标和预测指标的预处理。

先行指标和预测指标的预处理过程和 BP 神经网络的预处理过程一样，不做详细介绍。

第二，平滑参数的确定。

该网络的预测精度主要受到平滑参数的影响，而该参数需要通过反复实验来获得。

根据训练值和拟合值的均方误差的最小值来确定 Spread，由图 5 - 33 可知，均方误差随 Spread 呈现递增的趋势。在 Spread 为 1 时，均方误差达到最大，说明模型预测效果最差。当 Spread 为 0.05 时，均方误差最小，此时模型的训练结果达到最优，拟合程度最好，能够对未来结果预测可靠。

第三，广义回归神经网络 Matlab 主要代码实现。

$$net = newgrnn(P, T, spread)$$

第四，训练模拟结果。

总收入趋势循环因素同比增速拟合值和总收入趋势循环增速实际值由图 5 - 34 表示，为了更方便地表示图形，用序号表示月份，即是序号 1 ~ 25 对应 2015 年 9 月 ~ 2017 年 9 月，其中横坐标表示序号，纵坐标表示总收入趋势循环因素同比增速。总收入趋势循环因素同比增速实际值用"×"表示，总收入趋势循环因素同比增速拟合值用"＊"表示。

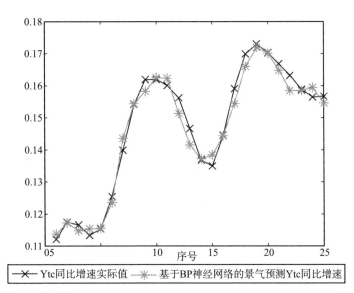

图 5 - 32　基于 BP 神经网络的景气预测趋势循环增速仿真拟合

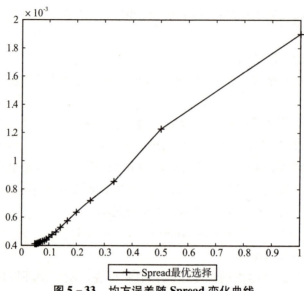

图 5 - 33   均方误差随 Spread 变化曲线

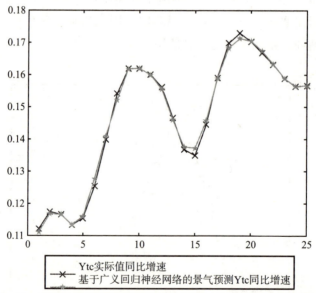

图 5 - 34   基于广义回归神经网络的景气预测趋势循环增速仿真拟合

在图 5 - 34 中，分析拟合值和实际值的趋势可知，从 2015 年 9 月 ~ 2017 年 9 月，基于广义回归神经网络的景气预测趋势循环增速拟合值与实际值吻合程度很高，该模型的预测精度高，未来预测结果可靠。

5.1.3.3　不同景气预测模型拟合结果对比分析

两种预测模型的预测结果如表 5 - 7 所示。

表 5 - 7　　　　　　基于神经网络的景气总收入拟合相对误差

序号	年月	实际值（亿元）	基于 BP 神经网络的景气预测模型		基于广义回归神经网络的景气预测模型	
			预测值（亿元）	相对误差（％）	预测值（亿元）	相对误差（％）
1	2015.09	25205.6	25117.5	- 0.35	25058.8	- 0.58
2	2015.10	28365.6	28348.8	- 0.06	28341.0	- 0.09
3	2015.11	32792.1	32147.9	- 1.96	32198.2	- 1.81
4	2015.12	40809.4	40019.1	- 1.94	39950.8	- 2.10
5	2016.01	2721.9	2723.3	0.05	2724.6	0.10
6	2016.02	5035.6	5023.5	- 0.24	5041.7	0.12
7	2016.03	8326.6	8319.6	- 0.08	8301.1	- 0.31
8	2016.04	11179.8	11165.8	- 0.13	11144.6	- 0.31
9	2016.05	14154.7	14137.5	- 0.12	14181.1	0.19
10	2016.06	18351.5	18374.1	0.12	18365.9	0.08
11	2016.07	21427.6	21437.2	0.04	21394.7	- 0.15
12	2016.08	24888.5	24615.0	- 1.10	24706.2	- 0.73
13	2016.09	28810.1	28651.8	- 0.55	28763.8	- 0.16
14	2016.10	32463.1	32224.4	- 0.74	32239.7	- 0.69
15	2016.11	37015.7	36612.1	- 1.09	36574.3	- 1.19
16	2016.12	46047.6	45723.1	- 0.70	45780.6	- 0.58
17	2017.01	3319.6	3149.5	- 5.12	3161.6	- 4.76
18	2017.02	5917.6	5903.3	- 0.24	5914.8	- 0.05
19	2017.03	9802.9	9732.8	- 0.72	9728.2	- 0.76
20	2017.04	12945.0	12999.0	0.42	13003.3	0.45
21	2017.05	16468.2	16428.9	- 0.24	16463.8	- 0.03
22	2017.06	21422.5	21230.3	- 0.90	21319.3	- 0.48
23	2017.07	24911.3	24780.5	- 0.53	24789.1	- 0.49
24	2017.08	28610.6	28675.0	0.23	28602.9	- 0.03
25	2017.09	33173.4	33284.3	0.33	33343.7	0.51

从表5-7可以看出，基于BP神经网络的景气预测模型对总收入拟合的相对误差均小于5.2%，最大相对误差是5.1%，实际值和拟合值相差不超过180亿元，最小相对误差是接近0，说明实际值和拟合值几乎接近；基于广义回归神经网络的景气预测模型对总收入拟合的相对误差均小于5%，最大相对误差是4.8%，实际值和拟合值相差不超过160亿元，最小相对误差为0.1%，实际值和拟合值相差不超过8亿元，拟合结果精度也比较高。总的来说，这两种基于神经网络的景气预测模型总收入拟合值基本与实际值完全重合，实际值和拟合值的相对误差均在5%以内，说明模型拟合精度很高，对未来的预测结果值得信赖，对未来结果的预测有很高的参考价值。

5.1.4　基于神经网络的景气预测模型预测分析

5.1.4.1　基于神经网络的景气预测模型预测结果评价

为了确定这两种预测模型的预测精度的高低，选取 $MAPE$、$RMSE$、$MSPE$ 作为模型的评价标准，其中，x_i 为 i 时间的实际值，$\hat{x}_i$ 为 i 时间的预测值，各模型预测精度评价结果如表5-8。

表5-8　　　　　　　　　　各模型评价指标

预测模型	MAPE	RMSE	MSPE
BP神经网络自回归模型	0.75%	107.6	0.0031
广义回归神经网络自回归模型	4.22%	932.8	0.0091
基于BP神经网络的景气预测模型	0.72%	251.6	0.0025
基于广义回归神经网络的景气预测模型	0.67%	249.5	0.0024

（1）平均相对误差绝对值公式：

$$MAPE = \frac{1}{n} \sum_{i=1}^{n} |(x_i - \hat{x}_i)/x_i| \qquad (5-9)$$

（2）均方根误差：

$$RMSE = \sqrt{\frac{1}{n} \sum_{i=1}^{n} (x_i - \hat{x}_i)^2} \qquad (5-10)$$

（3）均方百分比误差：

$$MSPE = \frac{1}{n} \sqrt{\sum_{i=1}^{n} \left[(x_i - \hat{x}_i)/x_i \right]^2} \qquad (5-11)$$

由表 5 - 8 可知，基于神经网络的景气预测模型的相对误差均小于神经网络自回归预测模型的相对误差，说明改进后的模型精度都有所提高。就两种基于神经网络的景气预测模型精度而言，基于 BP 神经网络的景气预测模型 < 基于广义回归神经网络的景气预测模型，因此，基于广义回归神经网络的景气预测模型的预测更具有参考价值。

5.1.4.2　基于神经网络的景气预测模型预测结果

采用上述两种神经网络的景气预测模型对 2017 年 10 月 ~ 2018 年 6 月首都高新技术园区总收入进行预测，预测结果如表 5 - 9 所示。

表 5 - 9　　　　　　基于神经网络景气预测模型的总收入预测值　　　　　单位：亿元

年月	基于 BP 神经网络的景气预测模型	基于广义回归神经网络的景气预测模型	算数平均后的组合预测值
2017. 10	37238. 8	37231. 4	37235. 1
2017. 11	42812. 6	42138. 9	42475. 8
2017. 12	54611. 1	52838. 6	53724. 9
2018. 01	3793. 0	3657. 8	3725. 4
2018. 02	6991. 6	6838. 5	6915. 1
2018. 03	11295. 1	11260. 0	11277. 1
2018. 04	14920. 7	15016. 1	14968. 4
2018. 05	18918. 0	19053. 4	18985. 7
2018. 06	24452. 7	24652. 7	24552. 7

5.2　基于 IOWA 算子的多参数指数平滑模型组合预测

前文所述神经网络预测方法为单模型预测，为了提高预测精度，下面我们在三种多参数指数平滑模型（Holter - Winter 无季节模型、Holter - Winter 季节加法模型、Holter - Winter 季节乘法模型）预测的基础上，分别构建以误差平方和最小、绝对误差绝对值之和最小为准则的 IOWA 组合预测模型，通过求解数学规划模型给出两准则下的 IOWA 组合预测最优权系数，进一步对首都高新技术园区总收入进行预测。

5.2.1 多参数指数平滑模型介绍

（1）Holter – Winter（HW）无季节模型。

HW 无季节模型主要有两个平滑系数 α、β，取值范围：$(0 \leqslant \alpha, \beta \leqslant 1)$，预测模型为：

$$\hat{Y}_{t+k} = a_t + b_t k \quad （对任意的 k \geqslant 1） \tag{5–12}$$

式中，

$$a_t = \alpha Y_t + (1 - \alpha)(a_{t-1} - b_{t-1}) \tag{5–13}$$
$$b_t = \beta(a_t - a_{t-1}) + (1 - \beta)b_{t-1} \tag{5–14}$$

如果 $t = T$（最后一期），预测模型为：

$$\hat{Y}_{T+k} = a_T + b_T k \quad （对任意的 k \geqslant 1） \tag{5–15}$$

式中，a_T 是截距，b_T 是斜率。

（2）Holter – Winter（HW）季节加法模型。

HW 季节加法模型主要有三个平滑系数 α、β 和 γ，取值范围：$(0 \leqslant \alpha, \beta, \gamma \leqslant 1)$，预测模型为：

$$\hat{Y}_{t+k} = a_t + b_t k + c_{t-s+k} \quad （对任意的 k \geqslant 1） \tag{5–16}$$

式中，

$$a_t = \alpha(Y_t - c_{t-s}) + (1 - \alpha)(a_{t-1} - b_{t-1}) \tag{5–17}$$
$$b_t = \beta(a_t - a_{t-1}) + (1 - \beta)b_{t-1} \tag{5–18}$$
$$c_t = \gamma(Y_t - a_{t-1} - b_{t-1}) + (1 - \gamma)c_{t-s} \tag{5–19}$$

其中，s 是季节周期长度，月度数据，周期为 12 个月，即 $s = 12$；季度数据，周期为 4 个季度，即 $s = 4$。

如果 $t = T$（最后一期），预测模型为：

$$\hat{Y}_{T+k} = a_T + b_T k + c_{T-s+k} \quad （对任意的 k \geqslant 1） \tag{5–20}$$

式中，a_T 是截距，b_T 是斜率，c_T 是季节因子（季节指数）。可以看出他们都是通过平滑得到的。

（3）Holter – Winter（HW）季节乘法模型。

HW 季节乘法模型主要有三个平滑系数 α、β 和 γ，取值范围：$(0 \leqslant \alpha, \beta, \gamma \leqslant 1)$，预测模型为：

$$\hat{Y}_{t+k} = (a_t + b_t k) c_{t-s+k} \ (\text{对任意的 } k \geqslant 1) \tag{5-21}$$

式中，

$$a_t = \alpha \frac{Y_t}{c_{t-s}} + (1-\alpha)(a_{t-1} - b_{t-1}) \tag{5-22}$$

$$b_t = \beta(a_t - a_{t-1}) + (1-\beta) b_{t-1} \tag{5-23}$$

$$c_t = \gamma \frac{Y_t}{a_t} + (1-\gamma) c_{t-s} \tag{5-24}$$

其中，s 是季节周期长度，月度数据，周期为 12 个月，即 $s=12$；季度数据，周期为 4 个季度，即 $s=4$。

如果 $t=T$（最后一期），预测模型为：

$$\hat{Y}_{T+k} = (a_T + b_T k) c_{T-s+k} \ (\text{对任意的 } k \geqslant 1) \tag{5-25}$$

式中，a_T 是截距，b_T 是斜率，c_T 是季节因子（季节指数）。

5.2.2　基于 IOWA 算子的组合预测

5.2.2.1　IOWA 算子的概念

定义 1　设 $OWA_W: R^m \rightarrow R$ 为 m 元函数，$W = (w_1, w_2, w_3, \cdots, w_m)^T$ 是 OWA_W 有关的加权向量，并且满足：

$$\sum_{i=1}^{m} w_i = 1, w_i \geqslant 0, i = 1, 2, 3, \cdots, m \tag{5-26}$$

如果：

$$OWA_W(a_1, a_2, a_3, \cdots, a_m) = \sum_{i=1}^{m} w_i b_i \tag{5-27}$$

式中，b_i 是 $a_1, a_2, a_3, \cdots, a_m$ 中按从大到小的顺序排列的第 i 个大的数，则称函数 OWA_W 是 m 维有序加权平均算子，简记为 OWA 算子。

例如，设 $w_1 = 0.3$，$w_2 = 0.4$，$w_3 = 0.2$，$w_4 = 0.1$，则由定义 1 可得：

$$OWA_w(8, 5, 7, 3) = 8 \times 0.3 + 7 \times 0.4 + 5 \times 0.2 + 3 \times 0.1 = 6.5 \tag{5-28}$$

实际上，OWA 算子是对 m 个数 $a_1, a_2, a_3, \cdots, a_m$ 按从大到小的顺序排序后的序列进行有序加权平均，系数 w_i 与 a_i 的数值无关，而仅与 a_i 的大小顺序有关。

定义 2　设 $<v_1, a_1>$，$<v_2, a_2>$，$<v_3, a_3>$，$\cdots$，$<v_n, a_m>$ 为 m 个二维数组，令：

$$IOWA_W(<v_1, a_1>, <v_2, a_2>, <v_3, a_3>, \cdots, <v_n, a_m>) = \sum_{i=1}^{m} w_i a_{v-index(i)}$$

$$(5-29)$$

则称函数 $IOWA_W$ 是由 v_1，v_2，v_3，$\cdots$，v_m 所产生的 m 维诱导有序加权平均算子，简记为 IOWA 算子，v_i 称为 a_i 的诱导值，$v-index(i)$ 是 v_1，v_2，v_3，$\cdots$，v_m 中按从大到小的顺序排列的第 i 个大的数的下标，$W = (w_1, w_2, w_3, \cdots, w_m)^T$ 是 OWA_W 有关的加权向量，满足：

$$\sum_{i=1}^{m} w_i = 1, w_i \geqslant 0, i = 1, 2, 3, \cdots, m \qquad (5-30)$$

例如，设 $<8, 3>$，$<4, 7>$，$<2, 3>$，$<6, 1>$ 为 4 个二维数组，OWA 的加权向量为

$w_1 = 0.4$，$w_2 = 0.25$，$w_3 = 0.15$，$w_4 = 0.2$，则由定义 2 可得：

$$IOWA_W(<8, 3>, <4, 7>, <2, 3>, <6, 1>) =$$
$$3 \times 0.4 + 1 \times 0.25 + 7 \times 0.15 + 3 \times 0.2 = 3.1 \qquad (5-31)$$

由此可知，IOWA 算子是对诱导值 v_1，v_2，v_3，$\cdots$，v_m 按从大到小的顺序排序后所对应的 a_1，a_2，a_3，$\cdots$，a_m 中的数进行有序加权平均，w_i 与数 a_i 的大小和位置无关，而仅与其诱导值 v_i 所在的位置有关。

5.2.2.2 组合预测模型建立

设

$$A_{it} = \begin{cases} 1 - |(x_t - x_{it})/x_t|, & (x_t - x_{it})/x_t < 1 \\ 0 & , (x_t - x_{it})/x_t \geqslant 1 \end{cases} \qquad (5-32)$$

式中，A_{it} 是第 i 种预测方法在 t 时刻的预测精度指标，显然 $A_{it} \in (0, 1)$；x_t 是某一序列的观测值，x_{it} 是第 i 种预测方法在 t 时刻的预测值，$i = 1$，2，3，$\cdots$，m；$t = 1$，2，3，$\cdots$，n。这里把预测精度 A_{it} 看成预测值 x_{it} 的诱导值，因此，第 t 时刻的 m 单项预测方法的预测精度和其对应的预测值就构成了 m 个二维数组：$<a_{1t}, x_{1t}>$，$<a_{2t}, x_{2t}>$，$<a_{3t}, x_{3t}>$，$\cdots$，$<a_{mt}, x_{mt}>$，设 $W = (w_1, w_2, w_3, \cdots, w_m)^T$ 是各种预测方法在组合预测中的 OWA 加权向量，将 m 中单项预测方法在 t 时刻的预测精度 a_{1t}，a_{2t}，a_{3t}，$\cdots$，a_{mt} 按从大到小的顺序排列，设 $a-index(it)$ 为第 i 个大的预测精度的下标，根据定义 2 有：

$$IOWA_W(<a_{1t}, x_{1t}>, <a_{2t}, x_{2t}>, \cdots, <a_{mt}, x_{mt}>) = \sum_{i=1}^{m} w_i a_{v-index(it)}$$

$$(5-33)$$

则式（5-33）称为由预测精度序列 a_{1t}, a_{2t}, a_{3t}, $\cdots$, a_{mt} 所产生的 IOWA 组合预测值。故 n 期总的组合预测误差平方和 S 和 n 期总的绝对误差绝对值之和 D 可表示如下：

$$S = \sum_{t=1}^{n} \left(x_t - \sum_{i=1}^{m} w_i x_{a-index(it)} \right)^2 \tag{5-34}$$

$$D = \sum_{t=1}^{n} \left| x_t - \sum_{i=1}^{m} w_i x_{a-index(it)} \right| \tag{5-35}$$

因此，以误差平方和最小为准则的 IOWA 组合预测模型可表示为式（5-36）：

$$\min S(W) = \sum_{t=1}^{n} \left(x_t - \sum_{i=1}^{m} w_i x_{a-index(it)} \right)^2 \tag{5-36}$$

$$\text{s. t.} \begin{cases} \sum_{i=1}^{m} w_i = 1 \\ w_i \geq 0, \ i = 1, 2, \cdots, m \end{cases}$$

以绝对误差绝对值之和最小为准则的基于 IOWA 组合预测模型可表示为式（5-37）：

$$\min D(W) = \sum_{t=1}^{n} \left| x_t - \sum_{i=1}^{m} w_i x_{a-index(it)} \right| \tag{5-37}$$

$$\text{s. t.} \begin{cases} \sum_{i=1}^{m} w_i = 1 \\ w_i \geq 0, \ i = 1, 2, \cdots, m \end{cases}$$

利用非线性规划求解上述模型可以分别得出 $w_i (i = 1, 2, \cdots, m)$ 的值，即组合预测中的 OWA 加权向量 $w_i (i = 1, 2, \cdots, m)$ 使组合预测总的误差平方和或绝对误差绝对值之和最小。

下文选用首都高新技术园区月度累计数据进行建模预测分析，缺失数据采用比例插补法补全，搜集数据时间段为 2014 年 3 月 ～2017 年 9 月，实际计算中使用的是指标的同比增长率，因此，数据同比增长率的长度为 2015 年 3 月 ～2017 年 9 月，并预测 2017 年 10 月 ～2018 年 6 月的首都高新技术园区总收入。

5.2.2.3 单项模型预测结果

根据式（5-32）计算出上述三种单项预测模型的预测值及精度，如表 5-10 所示。

表 5 – 10　　　　　　　　　　单项预测模型预测结果及其预测精度

年月	原始数据（亿元）	单项模型预测结果（亿元）			预测精度		
		HW 无季节	HW 季节加法	HW 季节乘法	HW 无季节	HW 季节加法	HW 季节乘法
2015. 03	7212. 89	7432. 23	6937. 19	7114. 13	0. 97	0. 96	0. 99
2015. 04	9669. 21	9766. 43	9508. 61	9725. 75	0. 99	0. 98	0. 99
2015. 05	12316. 97	12316. 80	12232. 92	12452. 38	1. 00	0. 99	0. 99
2015. 06	15905. 72	15843. 58	16097. 64	16262. 68	1. 00	0. 99	0. 98
2015. 07	18468. 62	18336. 55	18859. 30	18939. 55	0. 99	0. 98	0. 97
2015. 08	21374. 74	20823. 12	21579. 81	21566. 25	0. 97	0. 99	0. 99
2015. 09	25205. 63	24510. 41	25042. 42	24957. 40	0. 97	0. 99	0. 99
2015. 10	28365. 60	28606. 19	28785. 95	28647. 12	0. 99	0. 99	0. 99
2015. 11	32792. 09	31658. 13	32074. 73	32102. 35	0. 97	0. 98	0. 98
2015. 12	40809. 37	40255. 45	40173. 35	40047. 04	0. 99	0. 98	0. 98
2016. 01	2650. 29	2776. 16	2928. 14	2801. 81	0. 95	0. 90	0. 94
2016. 02	5035. 56	4736. 59	4951. 40	4927. 27	0. 94	0. 98	0. 98
2016. 03	8326. 61	8017. 84	7652. 31	7798. 01	0. 96	0. 92	0. 94
2016. 04	11179. 82	11066. 35	10300. 98	10535. 10	0. 99	0. 92	0. 94
2016. 05	14154. 69	14123. 47	13184. 07	13501. 53	1. 00	0. 93	0. 95
2016. 06	18351. 55	18128. 03	17352. 57	17674. 98	0. 99	0. 95	0. 96
2016. 07	21427. 62	21141. 15	20432. 19	20738. 68	0. 99	0. 95	0. 97
2016. 08	24888. 52	24615. 57	23984. 48	24278. 02	0. 99	0. 96	0. 98
2016. 09	28810. 11	29142. 08	28596. 23	28848. 08	0. 99	0. 99	1. 00
2016. 10	32463. 15	32177. 72	32446. 91	32533. 61	0. 99	1. 00	1. 00
2016. 11	37015. 68	37256. 60	37338. 04	37500. 47	0. 99	0. 99	0. 99
2016. 12	46047. 62	45717. 51	47055. 69	46856. 79	0. 99	0. 98	0. 98
2017. 01	2958. 80	2968. 52	3240. 75	3101. 39	1. 00	0. 90	0. 95
2017. 02	5917. 59	5579. 43	5804. 77	5733. 86	0. 94	0. 98	0. 97
2017. 03	9802. 87	9731. 95	9299. 91	9322. 42	0. 99	0. 95	0. 95
2017. 04	12945. 01	13093. 44	12567. 81	12603. 28	0. 99	0. 97	0. 97
2017. 05	16468. 22	16297. 21	15972. 03	15973. 37	0. 99	0. 97	0. 97
2017. 06	21422. 53	21237. 93	21077. 01	21000. 95	0. 99	0. 98	0. 98
2017. 07	24911. 34	24887. 74	24908. 23	24765. 55	1. 00	1. 00	0. 99
2017. 08	28610. 58	28789. 84	29234. 49	29025. 44	0. 99	0. 98	0. 99
2017. 09	33173. 39	32944. 49	34013. 35	33657. 87	0. 99	0. 97	0. 99

三种单项预测模型均取得较好的预测效果，其中，HW 季节加法模型平均预测精度 >HW 季节乘法模型平均预测精度 >HW 无季节模型平均预测精度。

5.2.2.4　IOWA 组合预测

按式（5 - 33）计算 IOWA 组合预测值，具体计算过程如下所示：

$$IOWA_W(<a_{11}, x_{11}>, <a_{21}, x_{21}>, <a_{31}, x_{31}>)$$
$$= IOWA_W(<1.00, 15.38>, <0.89, 13.76>, <0.87, 13.36>)$$
$$= 15.38w_1 + 13.76w_2 + 13.36w_3$$

同理：

$$IOWA_W(<a_{12}, x_{12}>, <a_{22}, x_{22}>, <a_{32}, x_{32}>)$$
$$= 12.54w_1 + 12.17w_2 + 15.39w_3$$
$$IOWA_W(<a_{13}, x_{13}>, <a_{23}, x_{23}>, <a_{33}, x_{33}>)$$
$$= 11.19w_1 + 11.43w_2 + 13.73w_3$$
$$IOWA_W(<a_{14}, x_{14}>, <a_{24}, x_{24}>, <a_{34}, x_{34}>)$$
$$= 10.86w_1 + 11.12w_2 + 12.16w_3$$

……

$$IOWA_W(<a_{1,25}, x_{1,25}>, <a_{2,25}, x_{2,25}>, <u_{3,25}, x_{3,25}>)$$
$$= 15.62w_1 + 20.36w_2 + 22.21w_3$$
$$IOWA_W(<a_{1,26}, x_{1,26}>, <a_{2,26}, x_{2,26}>, <a_{3,26}, x_{3,26}>)$$
$$= 16.99w_1 + 19.14w_2 + 20.01w_3$$

（1）误差平方和最小准则下的 IOWA 组合预测。

将 IOWA 组合预测值代入式（5 - 36）中，可以得出误差平方和最小准则下最优化模型：

$$\min S(w_1, w_2, w_3) = \sum_{t=1}^{26} \left[x_t - IOWA_W(<a_{1,t}, x_{1,t}>, <a_{2,t}, x_{2,t}>, <a_{3,t}, x_{3,t}>) \right]^2$$

$$\text{s. t.} \begin{cases} w_1 + w_2 + w_3 = 1 \\ w_1 \geq 0, \ w_2 \geq 0, \ w_3 \geq 0 \end{cases} \tag{5 - 38}$$

其中，$x_t (t=1, 2, \cdots, 26)$ 是序列的原始数据同比增速值，使用 EXCEL 中的规划求解，或者利用 MATLAB 最优化工具箱，可以得出误差平方和最小准则下的 IOWA 组合预测模型的最优权系数为：

$$w_1 = 0.869, \ w_2 = 0.108, \ w_3 = 0.023 \tag{5 - 39}$$

由此根据最优权系数可以计算出误差平方和最小准则下的 IOWA 的组合预测模型在各个时期的组合预测结果，如表 5 - 11 所示。

表 5 - 11　　　　　　　误差平方和最小准则下的 IOWA 的组合预测结果　　　单位：亿元

年月	原始数据	组合预测拟合值	年月	原始数据	组合预测拟合值
2015.03	7212.89	7125.76	2016.07	21427.62	21126.47
2015.04	9669.21	9727.24	2016.08	24888.52	24603.26
2015.05	12316.97	12313.74	2016.09	28810.11	28838.91
2015.06	15905.72	15852.88	2016.10	32463.15	32450.11
2015.07	18468.62	18355.67	2016.11	37015.68	37259.62
2015.08	21374.74	21566.76	2016.12	46047.62	45759.19
2015.09	25205.63	25039.34	2017.01	2958.80	2973.38
2015.10	28365.60	28607.72	2017.02	5917.59	5802.19
2015.11	32792.09	32101.38	2017.03	9802.87	9717.00
2015.12	40809.37	40252.49	2017.04	12945.01	13075.54
2016.01	2650.29	2777.10	2017.05	16468.22	16285.40
2016.02	5035.56	4950.53	2017.06	21422.53	21232.07
2016.03	8326.61	8009.82	2017.07	24911.34	24907.50
2016.04	11179.82	11046.95	2017.08	28610.58	28798.48
2016.05	14154.69	14100.76	2017.09	33173.39	32970.58
2016.06	18351.55	18111.50	—	—	—

（2）绝对误差绝对值之和最小准则下的 IOWA 组合预测。

将 IOWA 组合预测值代入式（5-37）中，可以得出误差平方和最小准则下最优化模型：

$$\min S(w_1, w_2, w_3) = \sum_{t=1}^{26} |x_t - IOWA_W(<a_{1,t}, x_{1,t}>,$$
$$<a_{2,t}, x_{2,t}>, <a_{3,t}, x_{3,t}>)|$$

$$\text{s.t.} \begin{cases} w_1 + w_2 + w_3 = 1 \\ w_1 \geq 0, \ w_2 \geq 0, \ w_3 \geq 0 \end{cases} \quad (5-40)$$

同理，可以得出绝对误差绝对值之和最小准则下的 IOWA 组合预测的最优权系数：

$$w_1 = 1, \ w_2 = 0, \ w_3 = 0 \quad (5-41)$$

得出的最优权系数表明，各个时点的组合预测值为预测精度最大者所对应的单项预测值。由此根据最优权系数可以计算出绝对误差绝对值之和最小准则下的 IOWA 的组合预测模型在各个时期的组合预测结果，如表 5 - 12 所示。

表 5 - 12　　　　绝对误差绝对值之和最小准则下的 IOWA 的组合预测结果　　单位：亿元

年月	原始数据	组合预测拟合值	年月	原始数据	组合预测拟合值
2015. 03	7212. 89	7114. 13	2016. 07	21427. 62	21141. 15
2015. 04	9669. 21	9725. 75	2016. 08	24888. 52	24615. 57
2015. 05	12316. 97	12316. 80	2016. 09	28810. 11	28848. 08
2015. 06	15905. 72	15843. 58	2016. 10	32463. 15	32446. 91
2015. 07	18468. 62	18336. 55	2016. 11	37015. 68	37256. 60
2015. 08	21374. 74	21566. 25	2016. 12	46047. 62	45717. 51
2015. 09	25205. 63	25042. 42	2017. 01	2958. 80	2968. 52
2015. 10	28365. 60	28606. 19	2017. 02	5917. 59	5804. 77
2015. 11	32792. 09	32102. 35	2017. 03	9802. 87	9731. 95
2015. 12	40809. 37	40255. 45	2017. 04	12945. 01	13093. 44
2016. 01	2650. 29	2776. 16	2017. 05	16468. 22	16297. 21
2016. 02	5035. 56	4951. 40	2017. 06	21422. 53	21237. 93
2016. 03	8326. 61	8017. 84	2017. 07	24911. 34	24908. 23
2016. 04	11179. 82	11066. 35	2017. 08	28610. 58	28789. 84
2016. 05	14154. 69	14123. 47	2017. 09	33173. 39	32944. 49
2016. 06	18351. 55	18128. 03	——	——	——

5.2.2.5　模型预测结果对比

（1）两准则下 IOWA 组合预测结果分析。

鉴于数学期望反应数据集平均取值大小，标准差反映一个数据集的离散程度，两者结合能较好地判断模型预测结果的有效性。我们分别计算两准则下模型预测精度序列的数学期望和标准差，计算公式如下所示：

$$E(A) = \sum_{t=1}^{26} Q_t A_t = \sum_{t=1}^{26} Q_t [1 - |(x_t - x_{it})/x_t|] \tag{5-42}$$

$$e(A) = \sqrt{\sum_{t=1}^{26} Q_t [A_t - E(A)^2]} = \sqrt{\sum_{t=1}^{26} Q_t [1 - |(x_t - x_{it})/x_t| - E(A)^2]} \tag{5-43}$$

其中，$E(A)$ 为预测精度序列的数学期望；$e(A)$ 为预测精度序列的标准差；Q_t 为预测精度序列的离散概率分布；A_t 为 t 时点预测精度。当对预测精度序列的离散概率分布的先验信息不确知时，可取 $Q_t = \dfrac{1}{N}$ ($t = 1, 2, 3, \cdots,$

N)，因此，$Q_t = \dfrac{1}{26}$。由计算式（5-42）和式（5-43），可以得出两准则下基

于 IOWA 组合预测模型预测精度的数学期望和标准差如表5-13所示。

表5-13　　　　　　　　　两准则下 IOWA 的组合预测精度指标

	误差平方和最小准则下	绝对误差绝对值最小准则下
数学期望 E(A)	0.9930	0.9930
标准差 e(A)	0.0213	0.0228

比较两准则下预测精度序列的数学期望和标准差结果可知，两者数学期望基本相同，而误差平方和最小准则下预测精度序列的标准差小于绝对误差绝对值最小准则下预测精度序列的标准差。因此，误差平方和最小准则下的 IOWA 组合预测模型更为有效。

（2）组合预测与各单项预测结果分析。

因此，误差平方和最小准则下预测效果整体"好于"绝对误差绝对值之和最小准则下预测效果，因此，在此基础上又具体分析了以误差平方和最小为准则建立的组合预测模型与各单项预测模型的预测结果。由表5-12中的组合预测数据，可以画出首都高新技术园区总收入同比增速和组合预测同比增速的拟合图，如图5-35所示，同时可以画出高新技术园区总收入和 IOWA 组合预测总收入的拟合图，如图5-36所示。

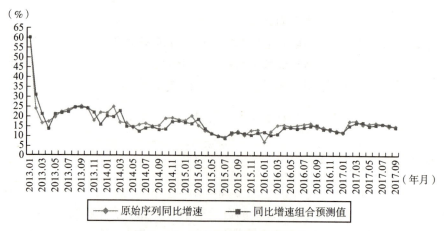

图5-35　组合预测同比增速拟合

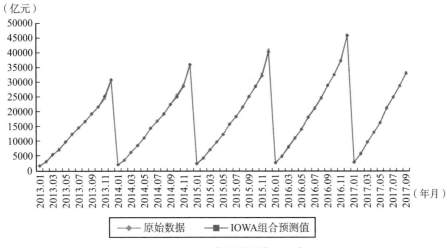

图 5 - 36　组合预测总收入拟合

由模型的计算过程可知，首都高新技术园区总收入同比增速预测值是通过
IOWA 组合预测模型计算获得，从图 5 - 35 可以看出同比增速预测值和实际值
是非常接近的。从图 5 - 36 可以看出总收入的预测值和实际值非常接近，两者
的拟合度很高。

为了更加明确地反映基于 IOWA 的组合预测模型与三种单项预测模型之间
的优劣，我们计算了各模型在观测样本各个时期的平均相对误差的绝对值，具
体的计算结果如表 5 - 14 所示。

表 5 - 14　　　　　　　　　各时期的平均相对误差绝对值　　　　　　　单位: %

年月	HW 无季节模型 相对误差	HW 加法模型 相对误差	HW 乘法模型 相对误差	IOWA 组合预测 相对误差
2015. 03	3. 04	3. 82	1. 37	1. 21
2015. 04	1. 01	1. 66	0. 58	0. 60
2015. 05	0. 00	0. 68	1. 10	0. 03
2015. 06	0. 39	1. 21	2. 24	0. 33
2015. 07	0. 72	2. 12	2. 55	0. 61
2015. 08	2. 58	0. 96	0. 90	0. 90
2015. 09	2. 76	0. 65	0. 98	0. 66
2015. 10	0. 85	1. 48	0. 99	0. 85

年月	HW 无季节模型 相对误差	HW 加法模型 相对误差	HW 乘法模型 相对误差	IOWA 组合预测 相对误差
2015.11	3.46	2.19	2.10	2.11
2015.12	1.36	1.56	1.87	1.36
2016.01	4.75	10.48	5.72	4.78
2016.02	5.94	1.67	2.15	1.69
2016.03	3.71	8.10	6.35	3.80
2016.04	1.01	7.86	5.77	1.19
2016.05	0.22	6.86	4.61	0.38
2016.06	1.22	5.44	3.69	1.31
2016.07	1.34	4.65	3.22	1.41
2016.08	1.10	3.63	2.45	1.15
2016.09	1.15	0.74	0.13	0.10
2016.10	0.88	0.05	0.22	0.04
2016.11	0.65	0.87	1.31	0.66
2016.12	0.72	2.19	1.76	0.63
2017.01	0.33	9.53	4.82	0.49
2017.02	5.71	1.91	3.10	1.95
2017.03	0.72	5.13	4.90	0.88
2017.04	1.15	2.91	2.64	1.01
2017.05	1.04	3.01	3.00	1.11
2017.06	0.86	1.61	1.97	0.89
2017.07	0.09	0.01	0.59	0.02
2017.08	0.63	2.18	1.45	0.66
2017.09	0.69	2.53	1.46	0.61

从表 5-14 中可以看出，除个别时点外，基于 IOWA 算子的组合预测模型在各个时期的相对误差绝对值大多小于三种单项预测模型，组合预测模型的平均相对误差相对于 HW 无季节模型、HW 季节加法模型和 HW 季节乘法模型分别降低 1.29%、1.91% 和 1.39%，能有效降低预测误差，达到较好预测效果。

为了更精确地反映基于 IOWA 的组合预测模型与各单项预测模型的整体预

测效果，我们同时选取 SSE、MAE、MAPE、MSE、RMSE、MSPE 等预测效果评价指标作为评价组合预测模型与各单行预测模型预测好坏的依据，其中，x_i 为 i 时间的实际值，$\hat{x}_i$ 为 i 时间的预测值。

平方和误差：

$$SSE = \sum_{i=1}^{n} (x_i - \hat{x}_i)^2 \tag{5-44}$$

平均绝对误差：

$$MAE = \frac{1}{n} \sum_{i=1}^{n} |x_i - \hat{x}_i| \tag{5-45}$$

平均相对误差绝对值：

$$MAPE = \frac{1}{n} \sum_{i=1}^{n} |(x_i - \hat{x}_i)/x_i| \tag{5-46}$$

均方误差：

$$MSE = \frac{1}{n} \sum_{i=1}^{n} (x_i - \hat{x}_i)^2 \tag{5-47}$$

均方根误差：

$$RMSE = \sqrt{\frac{1}{n} \sum_{i=1}^{n} (x_i - \hat{x}_i)^2} \tag{5-48}$$

均方百分比误差：

$$MSPE = \frac{1}{n} \sqrt{\sum_{i=1}^{n} \left[(x_i - \hat{x}_i)/x_i\right]^2} \tag{5-49}$$

通过比较评价指标体系的各项计算值，可以明显地看出基于 IOWA 组合预测相对于其他三种单项预测模型的优势。计算结果如表 5-15 所示。

表 5-15　　　　　　　　　　预测效果评价指标体系

预测效果评价指标		SSE	MAE	MAPE（%）	MSE	RMSE	MSPE（%）
单项预测模型	HW 无季节	11082985.38	317.193	2.51	194438.34	440.95	0.60
	HW 季节加法	14963781.48	379.648	3.12	262522.48	512.37	0.59
	HW 季节乘法	9890431.04	317.012	2.18	173516.33	416.55	0.50
组合预测最优权系数	$w_1 = 0.963$	3424677.36	167.06	1.22	60082.06	245.12	0.23
	$w_2 = 0.037$						
	$w_3 = 0.000$						

从表 5 – 15 计算数据来看，基于 IOWA 的组合预测模型的各项误差指标值均明显低于其他三种单项预测模型的误差计算结果，从而表明基于 IOWA 的组合预测模型要优于 HW 无季节、HW 季节加法和 HW 季节乘法单项预测模型。基于 IOWA 组合预测模型的平均预测精度相对于 HW 无季节模型、HW 季节加法模型和 HW 季节乘法模型分别提高 1.29%、1.91% 和 1.39%，模型的预测精度明显提高。

样本在未来区间 $[n+1, n+2, \cdots\cdots]$ 预测值计算公式如下所示：

$$IOWA_W(< a_{1t}, x_{1t} >, < a_{2t}, x_{2t} >, \cdots, < a_{mt}, x_{mt} >) = \sum_{i=1}^{m} w_i a_{v-index(it)}$$

$$(5 – 50)$$

其中，$t = n+1, n+2, n+3, \cdots$；$w_i (i = 1, 2, 3, \cdots, m)$ 为 IOWA 组合预测最优权系数。

IOWA 组合预测值在预测区间 $[n+1, n+2, \cdots]$ 上的诱导值，即为预测精度序列 $a_{it} (i = 1, 2, \cdots, m, t = n+1, n+2, \cdots)$。若要对未来 k 期进行预测，则预测区间上 $n+k$ 期的预测精度根据最近 k 期的拟合平均精度确定，即：

$$a_{i,n+k} = \frac{1}{k} \sum_{t=n-k+1}^{n} a_{i,t} (i = 1, 2, \cdots, m)$$

$$(5 – 51)$$

因此，可以得出首都高新技术园区 2017 年 10 月 ~2018 年 6 月的总收入预测值（见表 5 – 16）。

表 5 – 16　　　　基于 IOWA 算子的多参数指数平滑模型总预测值　　　单位：亿元

年月	HW 无季节模型预测值	HW 季节加法模型预测值	HW 季节乘法模型预测值	基于 IOWA 算子的组合预测值
2017. 10	37191. 19	38490. 83	37964. 39	37219. 48
2017. 11	42191. 82	43672. 1	43212. 9	42229. 17
2017. 12	52219. 38	55023. 1	54237. 61	52293. 17
2018. 01	3338. 181	3749. 78	3585. 877	3347. 235
2018. 02	6642. 001	7163. 246	7021. 996	6655. 892
2018. 03	10945. 99	11513. 09	11323. 7	10959. 8
2018. 04	14379. 36	15228. 75	14914. 66	14398. 93
2018. 05	18197. 33	19387. 73	18892. 81	18222. 76
2018. 06	23547. 43	25559. 7	24789. 99	23592. 85

综合神经网络加权预测结果和基于 IOWA 算子的多参数指数平滑模型总预测值，可得到 2017 年 10 月 ~2018 年 6 月首都高新技术园区总收入预测区间值（见表 5 – 17）。预计 2017 年全年，高新技术园区将实现总收入 52293.2 亿 ~53724.9 亿元，2018 年上半年将实现总收入 23592.9 亿 ~24552.7 亿元。

表 5 – 17　　2017 年 10 月 ~2018 年 6 月首都高新技术园区总收入预测值　单位：亿元

年月	基于神经网络模型的组合预测值	基于 IOWA 算子的组合预测值	总收入预测区间值
2017.10	37235.1	37219.5	37219.5 ~ 37235.1
2017.11	42475.8	42229.2	42229.2 ~ 42475.8
2017.12	53724.9	52293.2	52293.2 ~ 53724.9
2018.01	3725.4	3347.2	3347.2 ~ 3725.4
2018.02	6915.1	6655.9	6655.9 ~ 6915.1
2018.03	11277.1	10959.8	10959.8 ~ 11277.1
2018.04	14968.4	14398.9	14398.9 ~ 14968.4
2018.05	18985.7	18222.8	18222.8 ~ 18985.7
2018.06	24552.7	23592.9	23592.9 ~ 24552.7

5.3　小　　结

本章采用基于神经网络的景气预测模型，从影响高新技术园区经济增长的内部因素和外部因素筛选指标，系统构建了影响高新技术园区经济增长的指标因素，运用景气预测理论判断先行指标、同步指标、滞后指标及其相对基准指标的期数。运用景气预测判断的先行指标作为神经网络的输入层，结合神经网络非线性适应能力、自适应能力强等特点，构建了基于 BP 神经网络的景气预测模型、基于广义回归神经网络的景气预测模型两种模型。最后以中关村高新技术园区为例进行实证分析，对比分析这两种基于神经网络的景气预测模型和四种神经网络自回归预测模型，发现基于神经网络的景气预测模型均取得良好的预测效果，其中，基于广义回归神经网络的景气预测模型预测效果最佳。

进一步地，为了弥补单个模型在预测上的误差，本章在传统的单模型神经网络预测方法的基础上，提出了三种多参数指数平滑模型（Holter – Winter 无季节模型、Holter – Winter 季节加法模型、Holter – Winter 季节乘法模型）预测的基础上，分别构建以误差平方和最小、绝对误差绝对值之和最小为准则的 IOWA 组合预测模型，通过求解数学规划模型给出了两准则下的 IOWA 组合预测最优权系数，进一步对首都高新技术园区总收入进行预测。结果表明，组合预测方法精度更佳。

第6章

首都高新技术园区多源
数据经济预测研究

为了进一步提高首都高新技术园区经济预测的预测精度，打破数据时滞对预测及时性的制约，更好地为高新技术园区把握发展现状、预测发展瓶颈、制定发展战略提供数据支持，除了在模型上不断加深对高新技术园区预测的理论探讨之外，如何提高数据质量也是我们讨论预测的一个关键问题。优质的数据是一切预测的源头，从数据的分类和扩展着手，可以为高新技术园区经济预测提供新的思路。

6.1　预测指标体系构建

6.1.1　高新技术园区主要影响指标初选

从园区内部来看，影响园区的主要指标可分为投入产出类、财务指标类、人力资源类、科技创新类和进出口类五大类的指标。从园区外部来看，由于园区的发展不仅来自园区内部企业之间的相互促进，也必然会与园区外部企业产生千丝万缕的联系，园区多处地区的经济发展质量、经济规模、产业结构和制度环境等因素均会对高新技术园区的发展产生直接的影响。通过对文献的归纳和总结，我们初步选取了一些影响高新技术园区经济增长的指标作为构建预测指标体系的基础指标（见表6-1）。

表 6-1　　　　　　　　　园区内外部影响因素初选指标

指标类型	初选指标	指标类型	初选指标
生产经营类	工业总产值	财务类指标	资产总计
	其他收入		应交所得税
	产品销售收入		利润总额
	商品销售收入		实缴税费总额
	固定资产投资额	人力资源类	从业人员期末人数
	软件产品销售收入		留学归国人员
进出口类指标	进出口总额		本科及以上学历人员
	技术或服务出口总额	北京市相关指标	GDP
	出口总额		办公楼施工面积
科技活动类指标	科技活动人员合计		从业人员人数
	技术合同成交总额		全社会固定资产投资
	专利申请数		专利申请数
	发明专利授权数		居民消费价格指数
	企业内部用于科技活动经费		工业增加值累计同比增速
	来自政府部门的科技资金		办公楼竣工面积
	新产品销售收入		社会消费品零售总额
	新产品产值		R&D经费内部支出合计
	技术收入		

6.1.2　园区内部指标体系构建

本章初步选取了园区内部影响总收入的指标共25项，分别计算这些指标与总收入的相关系数，并运用系统聚类分析的方法对25项指标进行分类，得到分类的树状图如图6-1所示。

通过观察图6-1，可以发现，运用组之间链接的聚类方法，园区内部指标可以被分为五组。第一组为生产经营指标，主要描述了园区的生产和经营情况；第二组为创投指标，描述了园区的创新、投资及进出口情况；第三组为园区的总资产；第四组为人力指标，反映了园区的人力资源状况；第五组为创产指标，反映了园区的创新产出情况。然后，我们针对除总资产外的四类指标分别提取主成分，第一组抽取了一个主成分，反映了原数据97.1%的信息；第二组抽取了一个主成分，代表了原数据 95.55% 的信息；第四组抽取了两个主成分，代表了原数据 98.55% 的信息；第五组抽取了一个主成分，代表了原数据 77.77% 的信息。得到的各组的陡坡图如图 6-2 所示。

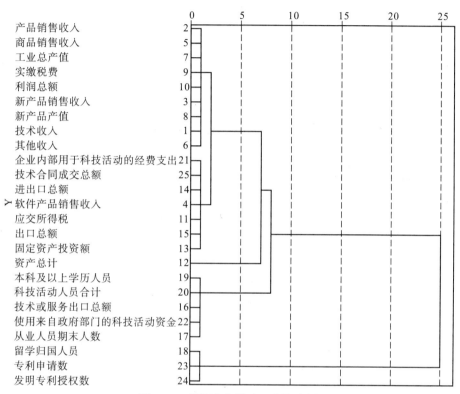

图 6-1　园区内部影响因素聚类树

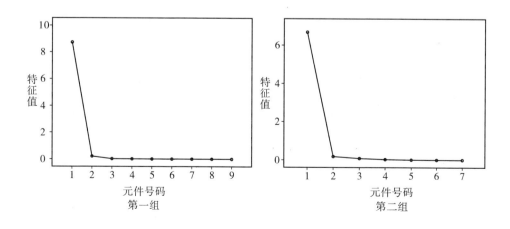

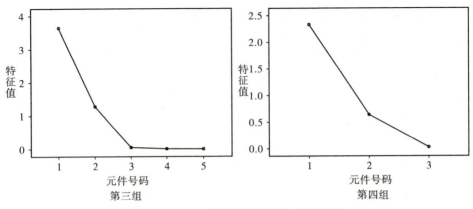

图 6 - 2　园区内部影响因素主成分陡坡

根据各组的元件评分系数矩阵，通过主成分提取，得到了五个新的主成分如下所示，其中，x_1，x_2，$\cdots$，x_{25} 分别为树状图中由上至下的变量。

$$inner\_fac1.1 = 0.114 \times x_1 + 0.114 \times x_2 + 0.114 \times x_3 + 0.113 \times x_4 + 0.113 \times x_5$$
$$+ 0.111 \times x_6 + 0.112 \times x_7 + 0.114 \times x_8 + 0.108 \times x_9$$

$$inner\_fac1.2 = 0.147 \times x_{10} + 0.148 \times x_{11} + 0.148 \times x_{12} + 0.148 \times x_{13}$$
$$+ 0.146 \times x_{14} + 0.146 \times x_{15} + 0.14 \times x_{16}$$

$$inner\_fac1.3 = 0.247 \times x_{18} + 0.265 \times x_{19} + 0.212 \times x_{20} + 0.186 \times x_{21}$$
$$+ 0.252 \times x_{22}$$

$$inner\_fac2.3 = -0.333 \times x_{18} - 0.189 \times x_{19} + 0.481 \times x_{20} + 0.562 \times x_{21}$$
$$-0.294 \times x_{22}$$

$$inner\_fac1.4 = 0.302 \times x_{23} + 0.413 \times x_{24} + 0.409 \times x_{25}$$

6.1.3　外部环境指标体系构建

在总结园区内部指标对总收入指标影响的同时，本章也将园区外部环境对园区经济增长的影响纳入考虑范畴，综合衡量地区经济的渗透效应，选取来自北京市统计局用于衡量经济运行情况的指标，将这些指标分为生产经营类、消费类、人口就业类、进出口类四大类指标，初步选 11 个指标作为备选指标。运用主成分分析及系统聚类对 11 个指标进行降维和筛选，主成分分析及聚类分析的结果如图 6 - 3 所示。

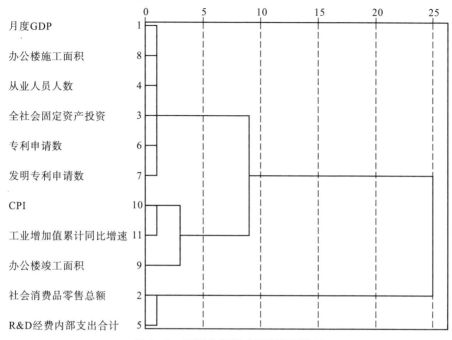

图 6 - 3　园区外部影响因素聚类结果

通过观察图 6 - 3，我们发现，园区外部的影响指标共可以分为四组：第一组包含了月度 GDP、办公楼施工面积、从业人员人数、社会固定资产投资、专利申请数、发明专利申请数 6 项指标；第二组包含了办公楼竣工面积、CPI、工业增加值累计同比增速三项指标；第三组包含了社会消费品零售总额及 R&D 经费内部支出合计两项指标。

接下来，我们运用主成分分析的方法，分别提取三类指标的主成分，形成了三个主成分指标，主成分分析的结果及构成的变量如图 6 - 4、表 6 - 2 所示。

$$exter\_fac1.1 = 0.212 \times y_1 + 0.178 \times y_2 + 0.201 \times y_3 + 0.176 \times y_4$$
$$+ 0.214 \times y_5 + 0.198 \times y_6$$
$$exter\_fac1.2 = -0.363 \times y_7 + 0.507 \times y_8 + 0.476 \times y_9$$
$$exter\_fac1.3 = 0.585 \times y_{10} + 0.585 \times y_{11}$$

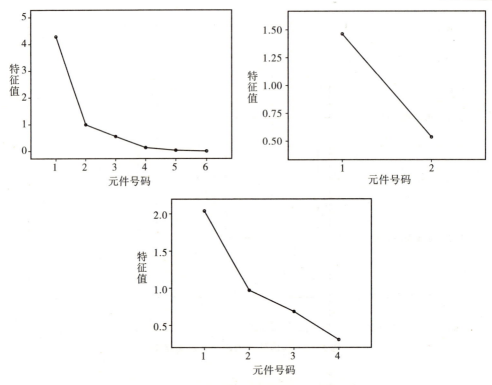

图 6-4 主成分分析碎石图及评分系数矩阵

表 6-2 元件评分系数矩阵

	元件
社会消费品零售总额	0.585
R&D 经费内部支出合计	0.585
月度 GDP	0.212
全社会固定资产投资	0.178
办公楼施工面积	0.201
从业人员人数	0.176
专利申请数	0.214
发明专利申请数	0.198

6.1.4 网络数据指标体系构建

当前，大数据的概念正深入经济生活的方方面面，影响着科技的发展及人们的生活。多源数据的应用在经济预测方面也十分广泛，百度、谷歌等公司均采取构建云服务器、搜索指数等方式扩展自身在多源数据领域的应用。为了更加符合我国经济社会的运行规律，本章选取了百度指数及前程无忧等一些在各自领域具有代表性的网站，收集大量的网络数据，应用到经济预测当中。其中，百度指数的选取主要采取了技术选取法及直接选取相结合的方法。首先，依照中关村国家自主创新示范区的产业划分方法，选取六大技术领域：电子信息、新能源、先进制造、新材料、生物工程、环境保护，作为初步选择的标准。其次，在各个领域选取最具有影响力的指标 24 个，在此基础上，运用百度指数的关联分析技术，二次筛选了与这 24 个指标最具有相关性的指标 155 个，构成总共 179 指标的指标体系。这些指标均为 PC 端与移动端的综合趋势指标，且指标的存在日期为 2011 年 1 月 1 日 ~2017 年 11 月 30 日。由于选取的指标较多，为了增加聚类分析的效率，本章首先采取皮尔逊相关分析的方法，筛选出与总收入指标相关系数在 0.5 以上的指数，共计 63 个，这些指标是与总收入指标相关性最强的指标。以这些与总收入指标相关性最强的指标为基础，运用聚类分析的方法，将这些指标分为了 9 类，最终形成了 5 个指标，相关分析的筛选结果及聚类—主成分分析的部分结果展示如图 6-5 所示。

观察 63 个百度指数指标的聚类结果，我们发现可以把这些指标分为以下三类：拜耳、聚丙烯、锂电池等 31 个指标首先聚成一类；深度学习、智能制造、大健康、神经网络等 20 个指标聚成了第二类；爱奇艺、天猫、百度地图等 12 个指标聚成了第三类。

在该分类的基础上，我们分别对这三类指标进行主成分降维。其中，第一组 31 个指标共形成了 3 个主成分，反映了所有数据 88.22% 的信息；第二组 20 指标共形成了 2 个主成分，反映了所有数据 88.46% 的信息；第三组 12 个指标共形成了 1 个主成分，反映了所有数据 91.02% 的信息。获取的 6 个主成分指标的方程如下：

$$
\begin{aligned}
bd\_fac1.1 =\ & 0.039 \times z_1 + 0.037 \times z_2 + 0.037 \times z_3 + 0.032 \times z_4 + 0.035 \times z_5 \\
& + 0.039 \times z_6 + 0.036 \times z_7 + 0.038 \times z_8 + 0.036 \times z_9 + 0.037 \times z_{10} \\
& + 0.03 \times z_{11} + 0.04 \times z_{12} + 0.038 \times z_{13} + 0.038 \times z_{14} + 0.038 \times z_{15} \\
& + 0.039 \times z_{16} + 0.034 \times z_{17} + 0.034 \times z_{18} + 0.038 \times z_{19} + 0.037 \times z_{20} \\
& + 0.035 \times z_{21} + 0.031 \times z_{22} + 0.035 \times z_{23} + 0.039 \times z_{24} + 0.038 \times z_{25} \\
& + 0.036 \times z_{26} + 0.037 \times z_{27} + 0.036 \times z_{28} + 0.039 \times z_{29} \\
& + 0.037 \times z_{30} + 0.026 \times z_{31}
\end{aligned}
$$

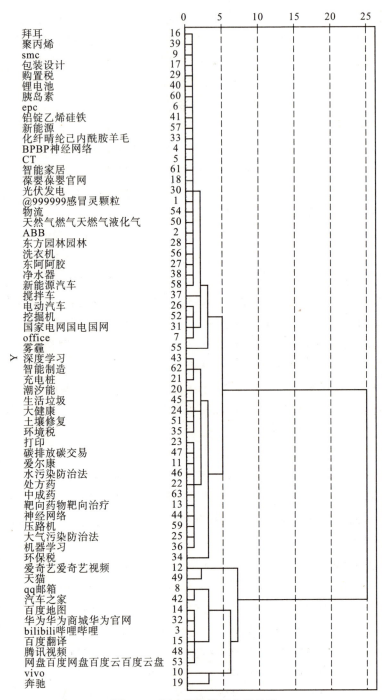

图 6-5　百度指数指标分类结果

$$bd\_fac2.1 = -0.09 \times z_1 - 0.195 \times z_2 - 0.16 \times z_3 - 0.286 \times z_4 + 0.127 \times z_5$$
$$- 0.024 \times z_6 + 0.041 \times z_7 + 0.109 \times z_8 - 0.173 \times z_9 - 0.152 \times z_{10}$$
$$- 0.027 \times z_{11} - 0.005 \times z_{12} + 0.073 \times z_{13} + 0.083 \times z_{14} + 0.123 \times z_{15}$$
$$+ 0.072 \times z_{16} + 0.184 \times z_{17} - 0.195 \times z_{18} + 0.079 \times z_{19} - 0.062 \times z_{20}$$
$$- 0.099 \times z_{21} + 0.188 \times z_{22} + 0.079 \times z_{23} - 0.007 \times z_{24} + 0.061 \times z_{25}$$
$$+ 0.017 \times z_{26} + 0.097 \times z_{27} - 0.026 \times z_{28} + 0.068 \times z_{29}$$
$$- 0.161 \times z_{30} + 0.337 \times z_{31}$$

$$bd\_fac3.1 = -0.103 \times z_1 - 0.029 \times z_2 - 0.159 \times z_3 + 0.094 \times z_4 + 0.193 \times z_5$$
$$- 0.065 \times z_6 - 0.224 \times z_7 - 0.211 \times z_8 - 0.119 \times z_9 + 0.076 \times z_{10}$$
$$+ 0.485 \times z_{11} - 0.046 \times z_{12} - 0.224 \times z_{13} - 0.109 \times z_{14} - 0.127 \times z_{15}$$
$$- 0.163 \times z_{16} + 0.251 \times z_{17} + 0.278 \times z_{18} - 0.002 \times z_{19} - 0.095 \times z_{20}$$
$$- 0.191 \times z_{21} + 0.256 \times z_{22} + 0.274 \times z_{23} - 0.091 \times z_{24} + 0.009 \times z_{25}$$
$$+ 0.058 \times z_{26} + 0.079 \times z_{27} + 0.271 \times z_{28} + 0.068 \times z_{29}$$
$$+ 0.028 \times z_{30} - 0.087 \times z_{31}$$

$$bd\_fac1.2 = 0.057 \times z_{32} + 0.06 \times z_{33} + 0.056 \times z_{34} + 0.044 \times z_{35} + 0.058 \times z_{36}$$
$$+ 0.06 \times z_{37} + 0.055 \times z_{38} + 0.03 \times z_{39} + 0.057 \times z_{40} + 0.051 \times z_{41}$$
$$+ 0.056 \times z_{42} + 0.052 \times z_{43} + 0.056 \times z_{44} + 0.059 \times z_{45} + 0.06 \times z_{46}$$
$$+ 0.059 \times z_{47} + 0.056 \times z_{48} + 0.059 \times z_{49} + 0.06 \times z_{50}$$
$$+ 0.055 \times z_{51}$$

$$bd\_fac2.2 = -0.089 \times z_{32} - 0.089 \times z_{33} - 0.16 \times z_{34} + 0.398 \times z_{35} + 0.027 \times z_{36}$$
$$- 0.09 \times z_{37} - 0.044 \times z_{38} + 0.582 \times z_{39} - 0.061 \times z_{40} + 0.23 \times z_{41}$$
$$- 0.113 \times z_{42} + 0.141 \times z_{43} - 0.04 \times z_{44} - 0.061 \times z_{45} - 0.114 \times z_{46}$$
$$+ 0.056 \times z_{47} - 0.153 \times z_{48} - 0.041 \times z_{49} - 0.081 \times z_{50}$$
$$+ 0.122 \times z_{51}$$

$$bd\_fac1.3 = 0.085 \times z_{52} + 0.08 \times z_{53} + 0.088 \times z_{54} + 0.088 \times z_{55} + 0.09 \times z_{56}$$
$$+ 0.089 \times z_{57} + 0.089 \times z_{58} + 0.089 \times z_{59} + 0.084 \times z_{60} + 0.09 \times z_{61}$$
$$+ 0.09 \times z_{62} + 0.085 \times z_{63}$$

主成分分析的碎石图及元件图如图 6 - 6 所示。

前程无忧是我国最大的招聘网站之一,每天有上万条招聘信息被发布在该网站上。我们获取了前程无忧网站上中关村示范区规模以上的 5821 家企业的招聘数据,处理数据缺失值及重复值,通过综合计算各个企业的招聘人数和工资额,形成了衡量中关村人才需求情况的指标,采取皮尔逊相关分析方法,发现这两个指标与园区总收入指标的相关系数均高于 0.7,且在 95% 的置信水平上显著，因此可以作为反映园区人力资源需求的指标加入预测模型之中。

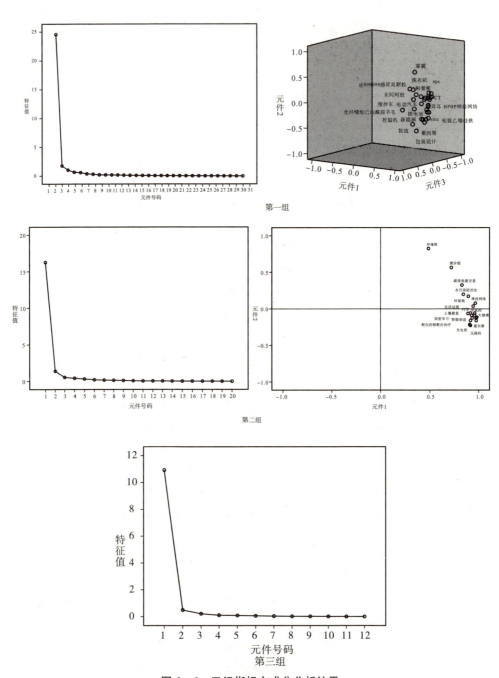

图 6-6　三组指标主成分分析结果

6.2　基于多源数据的经济预测模型选择与构建

6.2.1　预测模型的选取

高新技术园区多源数据具有季节性、高相关和多样性等特点，对于模型的构建提出了较高的要求。网络数据的即时性和非结构性对模型的高维数据处理能力提出了更高的要求。同时，为了验证网络多源数据加入模型对模型的影响，我们选择采取了逐步回归和对比分析的方法，分别验证了在加入网络多源数据前后对模型的影响，综合各个模型的优缺点，选择了以下三种模型。

一是多元线性回归模型。在对多因素影响的数据进行综合预测时，多元线性回归分析是一种最常用的数据预测方法。该模型是计量经济的经典模型，具有操作简单、解释性强、拟合度高等特点，能够深入挖掘指标之间的相关关系，本章选取该模型作为高新技术园区经济预测的模型，并采取逐步回归的方法进行变量筛选，构建最终的回归模型，保证了模型的精度。

二是神经网络预测模型。在处理大体量数据时，神经网络数据是一种经典的机器学习方法，该模型具有强大的非线性映射能力、自适应和自学习能力，在处理多源异质数据的预测中体现出较好的泛化能力和容错能力。尤其是多层前馈式神经网络（BP 神经网络）更因其广泛的适用性、良好的拟合效果，通过隐含层的反馈学习机制，实现了模型阈值的前馈式学习和训练，在分类、预测等领域实现了广泛的应用。

三是支持向量机预测模型。与神经网络预测模型相比，支持向量机在应用于小样本、高维度数据时体现出更好的效果，克服了神经网络预测模型存在的易陷入局部最小化的问题，是另外一种常用的机器学习模型。与其他模型相比，该模型对非线性、异质化数据的拟合效果更强，泛化能力更好，常用于对高维数据的拟合和预测。

6.2.2　基于两步法的多元回归预测模型构建

多元线性回归模型是一种经典的经济计量模型，用于挖掘数据之间因果关系和相互影响，具有易于理解、操作简单和解释性强等特点，很多统计软件都能够实现多元线性回归模型的构建。针对多来源和大体量数据的预测，多元线性回归应用广泛。但是本节在构建模型时，区别于传统多元回归模型，构建的基本思路是结构化数据和非结构化数据的区别对待。结构化数据是具有统一结构和统计口径的数据，最常见的即政府部门的统计数据；而非结构化数据无论是数据形式还是数据来源均存在多样性，大部分不以标准的结构和形式展示，包含大量数据噪音，数据质量较差。现有研究在探讨非结构化数据的预测效果时，要么将非结构化数据单独投入模型预测，摒弃了结构化数据，要么将两种数据不加区别地对待，作为同类指标输入模型，并没有涉及两者的区别化处理。因此，本节将不同来源的数据分先后加入线性回归模型，方便观察不同源数据对预测效果的影响。

在挖掘多源数据对高新技术园区经济预测价值过程中，我们主要采取了"两步法"的模型构建方法。"两步法"主要是指在基于采用结构化数据对模型进行挑选的基础上，加入非结构数据提高模型的精度和时效性。根据以往研究发现，单独使用网络来源数据进行预测，由于百度指数等指标只能反映对某个关键词的舆论关注程度，无论是在经济理论方面，还是在实际验证方面，都难以获得理想的效果。而政府的统计数据具有覆盖指标广泛、可靠性强的优势，是经济预测中不可忽略的影响因素。这两类数据之间并不是相互替代的关系，只有以互补的眼光来对待两类数据，以"两步法"思路实施回归方程的构建，才能最大化地利用多源数据的优势，提高高新技术园区经济预测效率。

为了更好地观察网络多源数据对总收入预测结果的影响，笔者在现有变量的基础上构建了四个模型，逐步观察不同变量的加入对于方程拟合精度及相关指标的显著性的影响，以选择最优的线性回归方程。

第一，基于传统的经济增长理论，园区内部的相关指标对于园区总体的总收入指标具有最直接的影响，因此，我们选取园区内部指标，观察它们对总收入指标的影响。运用总收入滞后一期和滞后两期的值，观察总收入指标自身对其的影响，并加入园区内部指标的 6 个主成分因子。

第二，在衡量园区内部指标对总收入的影响的基础上，我们加入北京市相关指标的主成分影响因子，观察外部环境影响因素的加入对园区总收入和园区内部指标显著性的影响。

第三，我们在上一模型的基础上，将百度指数的主成分因子指标加入模型，观察搜索数据对于模型预测效果的影响。

第四，我们将获取的招聘数据指标加入模型中，观察企业的实时人才需求对总收入指标的影响。

基于两步法的多源数据多元线性回归模型的构建思路，为了综合反应各个指标对于经济的综合影响，本节旨在分四步观察不同类型的指标对于园区总收入指标预测的影响。以 2011 年 1 月～2017 年 5 月的数据为训练数据，构建多元线性回归模型，计算模型的参数。并以构建的模型为基础，分别计算了在四种模型中的 2017 年 6～11 月总收入指标的预测值。

模型一：

$$T_i = \alpha_0 + \alpha_1 \times inner\_fac1.1 + \alpha_2 \times inner\_fac1.2 + \alpha_3 \times inner\_fac1.3 + \alpha_4 \\ \times inner\_fac2.3 + \alpha_5 \times inner\_fac1.4 + \alpha_6 \times inner\_fac1.5 + \varepsilon_{it}$$

模型二：

$$T_i = \alpha_0 + \alpha_1 \times inter\_fac1.1 + \alpha_2 \times inter\_fac1.2 + \alpha_3 \times inter\_fac1.3 + \alpha_4 \\ \times inter\_fac2.3 + \alpha_5 \times inter\_fac1.4 + \alpha_6 \times inter\_fac1.5 + \alpha_7 \\ \times exter\_fac1.1 + \alpha_8 \times exter\_fac1.2 + \alpha_9 \times exter\_fac1.3 + \varepsilon_{it}$$

模型三：

$$T_i = \alpha_0 + \alpha_1 \times inter\_fac1.1 + \alpha_2 \times inter\_fac1.2 + \alpha_3 \times inter\_fac1.3 + \alpha_4 \\ \times inter\_fac2.3 + \alpha_5 \times inter\_fac1.4 + \alpha_6 \times inter\_fac1.5 + \alpha_7 \\ \times exter\_fac1.1 + \alpha_8 \times exter\_fac1.2 + \alpha_9 \times exter\_fac1.3 + \alpha_{10} \\ \times bd\_fac1.1 + \alpha_{11} \times bd\_fac2.1 + \alpha_{12} \times bd\_fac3.1 + \alpha_{13} \times bd\_fac1.2 \\ + \alpha_{14} \times bd\_fac2.2 + \alpha_{15} \times bd\_fac1.3 + \varepsilon_{it}$$

模型四：

$$T_i = \alpha_0 + \alpha_1 \times inter\_fac1.1 + \alpha_2 \times inter\_fac1.2 + \alpha_3 \times inter\_fac1.3 + \alpha_4 \\ \times inter\_fac2.3 + \alpha_5 \times inter\_fac1.4 + \alpha_6 \times inter\_fac1.5 + \alpha_7 \\ \times exter\_fac1.1 + \alpha_8 \times exter\_fac1.2 + \alpha_9 \times exter\_fac1.3 + \alpha_{10} \\ \times bd\_fac1.1 + \alpha_{11} \times bd\_fac2.1 + \alpha_{12} \times bd\_fac3.1 + \alpha_{13} \\ \times bd\_fac1.2 + \alpha_{14} \times bd\_fac2.2 + \alpha_{15} \times bd\_fac1.3 + \alpha_{16} \\ \times salary + \alpha_{17} \times empl\_num + \varepsilon_{it}$$

6.2.3　算法优化的神经网络预测模型构建

神经网络模型通过模拟对人类实际神经系统的信息处理和信息交换方法，将大量简单的单元通过前馈和后馈函数链接在一起，构成了复杂的学习网络，能够实现对大规模数据的并行处理和分布处理。

在构建神将网络预测模型时，前文选择的 17 个神经元为输入变量，输入神经元个数为 17 个，而输出的变量为总收入指标。BP 神经网络的各层结构之间选择了一种互不联系的全连接方式，这种方式保证了数据在神经元之间的有序传输，提高了信号处理和学习的效率，但是当数据体量较大的时候，也存在收敛速度较慢、易陷入局部最小值以及神经元个数选择主观性强，缺乏理论依据的缺陷。为了解决隐含层神经元个数选择的这一缺陷，我们选择了遗传算法和粒子群算法对 BP 神经网络模型进行了优化，实现隐藏神经元个数的自动寻优。

遗传算法的基本思想来源于达尔文进化论的自然选择思想以及生物遗传过程的基因交叉过程，是一种基于对自然进化过程模拟的参数寻优过程。该算法先通过构建一个寻求最优解的潜在种群，种群中有一个个的个体，视为遗传的基础基因，在采用二进制方式对个体进行编码之后，根据问题域中个体的适应度大小选择个体，并借助于自然遗传学的遗传算子进行组合交叉和变异，产生出代表新的解集的种群。该过程产生的新的种群都要优于前一种群，直至求解出末代种群，即为问题的近似最优解。

粒子群算法也是进化算法的一种，该算法首先设定了参数的一个随机解，通过一次次的迭代过程对最优解进行逼近，适应度是评价解的质量的标准（见图 6-7）。与遗传算法相比，这种算法更为简单，略去了复杂的交叉和变异过程，仅追随当前的最优值来取得全局的最优。该算法由于操作简单，收敛迅速，效果较好，广泛应用于模型的优化和参数的寻优。

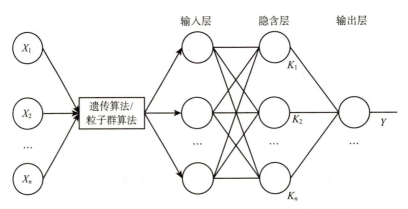

图 6-7　基于算法优化的 BP 神经网络预测模型基本结构

在进行模型的遗传算法优化时，适应度函数为 $F = \dfrac{1}{2}\sum_{t=1}^{s}\sum_{k=1}^{m}(Yk - Ck_s)^2$，该函数主要将模型的训练值与期望值的误差矩阵作为计算适应度的依据。选择操作主要采取了随机抽样的方式，选取最常用的单点交叉算则进行基因的交叉。

在进行模型的粒子群优化时，先假设每一个原始变量构成了模型的解空间 D，其中由 n 个指标构成了模型的种群为 $X = (X_1, X_2, \cdots, X_n)$，其中，第 i 个粒子的位置变量为 $X_i = (x_{i1}, x_{i2}, \cdots, x_{iD})^T$，基于此及设定的目标函数计算出每个粒子初始的适应度值。设第 i 个例子的速度为 $V_i = (v_{i1}, v_{i2}, \cdots, v_{iD})^T$，个体极值为 $P_i = (p_{i1}, p_{i2}, \cdots, p_{iD})^T$，群体极值为 $P_g = (P_1, P_2, \cdots, P_D)^T$，通过每次迭代，根据各个粒子的上一次的个体极值及群体极值，计算粒子新的速度和位置，公式如下：

$$V_{id}^{k+1} = \omega V_{id}^k + c_1 r_1 (P_{id}^k - X_{id}^k) + c_2 r_2 (P_{gd}^k - X_{id}^k)$$
$$X_{id}^{k+1} = X_{id}^k + V_{id}^{k+1} \tag{6-1}$$

式中，ω、c_1、c_2 分别为粒子惯性及两个加速因子；r_1、r_2 在 0 到 1 之间随机取值；$d \in [1, D]$；k 为上次的迭代次数；X_{id} 为粒子的位置分量；V_{id} 为粒子的速度分量。

由前文筛选得到的影响总收入的指标共有 17 个，这些指标作为 BP 神经网络模型的输入层，总收入作为输出层，隐含层基于 Sigmoid 函数构建，输出层采取 Purlin 与隐含层链接，在输入 17 个变量指标时候，模型分别采取了遗传算法和粒子群算法进行了寻优，并以寻优得到的隐含层神经元个数建立基于 BP 神经网络的高技术园区总收入预测模型如图 6-8 所示。

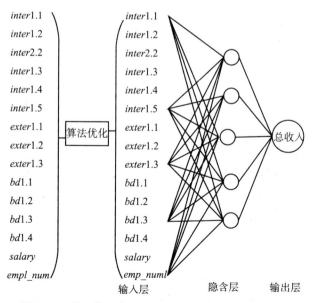

图 6-8　基于算法优化的 BP 神经网络预测模型结构

6.2.4 算法优化的支持向量机预测模型构建

支持向量机模型（SVM）是科林纳·科尔特斯（Corinna Cortes）和瓦普尼克（Vapnik）等于1995年首先提出的一种机器学习模型，该模型由于其遵循统计学上的 vc 维理论和结构风险最小化原则，在处理非线性、小样本、高纬度的数据上具有良好的拟合效果和泛化能力。在多源数据机器学习中，支持向量机是一种常用的监督学习模型，可用于多源数据的分析、模式识别、数据分类及回归分析。支持向量机的基本思想是运用非线性函数 $\varphi(x)$ 将输入数据 $x_i(x_i \in R^m)$ 由现有的维度空间投射到高纬度特征空间 F，并在高纬度特征空间 F 构造线性回归函数，通过对该函数进行最优线性规划得到决策函数。高维空间 F 的线性回归方程为：

$$f(x) = \omega \times \varphi(x) + b \qquad (6-2)$$

式中的 $\varphi(x)$ 将输入数据 x_i 从基础空间 R^m 投射到高维空间 F 的非线性函数，ω 为权向量，b 为偏置向量。

根据结构风险最小化原则，式（6-2）求解最优解的问题可以转化为如下的最小化条件：

$$\min J = \frac{1}{2}\|w\|^2 + C \sum_{i=1}^{n} (\zeta_i + \zeta_i^*) \qquad (6-3)$$

$$\text{s. t.} \begin{cases} y_i - w \times \varphi(x_i) - b \leqslant \varepsilon + \zeta_i \\ w \times \varphi(x_i) + b - y_i \leqslant \varepsilon + \zeta_i^* \\ \zeta_i, \zeta_i^* \geqslant 0, \ i = 1, \ 2, \ \cdots, \ n \end{cases} \qquad (6-4)$$

式中，$\|w\|^2$ 是方程的目标函数，其值反映了支持向量机模型的复杂程度，其值越小，反应方程的置信风险越小；ε 为方程的不敏感损失系数，代表了方程的系统误差；ζ_i 及 ζ_i^* 均为松弛变量，这两个变量为非负值，确保了方程在更大的可行域内求解；C 为方程的惩罚因子，该因子将方程最优化的受限问题转化为非受限问题，该因子是进行遗传算法寻优和粒子群算法寻优的基本因子。运用拉格朗日乘子法对上面方程及约束条件求解，得到方程的最优解为：

$$f(x) = \sum_{i=1}^{n} (\lambda_i - \lambda_i^*) K(x_i, \ x_j) + b \qquad (6-5)$$

式中，λ_i 和 λ_i^* 均为拉格朗日乘子，$K(x_i, \ x_j)$ 为将输入数据由低维空间投射到高维空间的内积核函数，式（6-5）可以变现为 $\varphi(x_i) \times \varphi(x_j)$ 的形

式。$K(x)$ 核函数具有多种形式，其中最常有的核函数包括线性核函数、多项式核函数、径向基核函数/高斯函数、Sigmoid 核函数等。

为了实现模型中惩罚因子等参数的自动寻优，本模型也参照遗传算法及离子群算法进行优化。优化原理与上模型类似，这里不再赘述。

网络输入为 $X = [x_1, x_2, \cdots, x_m]^T$，其输出为 $Y = [y_1, y_2, \cdots, y_m]^T$。

自变量。自变量的指标为前文筛选的影响总收入指标的 17 个指标。再输入变量时，我们先对变量进行归一化处理。

核函数。自变量和因变量指标由低维空间通过核函数转化至高位空间，并采取训练集数据在高维空间对数据进行了回归。常用的函数有以下四种。

线性核函数：
$$K(x_i, x_j) = x_i^T x_j + c$$

多项式核函数：
$$K(x_i, x_j) = (ax_i^T x_j + c)^d$$

径向基核函数/高斯函数：
$$K(x_i, x_j) = \exp(-\gamma \|x_i - x_j\|^2) \qquad K(x_i, x_j) = \exp\left(-\frac{\|x_i - x_j\|^2}{2\sigma^2}\right)$$

Sigmoid 核函数：
$$K(x_i, x_j) = \tanh(ax_i^T x_j + c)$$

因变量。因变量指标为园区的总收入指标。通过对回归训练模型的模式函数进行计算，得到回归模型，并以该模型对总收入的预测结果进行计算（见 6 - 6）。

$$y_i = \frac{S_{Nj}}{S_D} \quad (i = 1, 2, \cdots, k) \tag{6-6}$$

采用文献阅读法、专家调查法等方法，从园区内外及网络数据中选取了一系列影响园区总收入水平的指标。在对这些指标的数据进行预处理之后，应用聚类—主成分分析方法，对各个指标进行了聚类和降维，选取了互不相关且对总收入指标具有较大影响的 17 个主成分，构成模型构建的基础指标。

以 2011 年 1 月～2015 年 6 月的指标作为训练集，对支持向量机的模型进行构建，并选取 2015 年 7 月～2017 年 11 月的数据作为模型的测试集，采用遗传算法和粒子群算法对 c 和 gamma 取值进行寻优，基于最优的参数值构建的基于算法优化的支持向量机预测模型如图 6 - 9 所示。

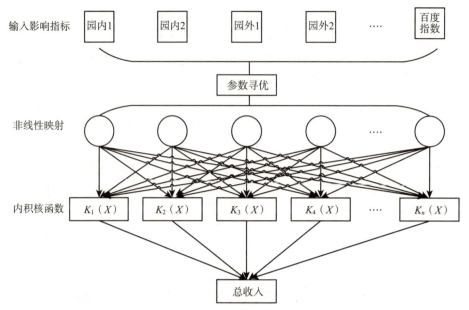

图6-9　基于参数优化的支持向量机预测模型结构

6.3　基于多源数据融合的高新技术 园区经济预测实证分析

6.3.1　模型预测流程

基于多源数据的中关村总收入预测流程主要有五步，包括数据的预处理、主成分因子计算、构建多元线性回归模型、预测总收入、计算预测精度。

（1）数据的预处理。

受到统计制度、节假日、指标缺失等因素的影响，我们收集到的网络数据和统计数据存在不同程度上的数据缺失和数据异常，影响预测的结果。因此，在完成预测相关数据的收集之后，我们先要采取一系列的数据预处理的手段，插补缺失值、排除数据异常，并对数据进行适当的变换。此外，由于经济统计数据大多存在天然的季节性，本节主要运用指数平滑的方法，保证预测数据的平稳，得到最终用于预测的数据。

（2）主成分因子计算。

将经过预处理的数据进行标准化处理，代入前文得到的园区内部、北京市及网络多源数据的主成分因子因式，得到园区内部、北京市及网络多源数据的影响变量。

（3）构建总收入预测模型。

在多元线性预测模型中，以 2011 年 1 月～2017 年 5 月的园内外及百度指数的主成分因子和网络招聘指标作为多元线性回归模型的自变量，中关村高新技术园区总收入指标作为因变量，构建多元线性回归模型，得到各个指标的系数值显著程度。在算法优化的 BP 神经网络模型及 SVM 模型中，以 2011 年 1 月～2015 年 7 月的主成分及招聘指标为训练集，以 2015 年 8 月～2017 年 11 月的指标为测试集，输出指标为总收入指标，构建基于遗传算法及粒子群算法优化的 BP 神经网络及 SVM 预测模型。

（4）预测总收入指标。

基于构件的 3 类共 8 个模型，对 2017 年 6 月～2017 年 11 月的总收入指标进行预测，对比各个模型的预测结果。

（5）对比模型的预测精度。

将各个模型的预测结果与实际总收入指标进行对比，通过构建平均相对误差绝对值、均方根误差及均方百分比误差对比各个模型的预测效果，选取进行高新技术园区预测的最优模型。

6.3.2　模型拟合分析

（1）基于两步法的多元线性回归预测模型。

在构建线性回归模型之前，先要对收集的多源数据进行预处理。用于构建方程的数据为 2011 年 1 月～2017 年 6 月的月度数据，并对 2017 年 6 月～2017 年 11 月的总收入进行预测。

将所有数据进行处理之后，主要运用了 R 3.4.4 软件，取中关村月度总收入的对数值指标为因变量，分别以园内指标、北京市指标、百度指数和招聘数据为自变量，逐步构建四个多元线性回归模型。在回归过程中，有顺序地先加入结构化数据，后加入非结构化数据，模型的预测效果更优。得到的回归结果如表 6 - 3 所示。

表 6－3　　　　　　　　　　四个线性回归方程回归结果及指标显著性

变量	方程一	方程二	方程三	方程四
Constant	12. 447 *** （3. 343）	9. 205 * （4. 232）	9. 153 ** （3. 440）	－ 36. 802 • （18. 550）
*inner_fac*1. 1	－ 0. 261 （0. 177）	－ 0. 005 （0. 193）	0. 188 （0. 185）	－ 0. 021 （0. 198）
*inner_fac*1. 2	－ 0. 036 （0. 087）	－ 0. 015 （0. 084）	－ 0. 080 （0. 073）	－ 0. 030 （0. 074）
*inner_fac*1. 3	0. 325 *** （0. 092）	0. 419 *** （0. 103）	0. 372 * （0. 152）	0. 495 ** （0. 155）
*inner_fac*2. 3	－ 0. 022 （0. 079）	－ 0. 039 （0. 084）	－ 0. 206 • （0. 106）	－ 0. 038 （0. 133）
*inner_fac*1. 4	0. 491 *** （0. 110）	0. 335 ** （0. 125）	0. 321 * （0. 157）	0. 303 • （0. 154）
*inner_fac*1. 5	－ 0. 296 • （0. 150）	－ 0. 060 （0. 190）	－ 0. 058 （0. 155）	－ 0. 090 （0. 153）
*exter_fac*1. 1	—	－ 0. 568 *** （0. 164）	－ 0. 507 *** （0. 142）	－ 0. 583 *** （0. 141）
*exter_fac*1. 2	—	－ 0. 019 （0. 028）	－ 0. 050 • （0. 029）	0. 006 （0. 036）
*exter_fac*1. 3	—	0. 288 ** （0. 096）	0. 288 ** （0. 086）	0. 310 *** （0. 084）
*bd_fac*1. 1	—	—	－ 0. 032 （0. 155）	－ 0. 004 （0. 151）
*bd_fac*2. 1	—	—	－ 0. 054 （0. 038）	－ 0. 105 * （0. 043）
*bd_fac*3. 1	—	—	0. 010 （0. 024）	0. 030 （0. 024）
*bd_fac*1. 2	—	—	－ 0. 171 （0. 165）	－ 0. 331 • （0. 175）
*bd_fac*2. 2	—	—	0. 134 *** （0. 023）	0. 147 *** （0. 023）
*bd_fac*1. 3	—	—	0. 074 （0. 115）	0. 011 （0. 122）
salary	—	—	—	－ 0. 013 （0. 408）

续表

变量	方程一	方程二	方程三	方程四
empl_num	—	—	—	4.613 * (1.849)
Adjusted R^2	0.8437	0.8636	0.9158	0.921

注：*** 表示在 0.001 水平下显著；** 表示在 0.01 水平下显著；* 表示在 0.05 水平下显著；● 表示在 0.1 水平下显著。

得到的四个回归方程分别为：

方程一：

$$TI = 12.447 - 0.261 \times inner\_fac1.1 - 0.036 \times inner\_fac1.2 + 0.325 \\ \times inner\_fac1.3 - 0.022 \times inner\_fac2.3 + 0.491 \times inner\_fac1.4 \\ - 0.296 \times inner\_fac1.5 + \varepsilon_{it}$$

方程二：

$$TI = 9.205 - 0.005 \times inner\_fac1.1 - 0.015 \times inner\_fac1.2 + 0.419 \\ \times inner\_fac1.3 - 0.039 \times inner\_fac2.3 + 0.335 \times inner\_fac1.4 \\ - 0.06 \times inner\_fac1.5 - 0.568 \times exter\_fac1.1 - 0.019 \\ \times exter\_fac1.2 + 0.228 \times exter\_fac1.3 + \varepsilon_{it}$$

方程三：

$$TI = 9.153 + 0.188 \times inner\_fac1.1 - 0.08 \times inner\_fac1.2 + 0.372 \\ \times inner\_fac1.3 - 0.206 \times inner\_fac2.3 + 0.321 \times inner\_fac1.4 - 0.058 \\ \times inner\_fac1.5 - 0.507 \times exter\_fac1.1 - 0.05 \times exter\_fac1.2 + 0.288 \\ \times exter\_fac1.3 - 0.032 \times bd\_fac1.1 - 0.054 \times bd\_fac2.1 + 0.01 \\ \times bd\_fac3.1 - 0.171 \times bd\_fac1.2 + 0.134 \times bd\_fac2.2 + 0.074 \\ \times bd\_fac1.3 + \varepsilon_{it}$$

方程四：

$$TI = -36.802 - 0.021 \times inner\_fac1.1 - 0.03 \times inner\_fac1.2 + 0.495 \\ \times inner\_fac1.3 - 0.038 \times inner\_fac2.3 + 0.303 \times inner\_fac1.4 - 0.09 \\ \times inner\_fac1.5 - 0.583 \times exter\_fac1.1 + 0.006 \times exter\_fac1.2 + 0.31 \\ \times exter\_fac1.3 - 0.004 \times bd\_fac1.1 - 0.105 \times bd\_fac2.1 + 0.03 \\ \times bd\_fac3.1 - 0.331 \times bd\_fac1.2 + 0.147 \times bd\_fac2.2 + 0.011 \\ \times bd\_fac1.3 - 0.013 \times salary + 4.613 \times empl\_num + \varepsilon_{it}$$

四个方程调整的回归系数分别为 0.8437、0.8636、0.9158、0.921，且随着变量的增加，方程的拟合程度趋高，以四个方程系数得到总收入在各个方程中的拟合值,将总收入预测值和实际值在图 6 – 10 中拟合,其中横坐标表示期数(2014 年 1 月 ~2017 年 5 月),总收入实际值对数(lnTI)用带□的折线表示,拟合值对数(lnTI_p)用带◇的折线表示。

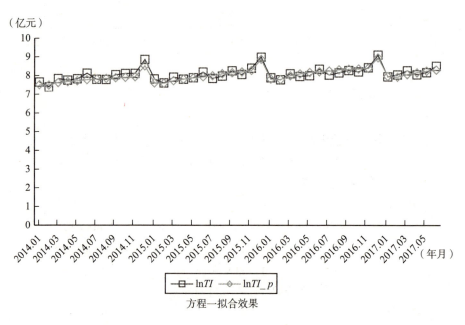

方程一拟合效果

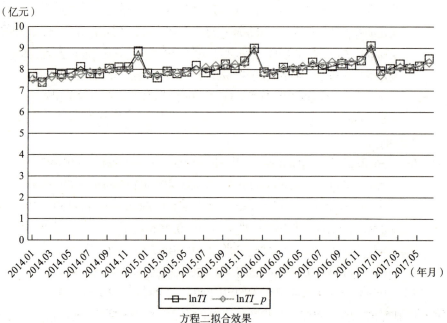

方程二拟合效果

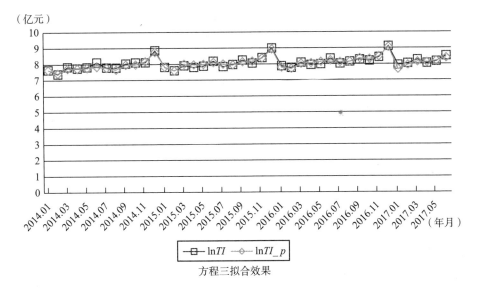

方程三拟合效果

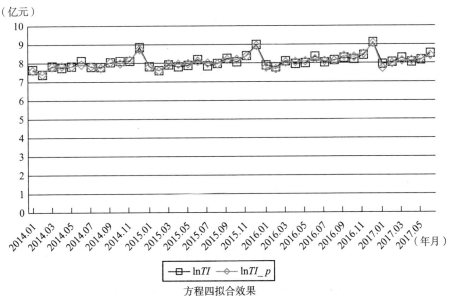

方程四拟合效果

图 6-10　基于两步法的多元线性回归模型拟合效果

对比四个方程的拟合结果，可以发现随着百度指数和网络招聘数据的加入，多源数据融合预测，拟合值与实际值的拟合效果越来越好，说明采取多源数据构建的多元线性回归模型具有更好的预测效果，可以应用于高新技术园区经济的预测。

（2）基于算法寻优的 BP 神经网络预测模型。

构建基于遗传算法寻优的 BP 神经网络模型（GA – BP 模型）的大致流程如图 6 – 11 所示。

如图 6 – 11 所示，基于遗产算法的 BP 神经网络优化是在传统 BP 神经网络的基础上，采取遗传算法的寻优方式确定 BP 神经网络的最优权值和阈值，并将最优的权值阈值代入构建的 BP 神经网络模型中，使优化后的 BP 神经网络能够更好地预测函数输出。此外，本节还构建了基于粒子群算法优化的 BP 神经网络模型（PSO – BP 模型），模型构建思路与遗传算法相似，粒子群优化的步骤如图 6 – 12 所示。

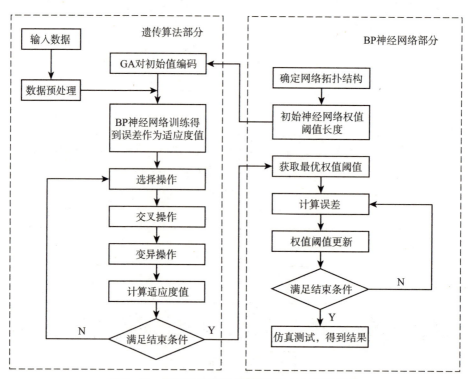

图 6 – 11　基于遗传算法寻优的 BP 神经网络优化

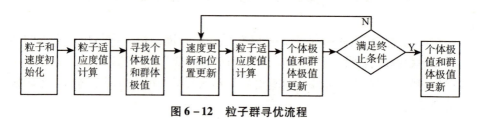

图 6 – 12　粒子群寻优流程

用于构建算法优化的 BP 神经网络模型的软件为 Matlab 2012a。采用的数据时间长度为 2011 年 1 月 ~ 2017 年 11 月的月度数据，将经过预处理，并采取聚类—主成分提取因子的数据先要进行归一化处理，公式如下：

$$y(k) = 2 \times \left[\frac{x(k) - \min x(k)}{\max x(k) - \min x(k)} \right] - 1 \qquad (6-7)$$

数据经过归一化处理之后，选取部分数据作为训练集，训练模型参数，剩下的数据为模型的测试集，用于测试构建模型的预测效果。模型的输入数据为影响总收入的多源数据指标，神经元个数为 17 个，输出数据为月度总收入对数值，神经元个数为 1 个，隐藏神经元初值设置为 5，训练集的时间长度为 2011 年 1 月 ~ 2015 年 7 月，测试集的时间长度为 2015 年 7 月 ~ 2017 年 11 月。经过算法寻优和模型训练，得到的 GA - BP 模型的适应度曲线和拟合效果如图 6 - 13 所示。

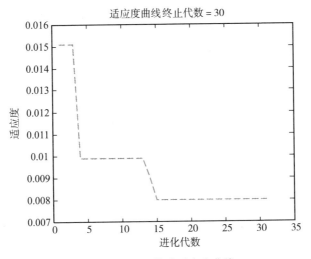

图 6 - 13　GA 算法适应度曲线

观察 GA - BP 模型的适应度曲线，将遗传算法的遗产代数设置为 30 代，经过循环寻优，最终的 BP 神经网络的适应度为 0.007，模型的拟合效果良好。用训练好的模型对测试集的数据值进行预测，得到的预测结果与数据的真实值的拟合效果图（见图 6 - 14）。拟合图中，$\ln TI$ 为月度总收入的对数，$\ln TI\_p$ 则是对该对数值的预测。观察图 6 - 14，发现 GA - BP 模型对总收入有一定的拟合效果，但是对于奇点的捕捉能力有一定欠缺。

GA - BP 神经网络模型的运行时间为 91.841001 秒。

同理，得到的 PSO – BP 模型的拟合效果如图 6 – 15 所示。

对比基于粒子群算法和遗传算法优化的 BP 神经网络模型的拟合效果，$\ln TI$ 为月度总收入的对数值，单位为亿元，$\ln TI\_p$ 为对该对数的预测，发现 PSO – BP 模型虽然对于平稳序列的预测效果优于 GA – BP 模型，但是在奇异点拟合上有更好的效果，综合预测效果要优于 GA – BP 模型。

PSO – BP 神经网络模型的运行时间为 79. 794462 秒。

（3）基于算法寻优的支持向量机预测模型。

本节在构建支持向量机模型的基础上，采用遗传算法和粒子群算法对模型的主要参数进行寻优，并将寻优参数代入支持向量机模型，应用训练集数据对模型重新进行训练，并用构建好的模型对测试集数据进行预测。基于遗传算法寻优的支持向量机模型（GA – SVM 模型）预测流程如图 6 – 16 所示。

将预测指标进行预处理和归一化处理，取 2011 年 1 月 ~ 2015 年 7 月数据为训练集，2015 年 8 月 ~ 2017 年 11 月的数据为测试集。将训练集数据代入遗传算法，对 SVM 模型参数 C 及 gamma 进行优化，设定最小适应度值。经过代际循环，如果模型的适应度值符合约束条件，则终止循环，并应用优化的参数导入 SVM 模型对模型进行训练，最后用训练好的 SVM 模型对 2015 年 8 月 ~ 2017 年 11 月的测试数据进行预测。

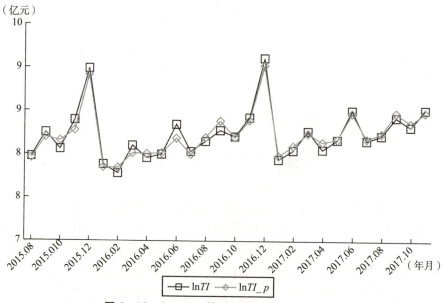

图 6 – 14　GA – BP 模型总收入预测拟合效果

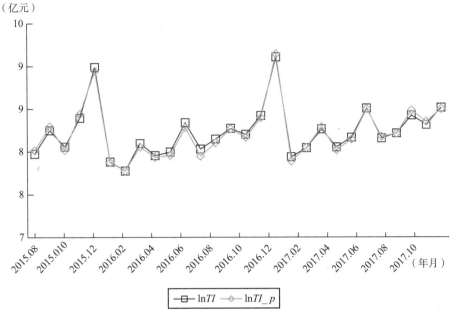

图 6 - 15 **PSO - BP 模型总收入预测拟合效果**

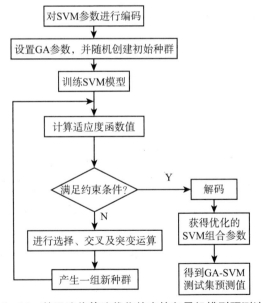

图 6 - 16 **基于遗传算法优化的支持向量机模型预测流程**

同理，基于粒子群算法优化的支持向量机模型（PSO - SVM 模型）预测流程与 GA - SVM 模型预测流程相似，这里不再进行赘述。GA - SVM 模型与

PSO – SVM 模型的适应度曲线和拟合效果分别如图 6 – 17 所示。

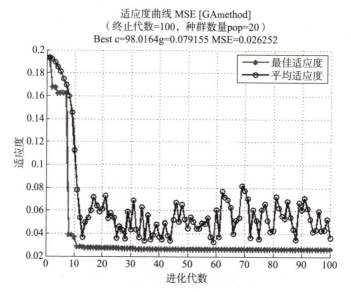

GA-SVM适应度

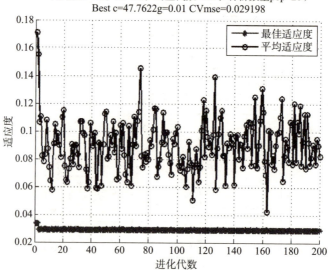

PSO-SVM适应度

图 6 – 17　两模型适应度曲线

对比两模型的适应度，分别设定两模型的终止代数和种群数量为 200 和 20，发现 GA - SVM 模型的平均适应度在（0.02，0.06）区间内上下波动，最佳适应度誉为 0.02；PSO - SVM 模型的平均适应度在（0.04，0.18）区间内上下波动，最佳适应度约为 0.03。两个模型的优化效果良好，得到的最优的 c 参数和 γ 参数分别为 98.0164、0.079155 和 47.7622、0.029198。用训练集数据得到模型的均方误差分别为 0.026252 和 0.029298，拟合精度较高。

对比 GA - SVM 模型与 PSO - SVM 模型的预测拟合图（见图 6 - 18、图 6 - 19），图中，$\ln TI$ 为月度总收入的对数，单位为亿元，$\ln TI\_p$ 为对该对数值的预测，根据拟合效果来看，两个模型对于总收入的趋势预测都比较准确，但是对于个别值的预测仍存在一定的误差。总体来讲，模型的误差约控制在 5%，GA - SVM 模型的拟合效果要优于 PSO - SVM 模型。

GA - SVM 模型与 PSO - SVM 模型的运行时间分别为 63.038867 秒和 67.956306 秒。

（4）多源数据融合高新技术园区经济预测模型拟合结果对比分析。

根据三个模型的模型结构、预测流程及数据预处理方法，得到总收入对数值的预测值，继而计算出月度总收入的预测值。分别将各个模型的对数值预测值和总收入预测值用图表表示，得到结果如表 6 - 4、图 6 - 20、表 6 - 5 所示。

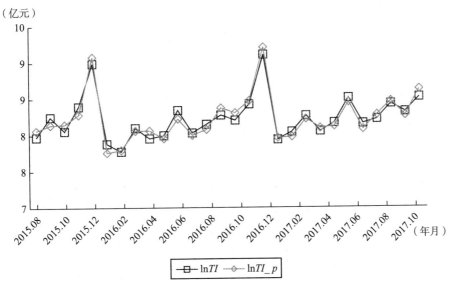

图 6 - 18　基于 GA - SVM 模型总收入预测拟合

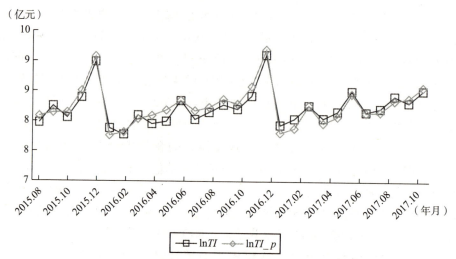

图6-19 基于 PSO-SVM 模型总收入预测拟合

表6-4 总收入对数预测结果

年月	lnTI	回归一	回归二	回归三	回归四	GA-BP	PSO-BP	GA-SVM	PSO-SVM
2015.08	7.975	8.102	8.174	7.949	7.956	7.958	8.013	8.064	8.085
2015.09	8.251	8.150	8.246	8.146	8.183	8.197	8.296	8.141	8.141
2015.10	8.058	8.196	8.240	8.176	8.187	8.157	8.019	8.149	8.145
2015.11	8.395	8.272	8.300	8.372	8.367	8.275	8.441	8.285	8.505
2015.12	8.989	8.868	8.918	8.931	8.943	8.918	8.944	9.079	9.079
2016.01	7.882	7.813	7.817	7.795	7.768	7.849	7.876	7.760	7.759
2016.02	7.777	7.789	7.867	7.713	7.681	7.843	7.778	7.797	7.815
2016.03	8.099	7.991	8.044	8.033	8.038	8.011	8.056	8.061	8.038
2016.04	7.956	8.092	8.076	8.066	8.058	8.005	7.937	8.062	8.093
2016.05	7.998	8.172	8.146	8.149	8.097	8.014	7.958	7.956	8.184
2016.06	8.342	8.207	8.249	8.232	8.198	8.184	8.285	8.224	8.344
2016.07	8.031	8.246	8.307	8.121	8.107	7.996	7.949	7.998	8.174
2016.08	8.149	8.311	8.346	8.142	8.110	8.193	8.105	8.077	8.231
2016.09	8.274	8.341	8.378	8.352	8.372	8.383	8.269	8.372	8.365
2016.10	8.203	8.358	8.353	8.310	8.320	8.194	8.167	8.305	8.289
2016.11	8.423	8.390	8.410	8.467	8.486	8.391	8.399	8.471	8.581

续表

年月	lnTI	回归一	回归二	回归三	回归四	GA－BP	PSO－BP	GA－SVM	PSO－SVM
2016. 12	9. 109	8. 960	8. 992	9. 056	9. 069	9. 021	9. 144	9. 208	9. 196
2017. 01	7. 938	7. 960	7. 734	7. 673	7. 718	7. 981	7. 890	7. 960	7. 809
2017. 02	8. 044	7. 925	7. 967	7. 937	7. 974	8. 096	8. 046	7. 975	7. 886
2017. 03	8. 265	8. 061	8. 112	8. 137	8. 114	8. 239	8. 292	8. 221	8. 266
2017. 04	8. 053	8. 158	8. 104	8. 102	8. 133	8. 139	8. 019	8. 094	7. 970
2017. 05	8. 167	8. 245	8. 181	8. 199	8. 203	8. 172	8. 144	8. 120	8. 081
2017. 06	8. 508	8. 302	8. 325	8. 379	8. 395	8. 472	8. 499	8. 450	8. 461
2017. 07	8. 157	8. 358	8. 337	8. 257	8. 194	8. 179	8. 176	8. 077	8. 144
2017. 08	8. 216	8. 409	8. 356	8. 259	8. 237	8. 238	8. 212	8. 275	8. 159
2017. 09	8. 426	8. 438	8. 417	8. 354	8. 363	8. 479	8. 485	8. 461	8. 347
2017. 10	8. 316	8. 468	8. 462	8. 463	8. 483	8. 360	8. 354	8. 264	8. 391
2017. 11	8. 516	8. 509	8. 565	8. 650	8. 650	8. 484	8. 501	8. 626	8. 573

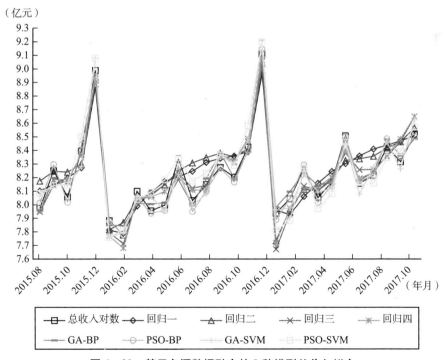

图6－20 基于多源数据融合的8种模型总收入拟合

表 6 - 5　　　　　　　　　　　总收入预测结果

月份	TI	回归一	回归二	回归三	回归四	GA - BP	PSO - BP	GA - SVM	PSO - SVM
2015.08	2906.13	3302.69	3548.32	2832.93	2851.93	2857.17	3021.47	3179.13	3244.65
2015.09	3830.89	3464.56	3813.00	3449.50	3579.85	3629.27	4006.84	3431.53	3430.84
2015.10	3159.97	3626.80	3789.60	3555.64	3593.12	3487.69	3036.77	3458.40	3445.63
2015.11	4426.49	3912.14	4023.84	4323.57	4301.49	3922.87	4632.26	3963.42	4941.19
2015.12	8017.29	7103.08	7461.93	7560.94	7652.81	7466.83	7665.09	8771.49	8771.49
2016.01	2650.29	2471.73	2482.98	2427.91	2363.06	2562.44	2632.99	2344.58	2342.94
2016.02	2385.26	2414.01	2609.01	2237.40	2167.54	2547.87	2386.36	2432.47	2477.14
2016.03	3291.05	2955.73	3113.52	3081.22	3096.52	3014.35	3154.22	3169.60	3097.53
2016.04	2853.21	3269.39	3215.96	3184.23	3158.51	2996.27	2799.28	3172.77	3271.36
2016.05	2974.87	3541.03	3449.27	3458.66	3285.50	3021.83	2857.41	2851.96	3583.74
2016.06	4196.86	3667.10	3822.21	3759.87	3635.39	3581.71	3963.33	3729.25	4203.87
2016.07	3076.07	3811.88	4052.70	3364.35	3318.33	2968.80	2832.96	2975.48	3545.95
2016.08	3460.90	4068.15	4212.39	3435.11	3326.88	3613.89	3310.03	3219.76	3756.57
2016.09	3921.59	4190.62	4351.45	4240.59	4326.17	4373.87	3900.74	4325.41	4295.66
2016.10	3653.04	4264.65	4244.11	4065.80	4105.84	3617.63	3522.31	4045.50	3978.51
2016.11	4552.53	4403.80	4490.58	4754.68	4846.21	4405.60	4442.16	4773.15	5327.10
2016.12	9031.94	7782.49	8039.36	8567.61	8679.82	8275.63	9354.50	9976.24	9855.27
2017.01	2803.07	2862.80	2285.83	2148.64	2247.51	2925.55	2669.86	2865.11	2461.59
2017.02	3114.52	2764.55	2883.49	2799.91	2903.54	3280.66	3122.58	2907.54	2659.42
2017.03	3885.28	3169.50	3334.54	3417.75	3340.25	3786.91	3991.33	3718.08	3888.82
2017.04	3142.13	3489.88	3308.63	3300.98	3405.95	3426.68	3037.72	3274.96	2892.75
2017.05	3523.22	3807.56	3572.99	3637.67	3650.64	3541.82	3443.99	3360.56	3232.66
2017.06	4954.30	4032.05	4123.95	4353.56	4425.70	4780.97	4909.27	4675.83	4724.71
2017.07	3488.81	4265.30	4173.49	3855.49	3618.17	3564.21	3553.69	3220.40	3442.18
2017.08	3699.24	4489.03	4255.49	3861.71	3777.71	3783.82	3683.69	3923.98	3493.16
2017.09	4562.81	4621.17	4521.35	4248.34	4284.53	4813.95	4841.00	4727.07	4215.66
2017.10	4089.05	4758.37	4731.36	4735.22	4833.78	4272.63	4247.59	3881.05	4407.93
2017.11	4994.48	4961.40	5244.21	5712.66	5709.79	4835.37	4918.34	5572.85	5288.88

　　从图 6 - 20 可以看出，这三种预测模型总收入拟合值基本与实际值完全重

合，说明模型精度很高，对未来的预测结果也有很高的参考价值。

6.3.3 基于多源数据的中关村总收入预测分析

（1）模型预测结果。

对比分析 8 种基于多源数据的高新技术园区经济预测模型对 2017 年 6 月 ~ 2017 年 11 月总收入指标的预测效果。如表 6 - 6 所示，发现在 8 种模型中，第 8 种模型的预测值误差最小，取得较好的预测效果。

表 6 - 6　　　　　　　　2017 年各模型总收入 6 期的预测值误差

年月	预测方法 实际值 （亿元）	方法一	方法二	方法三	方法四	方法五	方法六	方法七	方法八
		相对误差（%）							
2017.06	4954.30	- 8.6	- 6.8	- 2.1	- 0.7	- 3.5	- 0.9	- 5.6	- 1.6
2017.07	3488.81	12.3	9.6	0.5	3.7	2.2	1.9	- 7.7	- 1.3
2017.08	3699.24	11.3	5.0	4.4	2.1	2.3	- 0.4	6.1	- 2.6
2017.09	4562.81	1.3	- 0.9	- 6.9	- 6.1	5.5	6.1	3.6	- 3.6
2017.10	4089.05	6.4	5.7	5.8	8.2	4.5	3.9	- 5.1	2.8
2017.11	4994.48	- 0.7	5.0	4.4	4.3	- 3.2	- 1.5	1.6	1.9

注：方法一表示多元线性回归方程一、方法二表示多元线性回归方程二、方法三表示多元线性回归方程三、方法四表示多元线性回归方程四、方法五表示遗传算法优化的 BP 神经网络模型、方法六表示粒子群算法优化的 BP 神经网络模型、方法七表示遗传算法优化的支持向量机模型、方法八表示粒子群算法优化的支持向量机模型。

（2）模型预测效果对比及分析。

为了确定这四种预测模型的预测精度的高低，选取 *MAPE*、*RMSE*、*MSPE* 作为模型的评价标准，其中，x_i 为 i 时间的实际值，$\hat{x}_i$ 为 i 时间的预测值。

平均相对误差绝对值公式：

$$MAPE = \frac{1}{n} \sum_{i=1}^{n} \left| (x_i - \hat{x}_i)/x_i \right| \qquad (6-8)$$

均方根误差：

$$RMSE = \sqrt{\frac{1}{n} \sum_{i=1}^{n} (x_i - \hat{x}_i)^2} \qquad (6-9)$$

均方百分比误差：

$$MSPE = \frac{1}{n} \sqrt{\sum_{i=1}^{n} \left[(x_i - \hat{x}_i)/x_i \right]^2} \qquad (6-10)$$

通过观察表6-7中不同模型的预测结果，我们可以发现：

第一，在线性回归模型中，随着百度数据及招聘数据等网络多源数据的加入，模型的预测精度也呈现了优化的趋势。

第二，对比不同来源指标加入前后模型的预测效果，发现对总收入影响最大的指标类别是劳动力投入相关指标及衡量创新投入产出的相关指标，其他类型指标的系数则呈现出了不显著。

第三，分别对比四种回归模型，发现园区内外部影响因素加入百度指标对总收入的拟合效果是最优的，而招聘数据加入反而使模型的拟合度下降了，因此，认为构用于预测的最优线性回归模型为模型三。

第四，算法优化能够有效地提高BP神经网络模型及支持向量机模型的预测效果，且与遗传算法的优化相比，粒子群算法得到的优化效果更好，能够实现对模型参数的较好优化。

第五，由于模型指标的获取、指标体系的构建和模型的预测分析均具有较好的普适性效果，该模型可被广泛应用于其他高新技术园区总收入指标的预测。通过对比我们可以发现，在8种不同的预测模型中，预测精度最高的为粒子群算法优化的以Sigmoid函数为核函数的支持向量机预测模型，该模型的预测精度接近98%，实现了对原始数据较好的预测，适用于基于多源数据的高新技术园区经济预测。

表6-7　　　　　　　　　各模型评价指标

预测模型	MAPE	RMSE	MSPE
多元线性回归模型一	6.7%	498.8	0.078
多元线性回归模型二	5.5%	394.4	0.069
多元线性回归模型三	4.0%	347.7	0.041
多元线性回归模型四	4.2%	361.8	0.057
基于遗传算法优化的BP神经网络	3.5%	308.5	0.047
基于粒子群算法优化的BP神经网络	2.5%	257.3	0.050
基于遗传算法优化的支持向量机模型	4.9%	368.7	0.057
基于粒子群算法优化的支持向量机模型	2.3%	234.6	0.044

6.4　小　　结

　　本章从研究影响高新技术园区经济增长的因素出发，多方面获取了影响园区经济发展的多源数据，初步确定指标后运用聚类—主成分的方法对指标进行了分类及降维，提取并构建了影响高新技术园区的主成分指标，构建了高新技术园区经济预测指标体系。

　　为提高预测模型的精度，在筛选园区内外总收入影响统计指标的基础上，本章还创新性地加入了反映网络实时搜索热度的百度指数指标及反映网络实时招聘状况的前程无忧招聘网站数据，构建了基于多源数据的高新技术园区经济预测模型。通过对现有预测模型及预测方法的归纳总结，结合多源数据的数据特征，选取多元线性回归模型、基于算法优化的 BP 神经网络预测模型及基于算法优化的支持向量机预测模型，完成了基于多源数据的高新技术园区经济预测模型构建。通过多模型对比，发现加入多源数据指标后，基于粒子群算法优化的支持向量机模型的预测结果最好，平均相对误差绝对值约为 2.3%，实现了对中关村高新技术园区总收入指标的较好拟合，为基于多源数据的高新技术园区经济预测提供了一种新的解决方案。

第 7 章

首都高新技术园区经济周期
波动特征及成因分析

经济的平稳运行是发展和改革推进的关键所在。我国国民经济和社会发展第十三个五年规划纲要（简称"十三五"规划）强调创新驱动发展和提升发展质量和效益的必要性，提出建立风险识别和预警机制，增强经济运行的可预期性和透明度，力求主要经济指标平衡协调，进而提高经济发展的平衡性、包容性和可持续性，保持经济中高速增长。"十二五"期间，中国国内生产总值年均增长 7.8%，《中共中央关于制定国民经济和社会发展第十三个五年规划的建议》指出，2016~2020 年经济年均增长底线是 6.5% 以上。然而"十二五"以来，国内外市场环境与经济发展支撑动力、要素条件发生了明显改变，尤其是在经济发展步入新常态后，受下行压力和产业结构转型的影响，中国经济面临更多不稳定性和不确定性。因此，如何保证经济在合理区间内平稳运行成为实现"十三五"目标的重中之重。

2006 年全国科技大会提出自主创新、建设创新型国家战略以来，高新技术产业已然成为经济发展的增长极，在中国创新型经济发展中扮演着极为重要的角色。当前，经济的不稳定因素导致中国宏观经济周期的非线性、协动性和突变性特征不断增强，以高新技术园区为经济研究的切入点，对区域经济周期的典型特征，特别是经济运行中扩张收缩阶段的差异化表现进行研究，既能够为平抑宏观经济周期波动提供现实依据，又能为政府政策提供科学导向和理论参考。

7.1 研究模型的选择

经济周期波动理论是监测预警经济运行动态的重要基础。早期经济周期波

动研究多为定性分析，在第二、三次世界经济危机爆发后，真实经济周期理论
（Kydland and Prescott，1982）诞生，诸多学者将研究的重点放在根据数量特
征、相关关系、变化特征进行的定量分析上。随后，经济周期波动的研究开始
受到国内外学者们的广泛关注，主要沿三条思路展开：一是对经济周期波动特
征的研究，二是对影响周期波动特征形成因素的研究，三是对周期测定模型的
不断优化。

比较现有的经济周期度量方法来看，基于传统时间序列建立的度量模型虽
然可以较好地捕捉经济波动的关键特征，但难以准确刻画局部特征；同时由于
此类模型具有假定条件烦琐、参数设定复杂和数据质量要求高等特点，导致在
模型测算时难以保证结果准确。而趋势波动分析法基于滤波原理展开，能够有
效地将频域上不规则的成分序列滤去，分解成具有不同频率的成分，显然能够
更好地解决时间序列分析法的短板。趋势波动分析法有约束条件限制宽松、可
调节灵活性强及过滤水平和分解细化度高的特点，从根本上解决了数据信号噪
声对计算结果的影响，同时能够实现从不同尺度捕捉经济周期波动特征，因此
度量结果更为准确也更全面。黄等（Huang et al.，1998）提出经验模态分解
算法，较已有趋势分析的方法，该算法依据数据自身时间尺度特征进行信号分
解，是一种自适应的滤波，无须预设基函数，灵活性更强。

经验模态分解算法本质上是对经济周期序列进行多尺度的分解，既没有施
加任何的理论约束，又可以摆脱对数据质量和模型结构先验假设的依赖性；并
且通过对原有经济指标进行滤波分解，从不同尺度保留了经济变量的本质特
征，不仅能够有效地分离波动变量和趋势变量，而且不会遗漏关键信息，有助
于考察大时间跨度，并且对经济周期波动的描述也更为全面。因此，充分考虑
可操作性和提升结果准确性的需要，我们选用经验模态分解算法进行经济周期
波动的度量。

7.2　数据说明与模型构建

7.2.1　指标选择及样本数据处理

宏观经济周期波动的研究中，通常采用 GDP 增长率指标作为衡量经济发
展的综合指标。然而，考虑到中国转变经济发展方式、实施创新驱动战略对高

新技术园区提出的要求，同时也考虑到本书以首都高新技术园区为研究对象，为了更合理地对经济周期的波动进行描述，本章中指标选取借鉴了"中关村指数"指标体系及赋权。"中关村指数"是一套由北京市统计局编制的用以综合描述和评价首都高新技术产业发展状况和水平的独特开放式的指标体系，因此在评价首都高新技术园区经济周期波动时更为全面也更具科学内涵。表 7 – 1 为经过筛选后，确定的用以衡定高新技术园区经济周期波动的 5 项指标。其中，技术性收入反映技术、学术和科普活动的收入所得，技术性收入增加，表明经济增长的速度加快；全员劳动生产率从人均生产率角度对经济增长的效益进行评价；R&D 支出占比是创新发展的最重要组成部分之一，直接反映了创新发展支撑的动力；科技活动人员占比从人力资本规模角度反映了创新发展的人力驱动；企业总资产是企业发展能力的综合体现，企业总资产的规模和增减是企业潜在发展能力的直观表现。

表 7 – 1   **指标选取**

指标	含义
技术性收入	技术开发、技术转让、技术咨询、学术和科普活动的收入所得
全员劳动生产率	根据产品的价值量指标计算的平均每个从业人员在单位时间内的产品生产量
R&D 支出占比	企业在研究与发展新技术、新产品、新工艺时投入的费用与总收入产出的比例
科技活动人员占比	科技活动人员在期末从业人员中所占比例
企业总资产	企业资产负债表的资产总计项，是企业拥有或控制的全部资产的总额

我们选取 2005 年 2 月 ~ 2016 年 9 月期间，首都高新技术园区月度数据，及电子信息、生物与新医药、航空航天、新材料、新能源与节能、高技术服务、资源与环境、先进制造与自动化等国家重点支撑的八大高新技术领域月度数据，考虑到研究的经济学意义和模型稳定性，同时为了消除季节变动的影响，更好地突出经济运行的动态变化特征，我们将各指标进行同比处理得到增长率序列，第 t 期同比增长率 i 定义为：

$$i_t = \frac{i_t - i_{t\text{上年同期值}}}{i_{t\text{上年同期值}}} \times 100\% \tag{7-1}$$

由于历年 1 月、2008 年部分月份统计数据缺失，故采用内插法获取完整数据序列，其公式如下：

$$\frac{m\text{ 月数据}}{n\text{ 月数据}} = \frac{m\text{ 月标准工作天数}}{\text{当年到 } n\text{ 月累计工作天数}}$$

$$m < n；m，n = 1，2，\cdots，12，N \qquad (7-2)$$

其中，标准工作天数为扣除法定休息日后的实际工作天数，累计工作天数为截至当前历月实际工作天数总和。

7.2.2　周期测算及影响因素模型构建

对高新技术园区经济周期的分析从两个方面展开，一是建立高新技术园区经济周期测算模型对首都高新技术园区的各指标增长率序列周期长度进行度量，根据波动分量和趋势分量特点分析经济周期波动的特征规律；二是通过技术领域经济周期测算模型、回归分析模型等，分别对影响首都高新技术园区经济周期波动规律形成的内外部因素进行分析。

（1）高新技术园区经济周期测算模型。

受不同时期经济冲击风险的类型和大小，以及经济开放程度和宏微观政策调控的影响，高新技术园区经济状况可能存在结构性突变现象，同时经济数据本身存在非线性和非平稳的特征，充分考虑研究对象的特殊性十分必要。近年来，经验模态分解模型已成为经济金融工程领域广泛应用的工具之一，它可以将任何复杂的数据集分解为有限个不同时间尺度的本征模函数（Intrinsic Mode Function，IMF），以 IMF 分量刻画原始序列在局部的振荡结构，得到序列的时频局部性特征。对比 IMF 分量与原始序列相关程度，确定序列主周期长度，并通过捕捉时间序列数据生成过程中的离散变化，得到原始序列的波动特征和趋势特征。由于时间序列指标通常包含趋势成分、循环成分、季节成分和不规则成分，为了获得对经济活动的周期性度量，我们先对原始序列进行季节调整和线性趋势的去除，利用 EMD 方法分离趋势成分，最终得到各时间尺度下的循环成分，基于 EMD 法构建的高新技术园区经济周期测算模型为：

$$X(t)_{hi\text{-}techpark} = \sum_{i=1}^{n} c_i(t) + r_n(t) \quad i = 1，2，\cdots，n-1 \qquad (7-3)$$

其中，$X(t)_{hi\text{-}techpark}$ 为高新技术园区各指标原始序列；$c(t)$ 为原始序列的波动分量，其个数与序列复杂程度相关，其元素 $c_1(t) = h_1^{(1)}(t) = X(t) - \frac{1}{2}(h_{max}(t) + h_{min}(t))$，$h_{max}(t)$ 和 $h_{min}(t)$ 为经过三次样条插值函数拟合形成的极值包络线，$h_1^{(1)}(t)$ 为剔除低频信号的第一个波动分量序列，其符合 IMF 分量特征：$h_1^{(1)}(t)$ 过极值点和零点个数必须相等或至多相差 1；任何时点，$\frac{1}{2}(h_{max}(t) + h_{min}(t))$ 必须为零；$r_n(t)$ 为原始序列的趋势分量，其元素 $r_n(t) =$

$r_{n-1}(t) - c_n(t)$，其中，$r_n(t)$ 表示经过 n 次重复直到无法分解得到的趋势分量，即剔除高频信号得到的剩余分量。

（2）技术领域经济周期测算模型。

技术领域经济变动是导致高新技术园区经济变动的最直接原因，探究高新技术园区经济周期特征形成的影响因素，关键在于探索其技术领域的差异化特征，然而由于高技术领域发展尺度差距明显，直接使用标准差比较并不合适。为消除测量尺度和量纲的影响，选择变异系数（Coefficient of Variation）作为分析高新技术园区技术领域的度量指标，公式如下：

$$CV_t = \frac{1}{u} \sqrt{\sum_{k=1}^{n} (y_k - u)^2 / n} \quad k = 1, 2, 3, \cdots, 8; \ i = 1, 2, 3, \cdots, 128$$

$$(7-4)$$

其中，CV_t 为第 t 个技术领域的第 k 个月的变异系数，y_k 为该技术领域当月实际值，u 为该技术领域的当前指标平均值。变异系数 CV 越大，表示各个技术领域在某一指标测度下相对差异越大。

进一步利用 EMD 模型对关键技术领域进行周期分解，其公式如下：

$$X(t)_{technicalfield} = \sum_{j=1}^{m} c_j(t) + r_m(t) \quad j = 1, 2, \cdots, m-1 \qquad (7-5)$$

其中，$X(t)_{technicalfield}$ 为技术领域各指标的原始序列，代表第 t 个技术领域具有不同尺度的第 j 个 IMF 波动分量，$r_m(t)$ 为趋势分量。

7.3 首都高新技术园区经济周期特征实证结果分析

7.3.1 统计结果分析

根据式（7-1）和式（7-2）可以得到处理之后的指标序列，表7-2为经过统计分析后的结果。

第一，首都高新技术园区经济存在趋势性。表7-2显示，各指标 Jarque-Bera 检验的 P 值均小于 0.05，则均拒绝了正态分布的假设。从历史发展的角度看，这一结果显然合理，通常随着技术的进步和科技水平的不断提升，高新技术园区经济的发展将会是一个上升的过程。

表 7－2　　　　　　　　　　　　　　统计检验结果

统计量	技术性收入	全员劳动生产率	R&D 支出占比	科技活动人员占比	企业总资产
平均值	24.11	8.99	－2.07	66.42	26.68
中位数	21.36	14.66	－0.71	16.13	23.99
最大值	71.96	214.39	63.33	593.98	218.54
最小值	－12.50	－97.74	－55.71	－49.35	－58.98
标准差	15.85	50.91	14.48	141.16	26.24
偏度	1.09	－0.04	0.86	2.55	3.30
峰度	4.27	4.93	8.78	8.28	27.03
JB 检验统计量	33.96	19.84	193.69	287.68	3311.28
P 值	0.000000	0.000049	0.000000	0.000000	0.000000

第二，首都高新技术园区经济存在波动性。从方差值来看，高新技术园区各项指标方差值均很大，说明指标运行高低剧烈起伏。其中，涉及人员的两项指标方差值明显大于其余指标，表明园区人员结构具有频繁变动的特点，极具不稳定性。涉及科技活动类的两项指标方差值相对较小，表明园区科技活动发展的投入和产出都比较稳定。图 7－1 显示，从各指标波动的收缩扩张长度角度来看，其中，全员劳动生产率指标扩张收缩长度比始终小于 1，表明园区该指标扩张持续性差，但其波动区间比较稳定。以 2010 年为界，此前除全员劳动生产率外的其余指标，表现为波动扩张收缩的剧烈变动。2010 年后，指标波动扩张收缩长度基本持平，园区经济步入平稳运行阶段。

第三，首都高新技术园区经济存在周期性。从均值、峰值和谷值来看，各指标绝对水平有规律地呈现上升和下降的交替和循环。进一步观察峰度和偏度值，由于内外部因素的冲击和随机波动的干扰，各指标并非关于峰值、谷值绝对对称。剔除趋势性和随机波动成分后，高新技术园区经济将表现为有规律的周期性波动。

总体上，首都高新技术园区经济呈现上扬态势，有明显的周期性、波动性和趋势性特点，但各指标也表现出扩张性和持续性差的特征，准确测量经济的周期长度，并在此基础上对影响因素加以剖析，是保证经济平稳运行的关键所在。

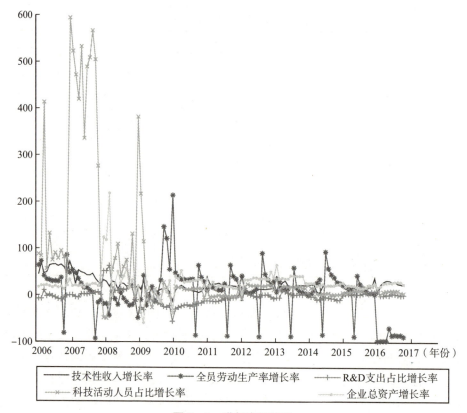

图 7-1　增长率折线图

7.3.2　经济周期测定结果分析

根据式（7-3），计算得到基于 EMD 方法下 2006 年 2 月～2016 年 9 月首都高新技术园区经济周期长度及分量图，我们发现高新技术园区经济周期的形成既有长期趋势因素，也有短期波动因素，在对其规律进行考察时，必须从波动规律和趋势规律两个角度展开。各指标经过 EMD 方法分解后，IMF 分量个数、主周期长度不尽相同。从波动特征来看，各指标序列表现出明显的波动性特点，其中全员劳动生产率指标尤为突出；从趋势特征来看，技术性收入、R&D 支出占比和科技活动人员占比指标呈现上升趋势，而全员劳动生产率、企业总资产指标在观测区间围绕 0 轴有规律地上下波动，长期表现为平缓趋势。

技术性收入处于朱格拉中周期范围，波动性因素是该指标周期特征形成的主要原因。技术性收入主要用于反映高新技术园区经济增长的情况。经 EMD 模型分解后，该指标包含趋势分量和 5 个不同时间尺度的 IMF 波动分量。其中，IMF 分量累积方差贡献率接近95%，表明中短期尺度因素是该指标周期形成的主要原因。如表 7 - 3 所示，综合考察方差贡献率和相关性检验的结果发现，该指标发展变动主要由平均周期为 202.9086 个月的中期尺度分量（res.）、平均周期为 162.5345 个月中期尺度分量（imf5）和平均周期为 52.94 个月的短期尺度分量（imf1）所决定。根据方差贡献率和相关性程度的排序确定 162.5345 个月为该指标的主周期。如图 7 - 2、图 7 - 3 所示，进一步考察主周

表 7 - 3 　　　　　　　　　　分量贡献、相关性及周期

分量	imf1	imf2	imf3	imf4	imf5	res.
平均周期	52.94	62.74	71.64484	105.1032	162.5345	202.9086
Pearson 系数	0.331 **	0.144	0.198 *	0.558 **	0.529 **	0.456 **
Kendall 系数	0.257 **	0.099	0.201 **	0.296 **	0.380 **	0.216 **
方差贡献率	22.83	14.16	13.29	16.09	27.81	5.82

注：** 表示在置信度（双测）为 0.01 时，相关性是显著的；* 表示在置信度（双测）为 0.05 时，相关性是显著的。

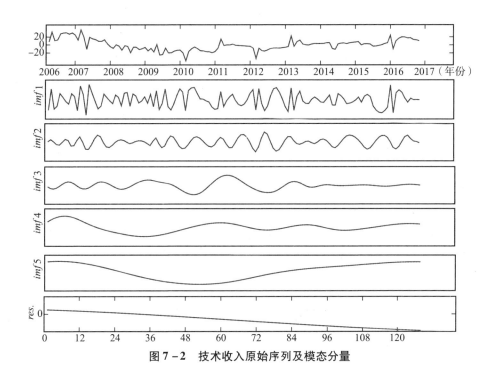

图 7 - 2　技术收入原始序列及模态分量

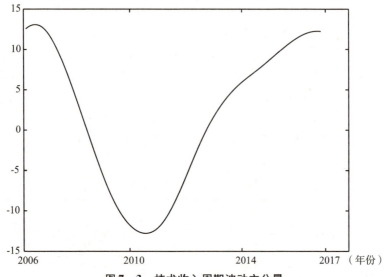

图 7 - 3　技术收入周期波动主分量

期特征发现，指标主周期分量表现为典型的"U"形曲线。在观测区间内，序列峰谷差值达 25.86%，尤其的是，该分量现阶段仍处于扩张趋势，增势放缓但并无下滑迹象，与原始序列具有一致但不完全等同的变动规律。

全员劳动生产率处于基钦周期区间，序列波动明显但趋势特征较弱。全员劳动生产率是衡量高新技术园区经济效益的关键指标之一，而人员的稳定性是全员劳动生产率指标稳定性的关键。从 EMD 模型分解结果来看（见表 7 - 4），该指标变动主要由累积方差贡献率和超过 50% 的平均周期为 36.28814 个月（$imf1$）的短期尺度分量和平均周期为 46.97592 个月（$imf2$）的短期尺度分量构成，并根据相关程度和方差贡献率排序确定 36.28814 个月为该指标主周期长度。综合考察方差贡献率和相关性检验的结果发现，趋势分量与原始序列并无相关性，这一特征表明，在观察区间内高新技术园区人员变动频繁，结构缺

表 7 - 4　　　　　　　　分量贡献、相关性及周期

分量	$imf1$	$imf2$	$imf3$	$imf4$	$imf5$	res.
平均周期	36.28814	46.97592	90.08704	149.3621	180.3644	198.9316
Pearson 系数	0.333 **	0.308 **	0.330 **	0.477 **	0.281 **	0.129
Kendall 系数	0.155 **	0.195 **	0.138 *	0.464 **	0.087	0.094
方差贡献率	27.54%	24.92%	11.42%	17.17%	10.58%	8.37%

注：** 表示在置信度（双测）为 0.01 时，相关性是显著的；* 表示在置信度（双测）为 0.05 时，相关性是显著的。

乏稳定性。进一步分析主周期序列发现，主周期分量表现出强烈的起伏波动，虽然在 2008～2009 年、2012～2014 年期间出现 3 次振幅收缩，但总体上各个阶段位势差很大；从绝对数量上看，现阶段该指标波动再次进入收缩阶段，走势伴有明显的下滑，与原始序列运行规律相同（见图 7-4、图 7-5）。

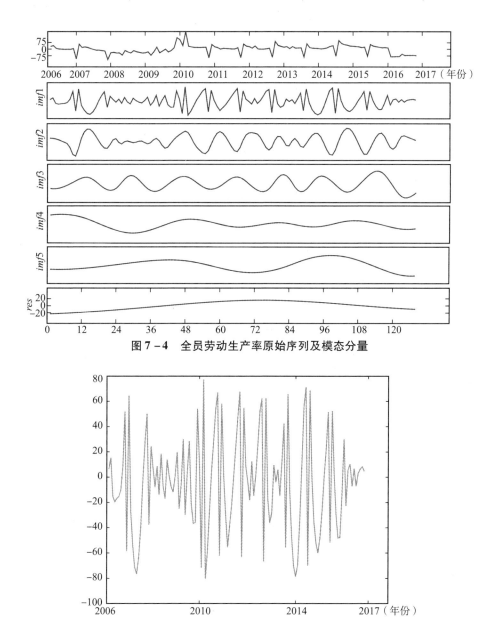

图 7-4　全员劳动生产率原始序列及模态分量

图 7-5　全员劳动生产率周期波动主分量

R&D 支出占比处于朱格拉中周期范围，波动性因素是指标周期特征出现的关键。R&D 支出占比指标主要用于评价高新技术园区发展水平。经过 EMD 模型分解后（见表 7 – 5），得到趋势分量和 5 个不同尺度的 IMF 波动分量，其中 397.2586 个月时间尺度的长周期趋势分量（res.）与原始序列并无相关性，而短期尺度分量 imf1、imf3 和中期尺度分量 imf4、imf5 与原始序列显著相关，根据方差贡献率排序结果，可以认为平均周期为 126.4693 个月的中期尺度分量是该指标的主周期。如图 7 – 6、图 7 – 7 所示，从主周期走势来看，2010 年

表 7 – 5　　　　　　　　　　　分量贡献、相关性及周期

分量	imf1	imf2	imf3	imf4	imf5	res.
平均周期	38.59391	56.60326	98.50608	126.4693	233.4015	397.2586
Pearson 系数	0.303 **	0.134	0.272 **	0.642 **	0.431 **	− 0.015
Kendall 系数	0.209 **	0.046	0.126 *	0.447 **	0.285 **	− 0.131 *
方差贡献率	15.81%	19.13%	12.63%	27.69%	19.16%	5.57%

注：** 表示在置信度（双测）为 0.01 时，相关性是显著的；* 表示在置信度（双测）为 0.05 时，相关性是显著的。

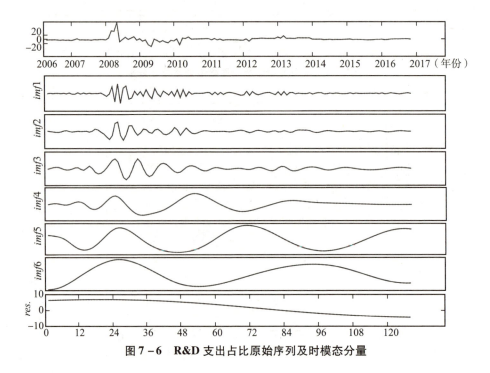

图 7 – 6　R&D 支出占比原始序列及时模态分量

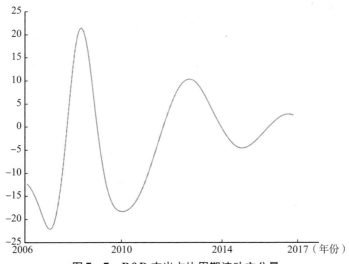

图7-7 R&D支出占比周期波动主分量

前主周期序列呈现尖峰"倒U"形,波动扩张长度与收缩长度基本一致,最大位势差超过100个百分点;2010年后,主周期序列表现为强劲的增长,虽2013~2015年有小幅回落,但仍保持正增长。对比发现,主周期和原始序列整体波动特征具有一致性,现阶段呈现统一的增势放缓特征。

科技活动人员占比处于朱格拉中周期范围,波动性因素和趋势因素的共同作用形成该指标特征。科技活动人员占比主要用于衡量高新技术园区科技发展的人力投资程度。经过EMD模型分解后(见表7-6),该指标各分量均与原序列显著相关,其中IMF波动分量累积方差贡献率接近95%,表明中短期波动因素对该指标周期规律形成作用较强,而长期因素作用相对较弱。根据方差贡献率排序结果确认146.6344个月为指标的主周期。如图7-8、图7-9所示,进一步观察发现,指标主周期序列呈现由尖峰向扁平"N"形曲线变动的

表7-6 分量贡献、相关性及周期

分量	imf1	imf2	imf3	imf4	imf5	imf6	res.
平均周期	40.14579	74.45274	99.5933	146.6344	240.4412	397.8681	587.7974
Pearson 系数	0.126	0.344**	0.317**	0.441**	0.324**	0.330**	0.505**
Kendall 系数	0.111	0.138*	0.155**	0.124*	0.050	0.228**	0.307**
方差贡献率	15.85%	15.33%	17.75%	21.48%	6.75%	17.49%	5.35%

注:** 表示在置信度(双测)为0.01时,相关性是显著的;* 表示在置信度(双测)为0.05时,相关性是显著的。

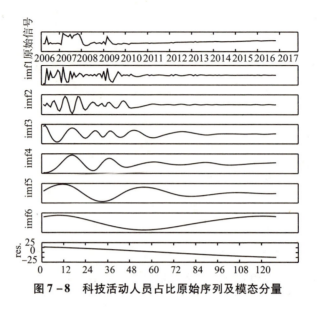

图 7-8　科技活动人员占比原始序列及模态分量

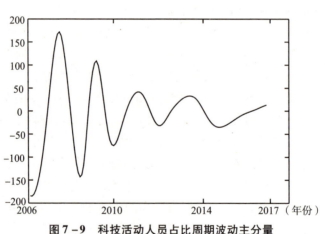

图 7-9　科技活动人员占比周期波动主分量

特点：以 2012 年为转折点，此前主周期序列扩张趋势较强，2012 年开始，主周期序列扩张态势有所放缓，波动的扩张收缩基本持平，同时峰谷差值不断缩窄。现阶段，主周期序列和原始指标序列均显示该指标进入新一轮扩张，并保持上升态势。

　　企业总资产处于朱格拉中周期范围，波动性因素导致其波动规律的形成。企业总资产是衡量园区发展规模的重要尺度。从 EMD 模型分解结果来看（见表 7-7），该指标包含趋势分量和 6 个波动分量。其中，IMF 分量均表现出与原始序列显著的相关性，并且各个分量方差贡献率分布均匀且绝对数量相近，

就此推断，中短期波动因素是指标周期变动的主要成分。综合考察相关性检验
和方差贡献率结果确定 100.2343 个月作为该指标的主经济周期。如图 7-10、
图 7-11 所示，进一步考察主周期序列的变动特征，表现为全局上的"U"形
曲线特征和局部的"N"形曲线特征。在观测区间内，主周期序列可分为三个

表 7-7　　　　　　　　　　　　分量贡献、相关性及周期

分量	$imf1$	$imf2$	$imf3$	$imf4$	$imf5$	$imf6$	res.
平均周期	42.92038	79.8853	97.0357	100.2343	120.596	218.374	349.5598
Pearson 系数	0.466 **	0.402 **	0.418 **	0.395 **	0.245 **	0.285 **	0.004
Kendall 系数	0.292 **	0.132 *	0.129 *	0.311 **	0.092	0.183 **	-0.079
方差贡献率	17.65%	17.03%	11.93%	19.06%	14.74%	14.08%	5.52%

注：** 表示在置信度（双测）为 0.01 时，相关性是显著的；* 表示在置信度（双测）为 0.05
时，相关性是显著的。

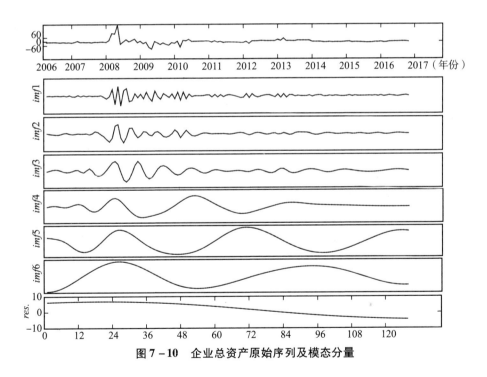

图 7-10　企业总资产原始序列及模态分量

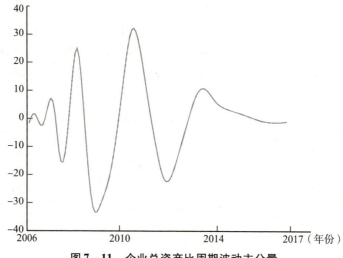

图 7 - 11　企业总资产比周期波动主分量

阶段：以 2009 年为第一个拐点，此前主周期序列波动幅度逐步扩张，但收缩速度较快，扩张持续性差；以 2012 年为第二个拐点，此前主周期序列收缩长度基本持平，扩张性明显提升；2012 年后，从绝对数量上看，主周期序列扩张长度缩短，同时收缩长度有延长趋势，但就平均位势而言，这一阶段主周期序列的波动表现出趋于稳中趋增的特征，与原始序列现阶段走势具有高度一致性。

7.4　首都高新技术园区经济周期特征成因分析

　　前面研究表明，基于 EMD 模型下，整体而言波动性因素使 2006 年 2 月 ~ 2016 年 9 月期间首都高新技术园区经济运行主要表现为波动特征，而趋势性因素则对涉及人员类的指标作用稍为明显。具体来看，在 2006 年 2 月 ~ 2016 年 9 月观测区间内，除全员劳动生产率主周期为基钦短周期外，其他 4 项指标主周期均接近朱格拉中周期。分解结果显示，技术性收入、R&D 支出占比和科技活动人员占比、企业总资产呈上升趋势；全员劳动生产率波动最为剧烈频繁。本节将基于前文中利用 EMD 模型计算得到的各指标主周期长度及 IMF 分量，进一步考察影响高新技术园区经济周期的因素，探究造成首都高新技术园区各指标周期波动的具体原因，不仅有助于理解和预测经济的运行态势，而且可以为经济调控政策的科学制定和效果评价提供重要依据。

7.4.1　内部因素分析

技术领域发展变动是首都高新技术园区经济周期波动特征形成的最直接、最主要因素。领域结构变动和宏观经济的运行存在相互制约、相互影响的内在联系，领域结构变动是宏观经济变动的关键影响因子，宏观经济运行特征则是领域结构变动的具体实现形式，领域结构变动的方向和频率很大程度上制约和决定着宏观经济运行及其具有的基本特征，因此，深入研究影响园区经济周期特征形成的最主要技术领域是必要的。由于不同技术领域发展的程度、政策效果和实施力度等都存在明显的差异，导致技术领域和高新技术园区各指标的相关程度也有很大区别。同时，各技术领域变动对园区经济波动的贡献率各不相同，各指标的决定因素也有所不同。

为消除技术领域量纲差别，根据式（7－4）计算得到各技术领域的变异系数。表 7－8 为各技术领域变异系数与高新技术园区相关性的检验结果，表 7－9 为各技术领域对高新技术园区各指标变动的平均贡献率，我们可以发现：电子信息产业、高技术服务产业和兴能源与节能产业与园区技术性收入指标变动相关程度最高，并且对园区该指标变动的贡献最为明显；各技术领域均与园区的企业总资产指标具有很高的相关性，但除电子信息产业和先进制造与自动化产业外，其余产业对园区该指标变动的贡献并不大；除先进制造与自动化产业外，各技术领域和园区科技活动人员占比指标相关性均较高，但该技术领域对园区该指标变动贡献率很大；航空航天是唯一与园区 R&D 支出占比不相关的技术领域，对该指标变动贡献极小；新材料产业和新能源与节能产业对园区贡献均较大，但从相关性检验结果来看，两者与园区并无相关性。

表 7－8　　　　　　　　　　技术领域变异系数相关性检验

相关性检验	电子信息	生物与新医药	航空航天	新材料	高技术服务	新能源与节能	资源与环境	先进制造与自动化
技术性收入	0.849**	0.216*	0.011	0.054	0.411**	0.641**	0.513**	0.096
全员劳动生产率	0.258**	0.255**	0.490**	-0.009	0.747**	-0.127	0.634**	0.485**
R&D 支出占比	0.837**	0.662**	0.162	0.190*	0.819**	0.203*	0.582**	0.551**
科技活动人员占比	0.873**	0.746**	0.624**	0.590**	0.724**	0.640**	0.716**	0.166
企业总资产	0.779**	0.867**	0.543**	0.803**	0.291**	0.533**	0.774**	0.515**

注：**表示在置信度（双侧）为 0.01 时，相关性是显著的；*表示在置信度（双侧）为 0.05 时，相关性是显著的。

表7-9　　　　　　　　　　　技术领域平均贡献率

指标	电子信息	生物与新医药	航空航天	新材料	高技术服务	新能源与节能	资源与环境	先进制造与自动化
技术性收入	0.6	0.0	0.0	0.0	0.2	0.1	0.0	0.1
全员劳动生产率	1.1	4.0	2.7	2.6	0.3	7.6	-1.5	3.8
R&D 支出占比	-0.7	-0.6	-1.3	-1.0	2.4	1.2	11.2	4.3
科技活动人员占比	-110.5	-52.1	-88.2	-67.9	-18.1	-85.9	-99.8	-66.7
企业总资产	0.4	0.1	0.0	0.1	0.3	0.1	0.0	0.2

　　为挖掘影响首都高新技术园区经济周期波动和特征形成的某个或某多个关键领域，同时为进一步验证技术领域变动为园区经济变动的最直接和最主要原因，对技术领域和高新技术园区各指标进行线性回归。通过线性回归结果，试图解决两方面问题：一是以指标为划分标准，通过以技术领域为自变量，高新技术园区为因变量，建立模型用于量化首都高新技术园区经济变动可以被技术领域经济变动解释的程度；二是通过显著性检验结果，剔除与高新技术园区无线性关系的技术领域，将剩余技术领域和高新技术园区再次进行回归，确定经济变动的主要影响因素。为节省篇幅，表7-10将各技术领域对高新技术园区线性回归的结果进行了汇总，观测各指标回归后整体的显著性检验值均小于0.05，说明各回归模型是有统计意义的；从 R^2 结果来看，除科技活动人员占比指标外，技术领域的变动能够解释85%以上的其余指标的变动，充分说明技术领域发展变动是首都高新技术园区经济周期波动特征形成的主要原因。

表7-10　　　　　　　　　　　整体回归结果

指标	R^2	F 值	显著性
技术性收入	0.907	148.512	0.000
全员劳动生产率	0.984	978.7741	0.000
R&D 支出占比	0.939	239.0035	0.000
科技活动人员占比	0.312	6.903822	0.000
企业总资产	0.850	86.72852	0.000

　　从科技活动人员回归的结果来看，技术领域只能够解释31.2%的首都高新技术园区该指标的变动，说明不可量化的因素对该指标有很大的影响作用。已有研究成果表明，政府政策及社会环境、组织机构与个人需求和意愿都会影响科技人员的流动。考虑到研究对象的特殊性，我们认为政策是研究中最大的非量化影响因素。具体来看，针对科技人员的政策是决定其薪资待遇和职业发展前景的关键，同时对科技人员的扶持政策实施的力度和效果是决定其自我价值实现和人员结构稳定性的根本所在。此外，所在组织机构的发展稳定性、科研支出收入均对科技人员的心理和行为有很大的影响。因此，深入研究政府政策对科技人员的作用，不仅能够解释科技活动人员指标周期波动的产生原因，更能为后续政策制定提供理论支持。

　　表7-11为所有技术领域对高新技术园区各项指标回归的结果汇总。通过t值和显著性检验的结果可以知道，在0.05的显著性水平下，各技术领域与高新技术园区并非均有线性相关关系。根据技术领域变异系数相关性检验结果、技术领域平均贡献率结果和线性相关关系结果可知，影响各指标变动的技术领域并非完全一致。表7-12为对影响高新技术园区经济周期变动较小或无线性关系的技术领域进行剔除后的回归结果的汇总。结果显示，在0.05的显著性水平下，剔除部分技术领域后，除科技活动人员占比指标具有特殊性外，技术领域变动仍能解释80.0%以上的高新技术园区变动，可以认定该些技术领域是作用于高新技术园区经济周期波动的最重要因素。对比表7-10和表7-12的回归结果，进一步证明被剔除的技术领域对高新技术园区变动的影响和贡献很小。

表7-11　　　　　　　　　　　线性相关关系回归结果

变量	技术性收入		全员劳动生产率		R&D 支出占比		科技活动人员占比		企业总资产	
	t	显著性	t	显著性	t	显著性	t	显著性	t	显著性
常量	2.681	0.008	0.440	0.661	-3.313	0.001	4.187	0.000	7.031	0.000
电子信息	19.188	0.000	2.341	0.021	4.402	0.000	-1.049	0.296	0.995	0.322
生物与新医药	1.180	0.240	0.185	0.854	2.686	0.008	-0.488	0.626	8.307	0.000
航空航天	-0.981	0.329	-2.545	0.012	-4.077	0.000	2.135	0.035	0.709	0.480
新材料	0.789	0.432	-0.892	0.374	3.222	0.002	-2.627	0.010	1.026	0.307
高技术服务	3.369	0.001	0.279	0.781	5.615	0.000	3.602	0.000	4.527	0.000

续表

变量	技术性收入		全员劳动生产率		R&D 支出占比		科技活动人员占比		企业总资产	
	t	显著性	t	显著性	t	显著性	t	显著性	t	显著性
新能源与节能	14.081	0.000	2.583	0.011	-3.735	0.000	0.817	0.415	1.866	0.064
资源与环境	0.659	0.511	4.035	0.000	1.829	0.070	0.205	0.838	-0.360	0.720
先进制造与自动化	0.528	0.599	1.763	0.080	4.621	0.000	1.174	0.243	0.878	0.382

表 7 - 12   剔除后整体回归结果

指标	R^2	F 值	显著性
技术性收入	0.903311	395.4968	0.000
全员劳动生产率	0.983971	1964.377	0.000
R&D 支出占比	0.937454	267.649	0.000
科技活动人员占比	0.208694	11.16472	0.000
企业总资产	0.810584	273.8812	0.000

表 7 - 13 显示, 剔除无关指标后再次进行回归分析, 在 0.05 的显著性水平下, 回归结果具有统计意义。对系数进行排序, 可以认定电子信息产业分别是技术性收入、全员劳动生产率和 R&D 支出占比指标的最主要影响因素, 高技术服务产业分别对科技活动人员和企业总资产指标影响最大。进一步采用 EMD 方法对各技术领域各项指标序列进行分解, 确定主周期长度, 并将关键技术领域周期长度、趋势和首都高新技术园区进行比较, 结果如表 7 - 14 所示。具体来看, 全员劳动生产率、R&D 支出占比和科技活动人员占比指标周期长度差值占比在 10 个百分点以内, 企业总资产指标在 15 个百分点以内, 主周期长度的相似性充分说明技术领域对首都高新技术园区的影响巨大。从各序列表现的趋势特征看, 虽然技术性收入周期长度差值占比 17.4 个百分点, 但其与园区周期趋势保持高度一致; 技术领域企业总资产指标除在 2016 年 9 月有异常明显下降外, 在观测区间内保持上升趋势, 与首都高新技术园区该指标整体走势保持一致; 技术领域和高新技术园区在科技活动人员占比周期趋势上明显相悖, 与前文分析综合来看, 这一特点与政府政策的作用有着极大关系。

表 7 - 13　　　　　　剔除后系数与相关性

变量	技术性收入			全员劳动生产率			R&D 支出占比			科技活动人员占比			企业总资产		
	系数	T	显著性	系数	t	显著性	系数	T	显著性	系数	t	显著性	系数	T	显著性
常量	2.590	3.212	0.002	8.086	1.732	0.086	-2.103	-3.115	0.002	46.070	3.965	0.000	14.001	10.129	0.000
电子信息	0.668	23.112	0.000	0.880	3.080	0.003	0.167	4.947	0.000	—	—	—	—	—	—
生物与新医药	—	—	—	—	—	—	0.114	2.886	0.005	—	—	—	0.166	22.108	0.000
航空航天	—	—	—	-0.213	-2.120	0.036	-0.040	-3.710	0.000	0.325	4.629	0.000	—	—	—
新材料	—	—	—	—	—	—	0.094	3.560	0.001	-1.098	-3.287	0.001	—	—	—
高技术服务	0.062	4.011	0.000	—	—	—	0.107	6.889	0.000	1.402	3.619	0.000	0.194	6.589	0.000
新能源与节能	0.099	14.271	0.000	0.315	3.594	0.000	-0.014	-4.266	0.000	—	—	—	—	—	—
资源与环境	—	—	—	0.131	8.308	0.000	—	—	—	—	—	—	—	—	—
先进制造与自动化	—	—	—	—	—	—	0.136	4.273	0.000	—	—	—	—	—	—

表 7 – 14　　　　　　　　　　主周期长度及趋势对比

指标	示范区周期	技术领域周期	差值占比	示范区趋势特征	技术领域趋势特征
技术性收入	162.5	190.8	17.4	上升	上升
全员劳动生产率	36.3	37.1	2.3	强烈波动	强烈波动
R&D 支出占比	126.5	113.9	9.9	上升	增势放缓
科技活动人员占比	146.6	147.9	0.9	下降	上升
企业总资产	100.2	86.9	13.3	下降	上升

7.4.2　外部因素分析

政府政策的实施力度和实施效果，尤其是针对性政策的部署实施是首都高新技术园区经济周期特征形成的重要原因。前文分析表明，技术领域的变动可以解释技术性收入、全员劳动生产率、R&D 支出占比和企业总资产指标85.0% 以上的变动，而技术领域变动因素只能解释首都高新技术园区科技活动人员占比指标31.2% 的变动。因此，我们认为除技术领域变动的因素外，政府政策因素是科技活动人员指标变动的重要影响因素。由于政策存在滞后效应，这里以年度为划分对北京市和首都高新技术园区政策年度数量进行统计，并与科技活动人员占比指标年均增长率进行回归分析，表 7 – 15 和表 7 – 16 结果显示，政府政策能够解释科技活动人员增长率65.3% 的变动，而在 0.05 的显著性水平下，首都高新技术园区发布政策对园区该指标变动的影响显著，一定程度上表明针对性较强的政策对园区的作用也更为明显。

表 7 – 15　　　　　　政府政策与科技活动人员年均增速回归结果

	R	R^2	调整后的 R^2	标准估算的错误	F	显著性
回归结果	0.808	0.653	0.554	0.029	6.584	0.025

表 7 – 16　　　　　　　　　　回归系数结果

	非标准化系数		标准系数	t	显著性
	B	标准错误	贝塔		
常量	0.225	0.018		12.265	0.000
示范区	− 0.004	0.001	− 0.663	− 2.973	0.021
北京市	− 0.006	0.003	− 0.421	− 1.888	0.101

通过有效的检验首都高新技术园区经济周期的波动态势，并进一步分析波动特征形成的影响机制，不仅对领域变动、政策实施对经济变动的作用效果有借鉴意义，同时可以进一步发挥高新技术园区创新带动和示范功能，而且可以在政府政策制定过程中增强对政策针对性、数量和覆盖规模影响的考虑。根据上述研究结果，提出以下建议：第一，建立经济周期衡量指标体系，指标选择的准确性是经济周期研究的基础，尤其是对中微观和区域经济的研究，仅以GDP 增速为衡量标准难以突出经济运行各侧面的特征；第二，加强对重点领域的监测监控，进而深入挖掘领域增长动力和阻碍机制，重点领域作为经济发展质量的直接表现，对提升经济的稳定性和协同性具有重要意义；第三，提升政策针对性，宏观政策覆盖面广，中微观政策适用性强，通过增加中微观政策的数量、提升政策发布的频率，同时有效配合宏观政策点，以便政策红利的释放。

7.5 小　　结

本章首先依据"中关村指数"和宏观经济周期波动度量指标的筛选准则，确定了用于衡量高新技术园区经济周期波动的指标，以全面评价高新技术园区经济发展质量、速度、规模和效率。其次，基于 EMD 算法构建了高新技术园区经济周期波动测定模型，量化分析经济周期波动和趋势特征，实现了对经济周期波动的精确分解和度量，解决了高新技术园区经济周期波动模型构建及测量准确性和稳定性的问题。再其次，进一步结合多元线性回归模型构建了高新技术园区经济周期波动影响因素分析模型，实现了对经济周期波动的技术领域因素和政策因素的量化分析。最后，通过比照影响因子与研究对象的经济周期运行特征，对经济运行协同性的判定，实现了对高新技术园区经济发展的先行、同步和滞后影响因素的探析。

分析结果显示，长期趋势上，中关村经济发展向好，整体处于增长态势。除全员劳动生产率为周期较短外，其余各指标均为中长周期，且 IMF 分量数量基本相同，说明各指标结构复杂程度极为相似，但全员劳动生产率周期较短且波动频繁的特点引起中关村经济发展一定程度的失调，不利于经济平稳运行。电子信息领域等技术密集型产业对中关村经济增长的速度、效益和创新发展规模周期波动特征的影响作用最为明显，高技术服务业为代表的知识密集型服务业则对人力资本规模和企业发展能力的影响很大。规模上，中关村经济周期波动的影响因素中，滞后因素数量明显多于先行因素。数量上，先行技术领域和滞后技术领域的先行滞后期数分别相等，说明技术领域因素间存在相似性，但进一步观察发现，同一技术领域对不同度量指标的影响程度和敏感性并不相同，这就意味着技术领域发展水平的差异和同一技术领域发展速度、质量和效率的阶段性差异，对中关村经济周期波动的作用也存在明显不同。作用水平上，滞后因素比先行因素的影响程度更大，说明滞后因素的变动更易造成和加强中关村经济运行轨迹的摇摆，甚至对经济发展起抑制作用。

第 8 章

国内外高技术产业发展创新情况对比

8.1 国内地区高技术产业的发展

8.1.1 山东省高技术产业发展情况

（1）高技术产业总体发展情况。

如表 8 - 1 所示，山东省高技术产业近年来总体发展迅速，资产总额以平均每年 32.9% 的速度快速增长，到 2016 年底，山东省高技术产业资产总额已高达 8091.8 亿元。具体来看，2009～2011 年山东省高技术产业企业个数有所下降，从最高时的 1907 个减至 1514 个，2011 年后又开始逐年增多。从业人数方面，近年来山东省高技术产业从业人数在以平均每年 5.5% 的速度逐年增多，到 2016 年底，山东省高技术产业从业人员平均人数已达到 750189 人。主营业务收入呈持续上升态势，山东省高技术产业主营业务收入平均增长速度为 15.4%，从 2009 年的 4548.8 亿元上升至 2016 年的 12263.5 亿元，8 年间增长了 169.6%。利润总额以年均 19.6% 的速度逐年增加，从 2009 年的 279.1 亿元上升至 2016 年的 952.7 亿元，8 年间增长了 241.4%。利税逐年上升，从 2009 年的 407.7 亿元上升至 2016 年的 1160.2 亿元，6 年间共增长了 184.6%。出口交货值从 2010 年的 1564.9 亿元上升至 2016 年的 1934.7 亿元，7 年间增长了 23.6%。

表 8 - 1   山东省高技术产业生产经营情况

年份	企业个数（个）	从业人员（人）	资产总计（亿元）	主营业务收入（亿元）	利润总额（亿元）	利税（亿元）	出口交货值（亿元）
2009	1907	523435	1334.5	4548.8	279.1	407.7	—
2010	1847	545398	2853.4	5148.8	383.6	554.7	1564.9
2011	1514	553395	3264.0	6121.4	463.7	660.9	1463.7
2012	1875	674943	4300.7	7729.2	612.9	901.1	1597.1
2013	2015	691324	5050.8	8946.5	700.3	1037.3	1663.5
2014	2114	726301	6764.7	10212.1	781.3	1160.2	1948.5
2015	2268	731784	7242.2	11535.3	874.2	—	1969.2
2016	2207	750189	8091.8	12263.5	952.7	—	1934.7

资料来源：由 2010～2017 年《中国高技术产业统计年鉴》整理得到。

（2）产业分技术领域发展情况。

聚焦高技术产业内部各行业发展情况可知，山东省高技术产业结构在近几年间发生了较大变化，主要优势产业为医药制造业和电子及通信设备制造业。如表 8 - 2 所示，2009～2016 年医药制造业的主营业务收入占比整体呈上升的趋势，占比由 2009 年的 29.1% 上升至 2016 年的 37.1%，8 年增长了 8.0%。2009～2016 年，航空航天器制造业的主营业务收入占比呈平衡趋势，占比由 2009 年的 0.2% 上升至 2016 年的 0.3%，8 年增长了 0.1%。2009～2016 年，电子及通信设备制造业的主营业务收入占比总体呈上升趋势，占比由 2009 年的 38.5% 上升至 2016 年的 40.2%，8 年增长了 1.7%。2009～2016 年，医疗设备及仪器仪表制造业的主营业务收入占比呈总体上升的趋势，占比由 2009 年的 8.2% 上升至 2016 年的 10.1%，8 年增长了 1.9%。2009～2016 年，电子计算机及办公设备制造业的主营业务收入占比呈波动下滑的趋势，占比由 2009 年的 24.0% 下滑至 2016 年的 11.3%，8 年下降了 12.7%。另外，技术领域分类中自 2015 年起新增的信息化学品制造业主营业务收入占比约为 1.1%。

表 8 - 2   山东省高技术产业各技术领域情况

技术领域	2009 年	2010 年	2011 年	2012 年	2013 年	2014 年	2015 年	2016 年
医药制造业（亿元）	1322.9	1564.4	1957.0	2608.2	3496.3	3715.8	4161.7	4546.8
占比（%）	29.1	30.4	32.0	33.7	39.1	36.4	36.1	37.1

续表

技术领域	2009 年	2010 年	2011 年	2012 年	2013 年	2014 年	2015 年	2016 年
航空航天器制造业（亿元）	8.2	11.5	15.2	11.9	27.8	37.3	37.4	31.3
占比（％）	0.2	0.2	0.2	0.2	0.3	0.4	0.3	0.3
电子及通信设备制造业（亿元）	1751.2	1772.2	1931.7	2696.7	2765.4	4234.4	4755.7	4926.7
占比（％）	38.5	34.4	31.6	34.9	30.9	41.5	41.2	40.2
电子计算机及办公设备制造业（亿元）	1091.5	1359.4	1674.7	1687.5	1798.7	1176.9	1272.3	1391.8
占比（％）	24.0	26.4	27.4	21.8	20.1	11.5	11.0	11.3
医疗设备及仪器仪表制造业（亿元）	374.9	441.3	542.7	724.8	858.3	1047.7	1172.9	1237.6
占比（％）	8.2	8.6	8.9	9.4	9.6	10.3	10.2	10.1
信息化学品制造业（亿元）	—	—	—	—	—	—	135.4	129.2
占比（％）	—	—	—	—	—	—	1.2	1.1

资料来源：由 2010～2017 年《中国高技术产业统计年鉴》整理得到。

（3）高技术产业创新发展情况。

近年来，山东省高技术产业创新发展情况日新月异，有 R&D 活动的企业数量翻番，研发人员数量增长快速，研发经费投入稳步增加。如表 8-3 所示，有 R&D 活动的企业数以平均每年 33.0％的增速，从 2009 年的 354 个上升至 2016 年的 904 个，8 年间增长了 155.4％，有 R&D 活动的企业数占企业总数的比例从 2009 年的 18.6％上升至 2016 年的 41.0％，8 年间增长了 22.4％；R&D 人员以平均每年 22.2％的增速，从 2009 年的 21730 人上升至 2016 年的 73479 人，8 年间增长了 238.1％，R&D 人员占从业人员数的比例从 2009 年的 4.2％上升至 2016 年的 9.8％，8 年间增长了 5.6％；R&D 经费内部支出以平均每年 21.9％的增速，从 2009 年的 600.6 亿元上升至 2016 年的 2224.9 亿元，8 年间增长了 270.4％，研发强度从 2009 年的 13.2％上升至 2016 年的 18.14％，8 年间增长了 4.94％。

表 8 – 3　　　　　　　　　　山东省高技术产业科技投入情况

年份	有 R&D 活动的企业数（个）	占比（%）	R&D 人员（人）	占比（%）	R&D 经费投入（亿元）	强度
2009	354	18.6	21730	4.2	600.6	13.20
2010	114	6.2	19825	3.6	612.4	11.89
2011	320	21.1	36988	6.7	990.0	16.17
2012	472	25.2	52418	7.8	1345.6	17.41
2013	535	26.6	60097	8.7	1562.2	17.46
2014	627	29.7	66535	9.2	1760.1	17.24
2015	779	34.3	67864	9.3	2076.8	18.00
2016	904	41.0	73479	9.8	2224.9	18.14

资料来源：由 2010 ~ 2017 年《中国高技术产业统计年鉴》整理得到。

8.1.2　安徽省高技术产业发展情况

（1）高技术产业总体发展情况。

如表 8 – 4 所示，安徽省高技术产业近年来获得了突飞猛进的发展，资产总额以平均每年 404.8% 的速度快速增长，到 2016 年底，安徽省高技术产业资产总额已高达 3610.4 亿元，安徽省高技术产业发生了巨大变化。就高技术产业企业个数来看，2009 ~ 2011 年，安徽省高技术产业企业个数有所下降，从最高时的 745 个减至 574 个，2011 年后又开始逐年增多。从业人数方面，近年来安徽省高技术产业从业人数在以平均每年 14.5% 的速度逐年增多，到 2016 年底，安徽省高技术产业从业人员平均人数已达到 288690 人。主营业务收入呈持续快速上升态势，安徽省高技术产业主营业务收入平均增长速度为 36.1%，从 2009 年的 431.4 亿元上升至 2016 年的 3587.6 亿元，8 年间增长了 731.6%。利润总额以年均 30.8% 的速度逐年增加，从 2009 年的 40.9 亿元上升至 2016 年的 238.7 亿元，8 年间增长了 483.2%。利税逐年上升，从 2009 年的 58.6 亿元上升至 2014 年的 263.3 亿元，6 年间共增长了 349.3%。出口交货值从 2010 年的 44.7 亿元上升至 2016 年的 800.3 亿元，6 年间增长了 1690.4%。总体来看，安徽省高技术产业近年来发展十分迅猛。

表 8 - 4　　　　　　　　　安徽省高技术产业生产经营情况

年份	企业个数（个）	从业人员（人）	资产总计（亿元）	主营业务收入（亿元）	利润总额（亿元）	利税（亿元）	出口交货值（亿元）
2009	617	114639	32.3	431.4	40.9	58.6	—
2010	745	146412	894.7	661.5	69.6	95.1	44.7
2011	574	149818	1139.1	1055.1	85.9	136.1	119.5
2012	744	187326	1367.4	1460.0	143.4	200.8	200.8
2013	841	205182	1728.1	1831.4	157.8	232.6	300.3
2014	1036	252133	2563.5	2533.0	191.3	263.3	647.6
2015	1198	266994	3020.5	3064.1	221.9	—	763.0
2016	1398	288690	3610.4	3587.6	238.7	—	800.3

资料来源：由 2010 ~ 2017 年《中国高技术产业统计年鉴》整理得到。

（2）产业分技术领域发展情况。

聚焦高技术产业内部各行业发展情况可知，安徽省高技术产业结构在近几年间也发生了较大变化，主导产业为电子及通信设备制造业、医药制造业和电子计算机及办公设备制造业。如表 8 - 5 所示，2009 ~ 2016 年，医药制造业的主营业务收入占比呈逐年下滑的趋势，占比由 2009 年的 40.9% 下滑至 2016 年的 23.0%，8 年下降了 17.9%。2009 ~ 2016 年，航空航天器制造业的主营业务收入占比呈下滑的趋势，占比由 2009 年的 3.8% 下滑至 2016 年的 0.5%，8 年下降了 3.3%。2009 ~ 2016 年，电子及通信设备制造业的主营业务收入占比呈逐年上升的趋势，占比由 2009 年的 36.0% 上升至 2016 年的 50.1%，8 年增长了 14.1%。2009 ~ 2016 年，医疗设备及仪器仪表制造业的主营业务收入占比呈逐年下滑的趋势，占比由 2009 年的 17.4% 下滑至 2016 年的 8.5%，8 年下降了 8.9%。2009 ~ 2016 年，电子计算机及办公设备制造业的主营业务收入占比急速上升，占比由 2009 年的 1.9% 上升至 2016 年的 17.2%，8 年增长了 15.3%。另外，技术领域分类中自 2015 年起新增的信息化学品制造业主营业务收入占比约为 0.8%。

表 8 - 5　　　　　　　　　　　安徽省高技术产业各技术领域情况

技术领域	2009 年	2010 年	2011 年	2012 年	2013 年	2014 年	2015 年	2016 年
医药制造业（亿元）	176.4	259.9	362.0	457.2	552.5	632.0	715.6	823.8
占比（%）	40.9	39.3	34.3	31.3	30.2	24.9	23.4	23.0
航空航天器制造业（亿元）	16.2	28.8	33.5	14.5	17.3	12.1	14.1	16.4
占比（%）	3.8	4.3	3.2	1.0	0.9	0.5	0.5	0.5
电子及通信设备制造业（亿元）	155.2	250.0	489.1	749.1	826.0	1081.5	1439.1	1796.0
占比（%）	36.0	37.8	46.4	51.3	45.1	42.7	47.0	50.1
电子计算机及办公设备制造业（亿元）	8.4	13.9	33.3	78.0	237.4	580.5	615.3	615.3
占比（%）	1.9	2.1	3.2	5.3	13.0	22.2	20.1	17.2
医疗设备及仪器仪表制造业（亿元）	75.3	108.9	137.2	161.2	198.2	226.9	258.8	306.5
占比（%）	17.4	16.5	13.0	11.0	10.8	9.0	8.4	8.5
信息化学品制造业（亿元）	—	—	—	—	—	—	21.4	29.5
占比（%）	—	—	—	—	—	—	0.7	0.8

资料来源：由 2010～2017 年《中国高技术产业统计年鉴》整理得到。

（3）高技术产业创新发展情况。

近年来安徽省高技术产业创新发展同样取得了良好的成果，有 R&D 活动的企业已达到 4 成，研发人员数量日益增多，研发经费投入稳步增加。如表 8 - 6 所示，有 R&D 活动的企业数以平均每年 56.7% 的增速，从 2009 年的 141 个上升至 2016 年的 596 个，8 年间增长了 322.7%，有 R&D 活动的企业数占企业总数的比例从 2009 年的 22.9% 上升至 2016 年的 42.6%，8 年间增长了 19.7%；R&D 人员以平均每年 25.2% 的增速，从 2009 年的 6413 人上升至 2016 年的 27634 人，8 年间增长了 330.9%，R&D 人员占从业人员数的比例从 2009 年的 5.6% 上升至 2016 年的 9.6%，8 年间增长了 4.0%；R&D 经费内部支出以平均每年 40.5% 的增速，从 2009 年的 65.7 亿元上升至 2016 年的 635.5 亿元，8 年间增长了 866.7%，研发强度从 2009 年的 15.24% 上升至 2016 年的 17.72%，8 年间增长了 2.48%。

表 8 - 6　　　　　　　　　　安徽省高技术产业科技投入情况

年份	有 R&D 活动的 企业数（个）	占比	R&D 人员 （人）	占比	R&D 经费投入 （亿元）	强度
2009	141	22.9	6413	5.6	65.7	15.24
2010	43	5.8	7863	5.4	122.1	18.46
2011	187	32.6	14251	9.5	208.6	19.77
2012	264	35.5	14725	7.9	223.9	15.34
2013	308	36.6	16324	8.0	301.4	16.46
2014	380	36.7	21167	8.4	374.7	14.79
2015	489	40.8	22601	8.5	512.0	16.71
2016	596	42.6	27634	9.6	635.5	17.72

资料来源：由 2010～2017 年《中国高技术产业统计年鉴》整理得到。

8.1.3　上海市高技术产业发展情况

（1）高技术产业总体发展情况。

如表 8 - 7 所示，上海市高技术产业近年来总体发展波动上升，资产总额以平均每年 8.0% 的速度增长，到 2016 年底，上海市高技术产业资产总额达到6661.2 亿元。具体来看，近几年上海市高技术产业企业个数有所下降，从2009 年的 1536 个减至 2016 年的 991 个，8 年间共减少了 35.5%。从业人数方面，近年来上海市高技术产业从业人数在以平均每年 1.1% 的速度逐年增多，到 2016 年底，上海市高技术产业从业人员平均人数已达到 502966 人。主营业务收入呈持续上升态势，近年来上海市高技术产业主营业务收入平均增长速度为 3.1%，从 2009 年的 5785.7 亿元上升至 2016 年的 7010.2 亿元，8 年间增长了 21.2%。利润总额以年均 38.0% 的速度逐年增加，从 2009 年的 75.9 亿元上升至 2016 年的 334.6 亿元，8 年间增长了 340.7%。利税逐年上升，从 2009年的 124.1 亿元上升至 2016 年的 374.4 亿元，6 年间共增长了 201.6%。出口交货值从 2010 年的 4987.0 亿元减至 2016 年的 4226.2 亿元，7 年间共减少了15.3%。总体来看，上海市高技术产业近年来发展较为平稳。

表 8 - 7 上海市高技术产业生产经营情况

年份	企业个数（个）	从业人员（人）	资产总计（亿元）	主营业务收入（亿元）	利润总额（亿元）	利税（亿元）	出口交货值（亿元）
2009	1536	475240	3901.9	5785.7	75.9	124.1	—
2010	1423	531834	3991.9	7019.7	251.2	307.9	4987.0
2011	962	586846	4422.2	7063.6	222.0	279.1	4918.8
2012	1030	596542	4719.3	7051.6	215.5	283.8	4691.2
2013	1024	609434	5195.3	6823.4	235.7	289.6	4503.8
2014	1003	580596	5569.3	7056.9	302.3	374.4	4415.9
2015	1020	571217	5996.5	7213.0	285.0	—	4484.8
2016	991	502966	6661.2	7010.0	334.6	—	4226.2

资料来源：由 2010~2017 年《中国高技术产业统计年鉴》整理得到。

（2）产业分技术领域发展情况。

聚焦高技术产业内部各行业发展情况可知，上海市高技术产业结构在近几年间也发生了较大变化，主要产业是电子计算机及办公设备制造业和电子及通信设备制造业。如表 8 - 8 所示，2009~2016 年，医药制造业的主营业务收入占比呈逐年上升的趋势，占比由 2009 年的 6.2% 上升至 2016 年的 10.2%，8 年增长了 4.0%。2009~2016 年，航空航天器制造业的主营业务收入占比呈逐年上升的趋势，占比由 2009 年的 0.4% 上升至 2016 年的 2.7%，8 年增长了 2.3%。2009~2016 年，电子及通信设备制造业的主营业务收入占比呈逐年上升的趋势，占比由 2009 年的 29.7% 上升至 2016 年的 50.3%，8 年增长了 20.6%。2009~2016 年，医疗设备及仪器仪表制造业的主营业务收入占比呈逐年上升的趋势，占比由 2009 年的 5.2% 上升至 2016 年的 7.0%，8 年增长了 1.8%。2009~2016 年，电子计算机及办公设备制造业的主营业务收入占比呈逐年下滑的趋势，占比由 2009 年的 58.4% 下滑至 2016 年的 29.4%，8 年下降了 29.0%。另外，技术领域分类中自 2015 年起新增的信息化学品制造业主营业务收入占比约为 0.4%。

表 8 - 8　　　　　　　　　上海市高技术产业各技术领域情况

技术领域	2009 年	2010 年	2011 年	2012 年	2013 年	2014 年	2015 年	2016 年
医药制造业（亿元）	359.7	409.9	449.2	517.0	594.8	616.1	659.3	716.4
占比（％）	6.2	5.8	6.4	7.3	8.7	8.7	9.1	10.2
航空航天器制造业（亿元）	24.5	43.7	58.7	89.6	92.5	123.4	192.9	190.8
占比（％）	0.4	0.6	0.8	1.3	1.4	1.7	2.7	2.7
电子及通信设备制造业（亿元）	1720.4	2167.0	2337.5	2371.1	2239.7	2467.1	3677.6	3528.8
占比（％）	29.7	30.9	33.1	33.6	32.8	35.0	51.0	50.3
电子计算机及办公设备制造业（亿元）	3379.3	4015.3	3822.0	3668.5	3465.1	3414.0	2208.0	2059.3
占比（％）	58.4	57.2	54.1	52.0	50.8	48.4	30.6	29.4
医疗设备及仪器仪表制造业（亿元）	301.8	383.8	396.1	405.3	431.4	436.2	452.0	489.6
占比（％）	5.2	5.5	5.6	5.7	6.3	6.2	6.3	7.0
信息化学品制造业（亿元）	—	—	—	—	—	—	23.1	25.3
占比（％）	—	—	—	—	—	—	0.3	0.4

资料来源：由 2010 ~ 2017 年《中国高技术产业统计年鉴》整理得到。

（3）高技术产业创新发展情况。

近年来上海市高技术产业创新发展良好，有 R&D 活动的企业日益增多，研发人员数量稳步上升，研发经费投入稳步增加。如表 8 - 9 所示，有 R&D 活动的企业数呈现波动上升的态势，起初出现大幅下降，2010 年之后开始平稳上升，8 年间共增长了 21.8%，有 R&D 活动的企业数占企业总数的比例从 2009 年的 22.7% 上升至 2016 年的 42.9%，8 年间增长了 20.2%；R&D 人员以平均每年 5.8% 的增速，从 2009 年的 23864 人上升至 2016 年的 34123 人，8 年间增长了 43.0%，R&D 人员占从业人员数的比例从 2009 年的 5.0% 上升至 2016 年的 6.8%，8 年间增长了 1.8%；R&D 经费内部支出以平均每年 11.6% 的增速，从 2009 年的 633.0 亿元上升至 2016 年的 1338.2 亿元，8 年间增长了 111.4%，研发强度从 2009 年的 10.94% 上升至 2016 年的 19.09%，8 年间增长了 8.15%。

表 8 – 9 上海市高技术产业科技投入情况

年份	有 R&D 活动的企业数（个）	占比	R&D 人员（人）	占比	R&D 经费投入（亿元）	强度
2009	349	22.7	23864	5.0	633.0	10.94
2010	120	8.4	21254	4.0	673.6	9.60
2011	312	32.4	23567	4.0	717.4	10.16
2012	340	33.0	28335	4.7	907.6	12.87
2013	366	35.7	32721	5.4	1061.5	15.56
2014	387	38.6	32374	5.6	1274.1	18.05
2015	410	40.2	35868	6.3	1282.3	17.78
2016	425	42.9	34123	6.8	1338.2	19.09

资料来源：由 2010～2017 年《中国高技术产业统计年鉴》整理得到。

8.1.4 天津市高技术产业发展情况

（1）高技术产业总体发展情况。

如表 8 – 10 所示，天津市高技术产业近年来总体发展较为迅速，资产总额以平均每年 28.1% 的速度快速增长，到 2016 年底，天津市高技术产业资产总额达到 4194.3 亿元。具体来看，近几年天津市高技术产业企业个数整体呈下降趋势，从 2009 年的 868 个减至 2016 年的 533 个，8 年间共减少了 38.6%。从业人数方面，近年来天津市高技术产业从业人数在以平均每年 2.6% 的速度逐年增多，到 2016 年底，天津市高技术产业从业人员平均人数已达到 222311 人。主营业务收入呈持续上升态势，近年来天津市高技术产业主营业务收入平均增长速度为 11.0%，从 2009 年的 1918.3 亿元上升至 2016 年的 3762.5 亿元，8 年间增长了 96.1%。利润总额以年均 17.5% 的速度逐年增加，从 2009 年的 106.2 亿元上升至 2016 年的 296.2 亿元，8 年间增长了 179.1%。利税逐年上升，从 2009 年的 139.8 亿元上升至 2014 年的 454.6 亿元，6 年间共增长了 225.1%。出口交货值从 2010 年的 1114.8 亿元上升至 2016 年的 1224.2 亿元，7 年间增长了 9.8%。总体来看，天津市高技术产业近年来发展较为迅速。

表 8 - 10　　　　　　　　　　天津市高技术产业生产经营情况

年份	企业个数（个）	从业人员（人）	资产总计（亿元）	主营业务收入（亿元）	利润总额（亿元）	利税（亿元）	出口交货值（亿元）
2009	868	200280	879.2	1918.3	106.2	139.8	—
2010	817	240022	1802.8	2291.1	115.6	187.4	1114.8
2011	497	238898	2014.1	2697.4	165.1	255.9	1185.3
2012	587	295597	2379.2	3526.9	247.7	408.0	1545.8
2013	585	271138	2739.8	4243.5	297.9	546.6	1537.0
2014	583	298182	2977.2	4282.0	281.8	454.6	1561.5
2015	591	275810	3246.8	4233.8	316.0	—	1503.8
2016	533	222311	4194.3	3762.5	296.2	—	1224.2

资料来源：由 2010～2017 年《中国高技术产业统计年鉴》整理得到。

（2）产业分技术领域发展情况。

聚焦高技术产业内部各行业发展情况可知，天津市高技术产业结构在近几年间也发生了较大变化，其中，电子及通信设备制造业是天津市的主导性产业。如表 8 - 11 所示，2009～2016 年，医药制造业的主营业务收入占比震荡回升，占比由 2009 年的 14.5% 先降升至 2016 年的 15.1%，8 年整体上升了0.6%。2009～2016 年，航空航天器制造业的主营业务收入占比呈逐年上升的趋势，占比由 2009 年的 5.3% 上升至 2016 年的 24.0%，8 年增长了 18.7%。2009～2016 年，电子及通信设备制造业的主营业务收入占比呈逐年下滑的趋势，占比由 2009 年的 71.4% 下滑至 2016 年的 46.4%，8 年下降了 25.0%。2009～2016 年，医疗设备及仪表仪器制造业的主营业务收入占比呈波动下滑的趋势，占比由 2010 年的 3.6% 先降后升至 2016 年的 3.3%。2009～2016 年，电子计算机及办公设备制造业的主营业务收入占比呈逐年上升的趋势，占比由2009 年的 5.3% 上升至 2016 年的 10.5%，8 年增长了 5.2%。另外，技术领域分类中自 2015 年起新增的信息化学品制造业主营业务收入占比约为 0.7%。

表 8 - 11　　　　　　　　天津市高技术产业各技术领域情况

技术领域	2009 年	2010 年	2011 年	2012 年	2013 年	2014 年	2015 年	2016 年
医药制造业（亿元）	278.9	314.7	368.9	457.5	524.0	538.8	571.3	567.4
占比（%）	14.5	13.7	13.7	13.0	12.3	12.6	13.5	15.1

续表

技术领域	2009 年	2010 年	2011 年	2012 年	2013 年	2014 年	2015 年	2016 年
航空航天器制造业（亿元）	102.5	152.7	226.4	257.5	445.2	583.1	766.4	904.0
占比（%）	5.3	6.7	8.4	7.3	10.5	13.6	18.1	24.0
电子及通信设备制造业（亿元）	1369.3	1639.5	1961.1	2580.8	2934.9	2727.8	2363.9	1744.4
占比（%）	71.4	71.6	72.7	73.2	69.2	63.7	55.8	46.4
电子计算机及办公设备制造业（亿元）	101.6	102.3	64.6	139.1	252.8	329.1	394.2	395.2
占比（%）	5.3	4.5	2.4	3.9	6.0	7.7	9.3	10.5
医疗设备及仪器仪表制造业（亿元）	65.9	81.9	76.3	92.1	86.5	103.3	117.0	125.4
占比（%）	3.4	3.6	2.8	2.6	2.0	2.4	2.8	3.3
信息化学品制造业（亿元）	—	—	—	—	—	—	21.0	26.0
占比（%）	—	—	—	—	—	—	0.5	0.7

资料来源：由 2010～2017 年《中国高技术产业统计年鉴》整理得到。

（3）高技术产业创新发展情况。

近年来天津市高技术产业创新发展取得了巨大成就，有 R&D 活动的企业数量翻番，研发人员数量增长迅速，研发经费投入稳步增加。如表 8-12 所示，有 R&D 活动的企业数以平均每年 27.4% 的增速，从 2009 年的 132 个上升至 2016 年的 276 个，8 年间增长了 109.1%，有 R&D 活动的企业数占企业总数的比例从 2009 年的 15.2% 上升至 2016 年的 51.8%，8 年间增长了 36.6%；R&D 人员以平均每年 18.8% 的增速，从 2009 年的 8613 人上升至 2016 年的 24384 人，8 年间增长了 183.1%，R&D 人员占从业人员数的比例从 2009 年的 4.3% 上升至 2016 年的 11.0%，8 年间增长了 6.7%；R&D 经费内部支出以平均每年 22.7% 的增速，从 2009 年的 189.5 亿元上升至 2016 年的 698.9 亿元，8 年间增长了 268.7%，研发强度从 2009 年的 9.88% 上升至 2016 年的 18.57%，8 年间增长了 8.69%。

表 8－12　　　　　　　　　　　天津市高技术产业科技投入情况

年份	有 R&D 活动的企业数（个）	占比（%）	R&D 人员（人）	占比（%）	R&D 经费投入（亿元）	强度（%）
2009	132	15.2	8613	4.3	189.5	9.88
2010	56	6.9	8189	3.4	220.5	9.63
2011	165	33.2	13228	5.5	321.5	11.92
2012	183	31.2	14456	4.9	392.1	11.12
2013	212	36.2	16113	5.9	451.3	10.64
2014	242	41.5	19743	6.6	509.8	11.91
2015	275	46.5	29364	10.6	824.0	19.46
2016	276	51.8	24384	11.0	698.9	18.57

资料来源：由 2010～2017 年《中国高技术产业统计年鉴》整理得到。

8.1.5　北京市、山东省、安徽省、上海市、天津市高技术产业发展对比

下文将北京与上述四个地区高技术产业技术创新情况进行比较，比较主要从技术创新的投入、产出以及高技术产业政策角度展开，投入方面选取的指标包括地区 R&D 活动人员、R&D 经费投入，分别用于衡量研发人员和经费方面的差异；产出方面则选取高技术产业专利申请数和高技术产业利润收入，分别衡量技术产出和经济产出方面的差异。

（1）各地区高技术产业科技人员对比。

总体来看，如图 8－1 所示，北京市科技人员对全体从业人员的占比明显高于山东省、安徽省、上海市、天津市的整体水平；天津市科技人员对全体从业人员的占比从 2015 年开始突然发力，超过了山东省和安徽省，跃居 5 个省市的第二位；山东省科技人员对全体从业人员占比在 2012 年超过安徽省，现居 5 个省市中的第三位；安徽省科技人员对全体从业人员的占比自 2012 年以来相对比较平稳，约为 8.1%，现居 5 个省市的第四位；上海市科技人员对全体人员的占比虽然一直在平稳上升，但未像其他 4 个省市一样在 2011 年出现明显大幅攀升，因此，到 2016 年上海市科技人员对全体从业人员的占比只有 6.3%，居 5 个省市的第五位。

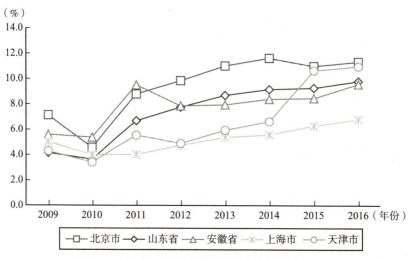

图8-1　各地区科技活动人员对全体从业人员占比

（2）各地区高技术产业 R&D 经费投入对比。

如图8-2所示，北京市 R&D 经费投入强度在5个省市中居首位，自2015年以来，北京市 R&D 经费投入强度就已达到3.0，远远高于山东省、安徽省、上海市、天津市的水平；天津市 R&D 经费投入强度在2015年发生了突破性增长，超过了安徽省、上海市和山东省，现以1.9的 R&D 经费投入强度跃居5个省市的第二位；上海市 R&D 的经费投入强度在2011~2014年取得了明显增长，现居5个省市的第三位；山东省 R&D 经费投入强度自2011年以来相对比较平稳，约为1.8，现居5个省市的第四位；安徽省 R&D 经费投入强度近年来小幅波动，但总体平稳，现居5个省市的第五位。

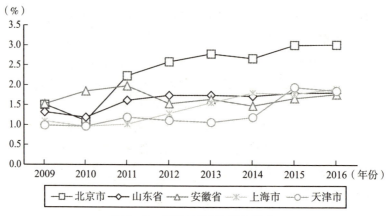

图8-2　各地区 R&D 投入强度

（3）各地区高技术产业专利数对比。

如图 8 - 3 所示，北京市每万人占有的专利数在 5 个省市中居首位，到 2016 年，北京市每万人占有的专利数已达到 257.7 个，远远高于山东省、安徽省、上海市、天津市的水平；安徽省每万人占有的专利数自 2011 年以来呈现平稳增加趋势，到 2016 年，安徽省每万人占有的专利数已达到 236.1 个，居 5 个省市中的第二位；山东省每万人占有的专利数为 186.4 个，居 5 个省市中的第三位；上海市、天津市每万人占有的专利数分别为 152.0 个、134.1 个，分居 5 个省市的第四位、第五位。

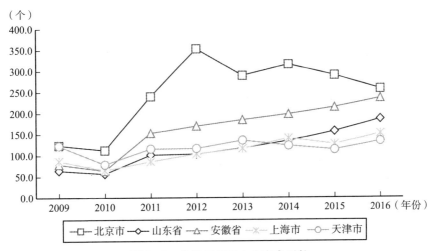

图 8 - 3　各地区每万人占有专利数

（4）各地区高技术产业利润对比。

就人均利润而言，北京市在 5 个省市中现居第三位（见图 8 - 4）。具体来看，天津市人均利润增长迅速，虽然在 2014 年出现了明显波动，但到 2016 年，天津市依然以 13.3 万元的人均利润超过山东省，现居 5 个省市的首位；近几年山东人均利润呈平稳上涨态势，到 2016 年，山东省以 12.7 万元的人均利润居 5 个省市的第二位；北京市人均利润有所下滑，现以 12.2 万元的人均利润居 5 个省市的第三位；安徽省、上海市近年来人均利润均无明显增长，分别以 8.3 万元、6.7 万元的人均利润居 5 个省市的第四位、第五位。

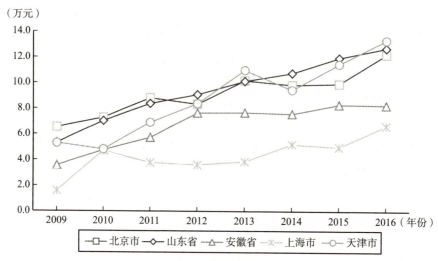

图 8-4　各地区人均利润

（5）各地区高技术产业政策对比。

在我国高技术产业发展的过程中，各地区的条件、基础和发展需要不同，因此，各地区在投融资政策、财税政策、人才政策、产学研政策、知识产权政策及产业促进政策等方面都制定适合自己发展模式的高技术产业政策。这些政策有些非常相似，有些又截然不同。

表 8-13 是各地区投融资政策的比较，由于各省市在经济发展、资本市场等方面存在差异，各地区所采取的政策措施也有所不同。

表 8-13　　　　　　　　　　各地区投融资政策

地区	投融资政策
北京市	支持基于互联网技术的新金融引领发展
	完善产融结合的金融支撑体系
	深化科技信贷创新
	支持开办创业服务机构
	设立各项产业发展专项资金用于支持高技术企业
	鼓励高技术企业利用资本市场进行融资

续表

地区	投融资政策
山东省	健全科技金融体系
	支持引进金融专业服务机构、保险机构
	开展投贷联动试点
	加快示范区内科技金融中介机构建设
	发挥省级天使投资引导基金作用
	引导社会资本加大对示范区内初创期、成长期企业的支持力度
	鼓励股权交易市场上市或挂牌融资，开展互联网私募股权融资试点
安徽省	鼓励开发区设立多种基金支持高技术产业发展
	支持开发区融资平台转型发展，拓宽资金来源
	尽早建成覆盖企业全生命周期的股权投资基金体系
	完善融资担保服务体系
	争取投贷联动试点
	深入推进国有出资产业投资基金市场化改革
上海市	鼓励发展天使投资、风险投资
	支持保险资金与风险投资基金合作
	鼓励高技术企业加大研发创新投入
	鼓励高技术企业利用资本市场进行融资
	通过投资奖励、早期风险补偿吸引、集聚国内外有实力的风险投资机构
天津市	设立高新区创新创业载体建设专项资金
	鼓励、支持天使投资类基金，创业类投资基金
	开展互联网股权众筹融资试点
	推进农村"两权"抵押贷款试点工作
	推进投贷联动试点为科技创新创业企业提供持续资金支持
	支持企业股份制改造、挂牌交易和上市发行股票
	支持各类主体收购或租用闲置厂房、办公用房建设创新创业载体

　　由于北京市、上海市和天津市属于经济发达地区，财政收入较为宽裕，因此，财政对高技术产业的支持力度相对较大。

　　表 8-14 是各地区财税政策的比较，其相关财税政策基本都是围绕税收优惠和财政支持制定的。

表 8 – 14 各地区财税政策

地区	财税政策
北京市	高技术企业可享受所得税优惠，个人所得税优惠
	发挥政策采购政策对高技术企业的扶持作用
	设置专项基金支持高技术企业的发展
	政策出资引导建立投资机构
山东省	完善支持企业创新的激励机制
	试行示范区科技型企业研发投入普惠制奖励补贴政策
	引导企业建立研发准备金制度
	引导企业加大高新技术产品国际市场开拓力度
	建立"创新券"负面清单机制
安徽省	高技术企业享受所得税优惠，个人所得税优惠
	落实普惠性税收政策
	完善开发区土地利用机制
	完善涉企收费清单制度
	成立专项发展资金，支持高技术企业发展
	加强对扶持政策的解读、宣传、管理及监督检查
上海市	高技术企业享受所得税优惠，个人所得税优惠
	成立专项发展资金，支持高技术企业发展
	支持运用政府和社会资本合作（PPP）方式推进项目建设运营
	支持临港地区存量政府债务置换及新增发债额度实行单列
	整合临港地区现有各类专项资金
天津市	设立创业风险援助资金，支持创业失败的创业企业，
	高技术企业享受所得税优惠，个人所得税优惠
	简化增值税税率结构，对部分应税项目（40 个）免征增值税
	实施内销选择性征收关税政策
	众创空间，分级分类给予财政补助
	落实研发费用税前加计扣除政策
	支持企业股份制改造、发行股票，予以补贴并减免股改企业税费
	对企业改制重组发生的土地、房屋权属转移行为，免征契税、土地增值税

表 8－15 是各地区人才政策的比较，从人才引进、人才培训、人才激励方面描述了各地区与高技术产业相配套的人才政策之间的差异。

表 8－15　　　　　　　　　　　各地区人才政策

地区	人才政策
北京市	吸引海外人才创办企业、开展海外人才创新创业专项服务
	各区与中关村管委会共建高端人才创业基地
山东省	完善灵活实用的选人用人机制
	赋予示范区内各国家高新区机构设置、编制使用、人员聘任等方面的自主权
	建立"人才特区"政策机制
	不断完善人才政策体系
	允许其享受省引进高层次高技能人才服务"绿色通道"政策待遇
	引进国家、省"千人计划"等行业发展急需和紧缺的高层次人才
	推动人才评价政策试点
安徽省	支持科技人才团队创新创业
	改革人才培养、引进、使用等机制
	实施编制周转池制度
	量身定制合肥综合性国家科学中心人才政策
	积极争取国家相关部委人才政策试点
	在高层次人才引进、事业单位机构编制审批等方面开辟绿色通道
	落实高层次人才住房政策，设立专门的人才服务窗口，实行一站式服务
上海市	破解人才阶段性住房难题、优化海外人才就医环境、扩大国际教育资源供给
	在居留证件、人才签证和外国人工作许可证、人才公寓申请等方面，给予便利
	在人才落户，子女教育等方面给予便利
	通过"千人计划""浦江人才计划"等计划，引入海外人才
	实施企业科技和技能人才集聚计划，实施"高师带徒"项目
天津市	落实天津人才"绿卡"制度。在人才户，子女教育方面予以优先安排
	实施领军拔尖人才培养计划
	搭建海外高层次人才集聚平台和高级人才职位打包寻访服务平台，
	支持专业化运营团队为创业者开展创业辅导服务、提供融资服务
	鼓励高校院所在校大学生和毕业生在众创空间开展创业

表8–16是各地区产学研政策的比较,各省市针对高技术产业发展特点,鼓励高技术企业、高等学校和科研机构相互之间开展产学研合作。

表8–16 　　　　　　　　　　　　　**各地区产学研政策**

地区	产学研政策
北京市	鼓励企业和高校院所建设中关村开放实验室
	鼓励高等学校,研究所,企业之间实现资源共享
山东省	建立科技成果转化补偿机制
	建立省级科技成果转化贷款风险补偿机制
	设立省级知识产权质押融资风险补偿基金
	因地制宜确定先行先试重点方向和任务,在不同领域寻求突破
	探索新型产学研合作机制
安徽省	扩大省属高校院所财务管理自主权
	加快建设一流大学、科研院所和学科专业
	组织开展前沿科学、应用基础和重大关键技术攻关
	创新高校院所科技成果国有资产管理
	加快推进高端创新平台市场化管理改革
	鼓励企业和社会资本在高校院所投资建立创新平台
上海市	相关部门组织转制科研院所参与国家和地方的各类科研计划攻关、功能性平台建设、产学研技术创新联盟建设以及区县特色产业创新集群培育
	转制科研院所可创办众创空间,发展科技创业苗圃、科技创业孵化器,享受相关扶持政策
	以学研平台、产研平台和产学研联盟等为载体,探索建立各类创新主体参与协同创新的信用机制、责任机制、统筹协调机制
天津市	鼓励区内企业与大学、科研院所合作建设众创空间
	鼓励高校院所科技成果产业化
	鼓励企业与高校院所加强合作
	鼓励产学研协同创新平台发展
	鼓励高校院所科技成果产业化
	鼓励高校教师和科研人员创办科技企业

表 8 – 17 是各地区知识产权政策的比较，各省市都在加强对知识产权的管理和保护，完善知识产权服务体系，鼓励高新技术企业自主创新。

表 8 – 17　　　　　　　　　　各地区知识产权政策

地区	知识产权政策
北京市	政府对获取专利权、商标注册的个人、企业、组织机构予以奖励和补贴
	加强政府对知识产权的法律保护
	对知识产权领军企业培育单位及商标示范试点培育单位予以支持
山东省	加强知识产权运用和保护
	积极创建国家知识产权服务业聚集发展试验区
	支持示范区加快推进知识产权运营试点，探索建立知识产权银行
	加强知识产权行政执法能力建设
	推动各类知识产权服务机构成立服务联盟，加强与示范区创新主体的对接交流
安徽省	争取知识产权综合管理改革试点
	积极实行以增加知识价值为导向的分配政策
	加强知识产权保护
上海市	2014 年年底，上海知识产权法院正式挂牌成立
	强化法院知识产权民事、刑事、行政案件"三审合一"审判工作机制
	成立知识产权国际学院，打造高端人才队伍
	让知识产权成为中小企业成长"敲门砖"，知识产权质押融资
天津市	支持各类众创空间使用天津高新区品牌—"iV 创新空间"
	各类创新创业载体获得市级认定的、国家认定的，予以资金奖励
	对在主流媒体开展树品牌宣传活动的企业
	加强对创新创业早期知识产权保护，引导企业建立知识产权预警机制
	健全知识产权侵权查处机制，依法惩治侵犯知识产权的违法犯罪行为

表 8 – 18 是各地区产业促进政策的比较，为了促进高技术产业的发展，各地区均制定了相应政策，如支持高技术产业孵化基地、加强科普及创新文化建设等。

表 8-18   各地区产业促进政策

地区	产业促进政策
北京市	支持科技成果示范应用
	支持建设新兴产业协同创新平台
	对重大技术装备试验、示范项目给予保险费补贴支持
	孵化高成长企业
山东省	构建精简高效的示范区运行机制
	赋予示范区在改革发展方面充分的自主权和决策权
	健全创新创业孵化体系
	打造科技创新品牌
	营造创新氛围
安徽省	加强科学普及和创新文化建设
	健全创新创业孵化体系
上海市	全力推动智能制造发展
	扶持战略性新兴产业发展
	推进产业转型升级
	支持节能减排和技术发展
	着眼于科普可持续发展
天津市	及时宣传解读各项政策措施，推动政策落实
	深化商事制度改革，降低创新创业门槛（实行"一颗印章管审批"制度和"三证合一"登记制度）
	实行创新创业通票制度，用于定向支持各类创新创业活动
	支持现有孵化器、加速器的运营，对其优秀的，予以资金奖励
	放宽高新技术企业认定条件范围
	鼓励创新产业聚集

8.1.6 各地区高新技术园区发展情况

（1）山东省济南高新区①。

济南高新区是 1991 年 3 月经国务院批准设立的首批国家级高新区。目前

---

① 本部分内容数据来源于济南高新区门户网站：http://www.jctp.gov.cn/。

已形成中心区、章锦片区、高新东区、高新北区、创新谷片区共五大片区，总面积达到了 318 平方千米，辖 5 个街道办事处，常住人口超过 40 万人。

济南高新区拥有国家信息通信国际创新园、齐鲁软件园、高新技术创业服务中心、综合保税区、济南留学人员创业园等国家级专业园区，拥有全国软件出口创新基地、服务外包示范基地、游戏动漫产业基地、集成电路设计产业基地、海外高层次人才创新创业基地和国家创新药物孵化基地等一批国家级金字招牌。2016 年经国务院批准跻身山东半岛国家自主创新示范区。

济南高新区共有各类企业两万多家，形成了电子信息、生物医药、装备制造、现代服务业四大主导产业，电子信息占工业总产值的比重占到 45%；生物医药产业"十二五"期间年均增速超过了 40%；装备制造业发展潜力巨大，在智能制造、输配电设备、智能机器人、专用设备领域优势突出；现代服务业已成为新的增长点，金融类金融企业加快聚集，截至 2017 年 7 月，高新区上市挂牌企业总数已达到 103 家。

济南高新区充分发挥省会优势，聚集了一批优质高端创新资源。先后建设了国家超算济南中心、浪潮高性能计算中心、国家综合性新药研发技术大平台、量子技术研究院、山东省机器人与智能制造公共技术平台，在高效能服务器、大数据开发应用、量子通信技术等领域，具备了一批具有自主核心技术的知识产权成果，技术水平达到了世界一流。聚集了 160 家省级以上企业研发机构，其中国家级 14 家，建设了国家级孵化器 4 家、省级 5 家、市级 6 家，市级以上创客空间 30 家，吸引了上千家科技型中小企业入驻。全区高新技术企业达到了 275 家，科技金融建设日渐完善，创新链、资金链的统筹配置能力得到了大力提升。"齐鲁人才特区"建设快速推进，截至 2017 年，拥有各类人才 12.56 万人，研发人员 4.45 万人，院士 19 人，国家千人计划 35 人，万人计划 3 人，省泰山学者和泰山产业领军人才 92 人，市 5150 人才 384 人，各类高层次人才近千人，数量全省、全国领先。

（2）安徽省合肥高新区①。

合肥国家高新技术产业开发区（简称"合肥高新区"）是 1991 年国务院首批设立的国家级高新区，面积 128 平方千米，常住人口 20 余万人。合肥高新区是安徽省新兴产业门类最全、创新潜力与活力最优、金融资本最为活跃、政策集成度最高、人才资源最为丰富的地区之一，获得国家首批双创示范基地、国家自主创新示范区、国家生态工业示范园区、国家创新型科技园区、国

---

① 本部分内容数据来源于合肥高新区门户网站：http://www.hefei-stip.gov.cn/index.shtml。

家知识产权示范园区、全国首家综合性安全产业示范园区、全国模范劳动关系和谐工业园区等多项国家级荣誉，2016 年，在全国国家高新区综合排名中位居第七位。

合肥高新区产业体系完善。已集聚形成智能家电、汽车及配套、新一代信息技术、光伏新能源、应急、生物医药、节能环保等高新技术产业集群，获批建设国家应急产业示范基地、省智能语音、集成电路、生物医药集聚发展基地等省级以上新兴产业基地。园区高新技术企业迅速聚集，培育了科大讯飞、四创电子、安科生物、阳光电源、国盾量子等知名企业，引进了格力电器、美的电器、惠而浦（中国）、大陆轮胎、长安汽车、晶澳、美国 3M、日本 NSK、新华三集团等龙头企业，一大批企业的技术水平处于行业领先水平。园区企业18000 余家，其中规上企业 215 家，外商投资企业 400 余家，境外世界 500 强投资企业 20 余家。自主培育国家高新技术企业 603 家，国家及省市创新型企业 285 家，上市企业 18 家，新三板挂牌企业 46 家。

合肥高新区创新资源丰富。合肥综合性国家科学中心的七大创新平台中，超导核聚变中心、国家量子信息实验室、天地一体化合肥信息网络中心、分布式智慧能源集成创新中心、离子医学中心五大平台先后入驻。园区拥有中国科学技术大学先进技术研究院、中科院合肥技术创新工程院等新型协同创新平台，获批建设中德智能制造国际创新园和合肥"侨梦苑"暨侨商产业集聚区等国字号开放平台。园区企业建成省级以上重点（工程）实验室 22 家，省级以上技术（工程）研究中心 109 家；万人拥有发明专利数 262 件，专利申请授权数连续位居全省第一位；集聚国家"千人计划"23 人，"万人计划"4 人，省、市"百人计划"95 人，省战新产业领军人才 123 人，获批科技部"创新人才培养示范基地"；聚集各类科技服务机构 300 余家，各类科技企业孵化器、加速器 48 家，其中，众创空间 25 家（国家级 9 家），孵化器 18 家（国家级 6 家），加速器 5 家，孵化场地面积 260 万平方米，在孵企业 3000 余家；建成区域性金融中心，集聚投资基金 80 余支，总规模超千亿元，提供天使投、省青创资金、创新贷、政保贷等全方位、全周期的投融资服务。

"十二五"期间，合肥高新区累计实现地区生产总值 1987.1 亿元，是"十一五"的 2.7 倍，年均增长 16.7%；实现工业总产值 4654.4 亿元，是"十一五"的 2.9 倍，年均增长 16.4%；实现工业增加值 1382.6 亿元，是"十一五"的 2.6 倍，年均增长 13.3%；完成固定资产投资 1639.8 亿元，是"十一五"的 2.7 倍，年均增长 16.9%，其中工业投资 961.1 亿元，是"十一五"的 4 倍；累计招商引资超过 900 亿元，年均增长 11.2%；完成全口径财政收入 295.4 亿元，是"十一五"的 3.2 倍，年均增长 22.2%；城镇常住居民人均可支配收入 29410 元，农村常住居民人均可支配收入 15880 元。

2016 年，合肥高新区实现地区生产总值 562.4 亿元，增速 11.1%；实现规模以上工业产值 1771 亿元（分成后 1349.3 亿元）；完成规上工业增加值 347.2 亿元，增速 10.2%；完成固定资产投资 430.9 亿元，增速 8.8%，其中工业投资 260.1 亿元，增速 16.9%；实现社会消费品零售总额 105.8 亿元，增速 12.5%；完成进出口总额 24.12 亿美元，增速 2.1%；完成招商引资 263 亿元，其中外商直接投资 4.79 亿美元，工业招商引资 187 亿元；完成公共财政收入 28.62 亿元，增速 15.4%，其中地方财政收入 16.84 亿元，增速 20.2%。

（3）上海市张江高科技园区①。

张江高科技园区（简称"张江园区"）始建于 1992 年，是国家级的重点高新技术开发区。1999 年上海市委、市政府提出"聚焦张江"战略以来，张江园区进入了快速发展阶段。2010 年，康桥工业园、国际医学园区划入张江；2012 年，周浦繁荣工业园划入张江。目前，张江园区地域面积约 79.9 平方千米，下辖张江核心区 40 平方千米、康桥工业区 26.88 平方千米、国际医学园区 11.78 平方千米、周浦繁荣工业园 3.77 平方千米。2014 年 12 月 29 日，国务院决定上海市自贸区扩区至张江片区，面积 37.2 平方千米，东至外环线、申江路，南至外环线，西至罗山路，北至龙东大道，为张江园区带来了新一轮的发展机遇。

目前，张江园区注册企业 1 万余家，初步形成了以信息技术、生物医药、文化创意、低碳环保等为重点的主导产业，第三产业占 2/3 以上。

创新资源持续汇聚。张江园区现有国家、市、区级研发机构 403 家，上海光源中心、上海超算中心、中国商飞研究院、药谷公共服务平台等一批重大科研平台，以及上海科技大学、中科院高等研究院、中医药大学、复旦张江校区等近 20 家高校和科研院所，为园区企业发展提供研究成果、技术支撑和人才输送。

科技金融不断深化。目前，张江园区集聚了银行类金融机构 20 家，创业投资机构 34 家。累计支持企业上市 28 家，新三板挂牌企业 25 家，股交中心挂牌企业 19 家。园区陆续推出孵化贷、SEE 贷、互惠贷、创新基金贷、"张江中小企业集合信托理财"产品、张江中小企业集合票据、科技一卡通等，努力破解中小企业融资难问题。

---

① 本部分内容数据来源于张江高新区门户网站：http://www.sh-zj.gov.cn/。

高层次人才加快集聚。目前，园区从业人员近 35 万人，其中大专以上学历程度达 56%，拥有博士 5500 余人，硕士近 4 万人。拥有中央"千人计划"人才 96 人，上海市"千人计划"人才 92 人，上海市领军人才 15 人，留学归国人员和外籍人员约 7600 人。涌现出武平、常兆华、于刚、陈天桥等一批自主创新领军人物。

改革创新深入推进。以浦东综合配套改革为契机，研究推出张江"创新十条"政策，在股权激励、国资创投、财税扶持、人才集聚方面加大创新突破力度。深入推进生物医药合同化生产 CMO 试点、集成电路保税监管改革试点，推进园区空服中心建设，深化张江审批制度改革，推进张江土地"二次开发"和工业用地转型，探索建设张江信用体系，争取更多的改革试点在张江先行先试。

综合环境不断优化。进一步健全地铁、公交、有轨电车等公共交通基础设施，推出传奇广场、长泰广场、汇智中心等商圈，完成 4 万平方米诺贝尔湖公园改造以及张江体育休闲中心项目建设；加大人才公寓建设力度，推出"2 个 1000"政策，将人才的租金控制在 1000 元以内，着力营造生活便利、生态优美、服务到位、生活舒适的综合发展环境。

（4）天津市滨海高新区①。

天津滨海高新技术产业开发区 1988 年经天津市委、市政府批准建立，1991 年被国务院批准为首批国家级高新技术产业开发区，总体规划面积 97.96 平方千米，是京津石高新技术产业带的重要组成部分。

滨海新区是天津市下辖的副省级区、国家级新区和国家综合配套改革试验区，国务院批准的第一个国家综合改革创新区。滨海新区位于天津东部沿海地区，环渤海经济圈的中心地带，总面积 2270 平方千米，人口 263 万人，是中国北方对外开放的门户、高水平的现代制造业和研发转化基地、北方国际航运中心和国际物流中心、宜居生态型新城区，被誉为"中国经济的第三增长极"。

天津滨海高新技术产业开发区包括华苑科技园、滨海科技园、南开科技园、武清科技园、北辰科技园、塘沽科技园 6 部分。其核心区域华苑科技园、滨海科技园位于天津市西南和东部，是天津经济发展的双子星座。

2005 年 10 月，党的十六届五中全会把滨海新区开发开放正式纳入国家发展战略。2006 年 5 月，国务院颁布《关于推进天津滨海新区开发开放有关问

---

① 本部分内容数据来源于滨海新区门户网站：http://www.tht.gov.cn/。

题的意见》，批准滨海新区为国家综合配套改革试验区，确定了发展目标和功能定位。即依托京津冀、服务环渤海、辐射"三北"、面向东北亚，努力建设成为我国北方对外开放的门户、高水平的现代制造业和研发转化基地、北方国际航运中心和国际物流中心，逐步成为经济繁荣、社会和谐、环境优美的宜居生态型新城区。

2009 年底，根据国务院的批复，滨海新区行政区成立，组建了区级领导机构，设置了全国同类行政区中部门最少、人员最精简的工作部门。2013 年 9 月，启动实施新一轮管理体制改革，按照"大部制、扁平化、强基层"的要求，进一步构建了"行政区统领，功能区支撑，街镇整体提升"的管理架构。

滨海新区行政区成立以来，始终保持了强劲的发展态势。2015 年地区生产总值 9270.3 亿元，增长 12.8%；一般公共预算收入 1182.9 亿元，增长 15%；固定资产投资 6020 亿元，增长 14%；实际利用外资 138 亿美元，增长 12%；实际利用内资 1077 亿元，增长 20%；外贸出口 321 亿美元，下降 2%，实现了速度质量效益的统一。2016 年上半年，地区生产总值 4335.1 亿元，增长 10.8%；固定资产投资 2215.8 亿元，增长 8.3%；一般公共预算收入 707 亿元，增长 13.1%；实际利用外资 36.3 亿美元；实际利用内资 651.3 亿元，增长 15.4%。

（5）各地区高新技术园区发展比较。

总体来看，北京中关村高新技术园区在总收入、工业总产值、企业数、年末从业人员数这几项指标稳居首位。如表 8 - 19 所示，由《2016 年火炬统计年鉴》数据可知，到 2015 年底，北京中关村高新技术园区总收入为 40809.4 亿元，山东济南高新区、安徽合肥高新区、上海张江高新区、天津滨海新区总收入依次为 3150.6 亿元、3897.0 亿元、13612.8 亿元、7560.5 亿元；北京中关村高新技术园区工业总产值为 9561.7 亿元，山东济南高新区、安徽合肥高新区、上海张江高新区、天津滨海新区工业总产值依次为 2083.3 亿元、3112.2 亿元、8754.6 亿元、4223.2 亿元；北京中关村高新技术园区企业数为 16693 个，山东济南高新区、安徽合肥高新区、上海张江高新区、天津滨海新区企业数依次为 663 个、1017 个、3882 个、3963 个；北京中关村高新技术园区年末从业人员数为 2308225 人，山东济南高新区、安徽合肥高新区、上海张江高新区、天津滨海新区年末从业人员数为 240640 人、190547 人、810692 人、375366 人。

表 8 – 19　　　　　　　　　各地区高新技术园区总体发展指标

高新技术园区	总收入（亿元）	工业总产值（亿元）	企业数（个）	年末从业人员数（人）
北京中关村	40809.4	9561.7	16693	2308225
山东济南	3150.6	2083.3	663	240640
安徽合肥	3897.0	3112.2	1017	190547
上海张江	13612.8	8754.6	3882	810692
天津滨海	7560.5	4223.2	3963	375366

北京中关村高新技术园区各项指标总量上明显高于其他园区，但人均指标却与其他园区有所差距。如图 8 – 5 所示，中关村的人均收入和人均利润与其他高新园区相比无明显优势。安徽合肥以 20.5 万元的人均收入居第一位，天津滨海以 20.1 万元居第二位，而北京中关村落后于安徽合肥及天津滨海，以 17.7 万元居第三位，上海张江和山东济南分别以 16.8 万元、13.1 万元居第四位、第五位。从人均利润来看，安徽合肥以 18.0 万元居第一位，天津滨海以 17.2 万元居第二位，上海张江以 16.5 万元居第三位，而北京中关村以 12.6 万元居于五个园区中的第四位，山东济南居第五位。

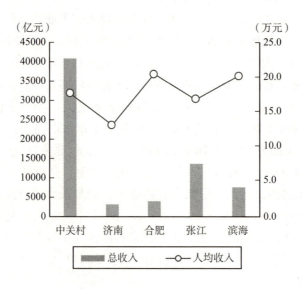

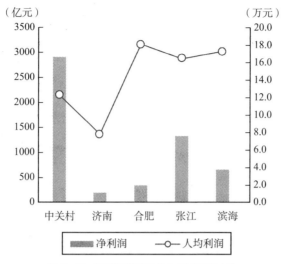

图 8 - 5　各高新园区收入及利润对比

　　中关村高新技术园区在税收与创汇总量上占明显优势，但人均税费与人均创汇与其他高新园区有差距。如图 8 - 6 所示，人均税费方面，安徽合肥以 21.0 万元居第一位，山东济南以 11.0 万元居第二位，上海张江以 9.1 万元居第三位，北京中关村以 8.8 万元居第四位，天津滨海居第五位。人均创汇方面，安徽合肥以 4.5 万美元居第一位，上海张江以 3.9 万美元居第二位，天津滨海以 3.0 万美元居第三位，山东济南以 2.6 万美元居第四位，北京中关村最少。

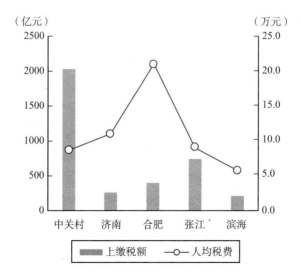

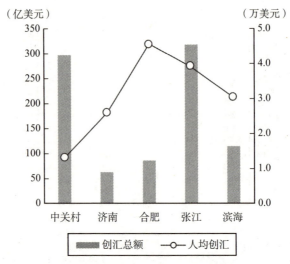

图 8 - 6　各高新园区税费及创汇对比

　　中关村高新技术园区在创新投入方面总量领先，但研发投入强度与科技活动人员占比较其他高新园区略有差距。如图 8 - 7 所示，从研发经费投入强度来看，上海张江以 3.2% 居第一位，安徽合肥以 2.8% 居第二位，山东济南以 2.1% 居第三位，天津滨海以 1.6% 居第四位，北京中关村最低。科技活动人员占比方面，上海张江以 33.0% 居第一位，安徽合肥以 32.3% 居第二位，而北京中关村落后于上海张江及安徽合肥，以 26.2% 居第三位，山东济南和天津滨海分别以 18.5%、16.4% 居第四位、第五位。

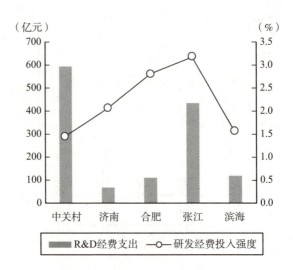

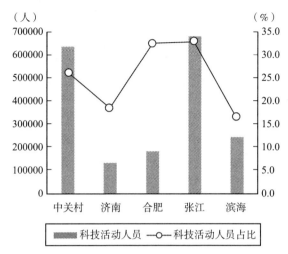

图 8 - 7　各高新园区研发经费投入及科技活动人员对比

8.2　国外高技术产业发展经验借鉴

在新技术革命的推动下，发展高技术产业已经成为促进经济发展的重要手段，各国都制定了促进高技术产业发展的政策和措施。本部分重点分析国外典型国家的主要做法和经验，通过总结其成功发展的经验，给出对首都高技术产业发展的启示。

8.2.1　美国创新战略

美国政府一直鼓励创新，认为创新是实现创造就业、刺激经济和保持国家竞争力的源泉，并寄希望通过创新来保证其全球领导地位。因此在《美国复苏与再投资法案》的基础上，美国国家经济委员会和科技政策办公室于 2015 年联合发布了《美国创新战略》。新的创新战略强调建设服务型政府，维护美国创新生态系统，由战略目标、优先发展领域和关键要素三部分组成。

8.2.1.1　美国的创新战略目标

美国创新战略希望打造创新型政府，营造全社会广泛参与创新活动，构建美国创新生态系统。该系统不仅单纯聚焦科学投资和新技术及产业研究，而是将美国打造成由技术、投资、政策、产业等多种驱动力支撑的超级创新大国。

创新战略聚焦三大目标：其一，加强对科学技术研发和持续经济增长建设的投资力度，夯实经济发展基石；其二，重点发展精密医疗、大脑计划、卫生保健等九大优先产业，推动共享繁荣，维持美国经济领导者地位；其三，打造具备创新意识的联邦政府，优化资源配置，为民间机构和公民团体等私营部门创新提供更好的环境。

由于社会资源的有限性，为了实现创新战略目标，美国在创新战略中确定了重点投资并在未来能够取得变革性成果的领域，如精密医疗、大脑计划、卫生保健、先进汽车、智慧城市、清洁能源、教育技术、太空探索和高性能计算机九大优先发展领域。为了促进上述领域能取得长足进展和突破，美国政府提供了大量的预算资金。

8.2.1.2 美国的创新关键要素

围绕创新战略目标，规划了六大创新战略关键要素，涵盖了公共部门和私营部门，旨在从政府、市场、民众三方面努力营造具有创新意识的美国，促进优先发展领域的创新突破。

第一，投资创新生态系统基础要素。基础要素指将新的创新理念引入产品生产过程和服务的各种资源、机构、基础设施和人才，为该创新系统提供基础信息支撑。其主要措施为：投资基础研究，提高科学、技术、工程和数学（简写为STEM）的教学质量，建设一流的基础设施和下一代数字通信基础设施。

第二，激活私营部门创新。私营部门的创新是美国创新体系不可或缺的重要部分，为了促进私营部门创新，其主要措施为：增加研发税收抵免力度，支持企业家创新；推动政府资助的研究商业化，支持区域创新生态系统建设；向创新者公开联邦数据，据曼尼卡等（Manyika et al., 2013）估算，公开政府数据每年可使美国GDP增加3万多亿美元。

第三，支持国家创新者创新，打造美国"全民创新"。其主要措施为：采用奖励机制调动全民创新活力，通过创客、众包及公民科学挖掘创新人才潜力。西奥博尔德等（Theobald et al., 2014）认为130万~230万人的公民科学志愿者每年产出多达25亿美元。

第四，创造高质量就业岗位和持续的经济增长。其主要措施为：强化美国高端制造业领先优势，投资未来具有划时代意义的产业；打造包容性创新经济，如美国政府通过技术雇佣倡议（The Tech Hireinitiative）为雇佣和训练低技能工人进入技术岗位的组织和公司提供资助。

第五，推动国家优先领域突破。美国政府有限的财政资金限制了美国在高端制造业的全面投资，这意味着美国政府只能在关键领域进行重点投资，以期能取得变革性成果，如精密医疗、卫生保健等九大优先发展领域。

第六，建设创新型政府。其主要措施为：采用创新工具解决公共部门问题，如高质量在线资源、"实践社区"等；在联邦创新实验室推行创新文化，提高实验室创新能力；通过更有效的数字服务系统提供更好的政府服务；基于现实推动社会改革，如加强社区力量，增强经济流动性。

8.2.2　德国技术创新战略

目前，世界主要发达国家纷纷将发展战略重心转移至制造业，德国提出工业 4.0 战略，美国提出先进制造业计划，我国推出"中国制造 2025"，制造业重新成为各国竞争的主战场。与其他国家不同的是，德国的工业 4.0 计划建立在其完善技术创新战略基础上，这使工业 4.0 计划具备了更为坚实的基础。

8.2.2.1　德国的创新顶层设计

一是制定创新战略，明确创新路线。2010 年德国政府推出《高科技战略 2020》，旨在加强科技与产业间的协作能力，同时为基础和应用研究制定框架。我们耳熟能详的"工业 4.0"正是《高科技战略 2020》中十大未来项目之一。该战略为交叉领域的科技研发提供 150 亿欧元资金支持，提高了科技在制造业的广泛适用性。

二是促进产业集群发展，提高创新积极性。由于意识到创新通常发生在研究机构、企业和大学聚集的地方，德国教育部曾于 2007 年举办了"尖端集群竞赛"，每 18 月选拔出 5 个产业集群，并提供 4000 万欧元支持用于鼓励足以影响整个供应链的核心科技。集群的溢出效应大大调动了各部门研发积极性。研究也表明，参与这项竞赛的中小企业致力于研发的概率大大提高。此外，中央创新举动也会带来地方政府的研发资金支持。例如，参与尖端集群竞赛的两个集群也曾得到了巴伐利亚经济、基础设施、交通和技术部的资金支持。

8.2.2.2　德国的产学研合作制度

一是加强基础研究，积极打造创新平台。德国有大量的基础研究机构为产业创新提供基础支撑。这些机构包括综合、理工类大学及霍兹联合会、莱布尼兹协会等国家级研究中心，研究内容遍及能源、航空、医疗科学、新材料等方面。相关研究不仅为工业新技术的研发提供了坚实的理论基础，同时也为政府的补助政策提供前瞻参考。

二是高度重视应用研究，注重将科研成果转化为商业生产。德国的技术创新体系最大的特点就是非常重视应用研究，并涌现了一些著名的应用研究机构。例如，作为欧洲最大的应用科学研究机构，弗劳恩霍夫研究所每年承接约6000～8000个产业项目，研究成果遍及集成电路、微电子、新材料等领域，MP3等众多发明都是其应用研究的成果。此外，德国工业联合会还联合政府部门为企业和研究中心"牵线搭桥"，通过宣传和咨询服务帮助企业与基础或应用研究机构及时有效对接，提高企业的研发效率。

8.2.2.3 德国的创新激励政策

一是中央政府着力扶持中小企业创新，降低企业创新风险。联邦政府通过中小企业创新核心项目（ZIM）为中小企业研发提供直接资金补贴。

二是地方政府不断创新鼓励研发的政策工具。地方政府层面的资金主要用于促进大学、研究机构和企业的联合创新。巴伐利亚经济、基础设施、交通和技术部通过新能源发展项目、微系统技术项目、信息和通信技术项目等为联合创新提供资金支持。此外，一些州政府为雇员少于50人的公司提供创新券（innovation vouchers），可用于抵销企业向公共研究中心或私营研发部门支付的研发费用。每张创新券面值2500欧元至6000欧元不等。

8.2.2.4 德国的"双元制"人才培养计划

"双元制"教育是一种学校与企业密切结合的特殊人才培养模式。其主要有三个特点。

一是理论与实践结合，全面培养学生综合能力。"双元"模式下理论知识与实际操作能力、技能训练和职业培训并重。通过培训，学生能够综合掌握专业技能、团队合作等职业素养，更具市场适应性和竞争力。

二是培训具有针对性，企业与学生共同获利。企业根据需要提供培训项目，学生在培训结束后即可入职，减少了公司在劳动力市场的选择时间和成本。学生在真实的生产环境中学习技能，更接近未来工作需求，有利于激发学生学习积极性。

三是教育模式具有灵活性。"双元制"教育与公司、协会、研究机构和政府部门等密切联系，可以根据产业内职业需求的改变做出迅速调整。

8.2.3　日本创新驱动发展

8.2.3.1　日本的创新驱动发展轨迹

日本创新驱动发展的轨迹分别经历了基础、起步、形成、稳定 4 个时期。

基础期（1955～1972 年）。1955～1972 年，是日本现代化经济建设的基础期。日本确立了政府主导的市场经济体制，积极做好创新创业的基础建设。虽然 R&D 占 GDP 比重不到 2%，但是政府高度重视引进国外专家和先进技术，积极发展重工业和化学工业等资本密集型工业，加速了现代化建设的步伐，经济开始高速增长，GNP 于 1968 年超过了当时的西德。在此阶段，日本发展成为产业门类齐全、具有近代科技及教育水平、仅次于美国的资本主义世界第二大经济大国，为发展创新型经济打下了基础。

起步期（1973～1979 年）。日本人均 GDP 于 1973 年首次超过了"腾飞起跑线" 3000 美元，日本创新驱动发展开始起步。政府重视对引进技术的消化吸收再创造，产业结构实现了从劳动密集、资源密集型产业向资本密集和技术密集型产业的过渡，钢铁、汽车家电等产业技术达到世界先进水平。

形成期（1980～1994 年）。20 世纪 80 年代，日本创新驱动发展方式形成巩固。以确立"科技立国"战略为标志，政府坚持将科技创新作为支撑国家经济社会发展的首要选择与核心动力，并保持以产业界作为技术创新的主体。信息产业成为日本经济新的支柱产业，带动整个产业结构不断向高技术化、信息化和服务化方向发展。经济增长方式由"通过扩大政府支持刺激增长"被"科技创新促经济发展"所取代。

稳定期（1995 年至今）。20 世纪 90 年代初泡沫经济崩溃后，日本产业发展受到严峻的挑战。为确保日本在国际竞争中的优势，日本于 1995 年颁布了《科学技术基本法》，将"科技立国"战略升级为"科技创新立国"战略，进入了以积极开展原始创新，发展新兴产业为主要特征的稳定发展阶段。此后，日本分别于 1996 年、2001 年、2006 年、2011 年相继制定了 4 期"科学技术"基本计划（5 年为 1 期），提出了人才、基础研究、科技创新、重点技术、国际合作等科技创新发展战略，并把信息通信、生命科学、环境科学和纳米新材料等新兴技术领域作为研究与开发的重点领域。2013 年，日本更是发布了《日本再兴战略》和《科学技术创新综合战略——挑战新维度的日本创造》等重要战略，致力于创造"依靠技术保持优胜"的日本，在这一时期，成为世界研发投入最高的国家之一。日本自 2000 年以来每年新增专利近 20 万件的专利产出，连续十几年名列全球前三位，成为世界专利大国。ITIF & Kauffman2012 全球创新政策指数和 WEF2012 全球竞争力指数等也显示，日本创新驱动能力位于世界领先水平。"科技创新立国"战略的实施有力地促进了日本产业的转型升级，提升了产业竞争力，使日本产业继续保持了强大的国际竞争优势。如对日本经济增长具有重大贡献的制造业，通过充分利用高技术实现了产品的高度加工化和高附加值化。

8.2.3.2 日本的创新政策演变

对日本创新驱动发展各个阶段的进一步分析表明，政府政策有效地推动了其创新驱动发展的形成与发展。从发展战略的维度，沿着"教育先行—科技立国—科技创新立国"策略的轨迹演变，实现了从知识积累到科技创新转变。科教进步对经济社会发展至关重要。日本政府从以"教育先行"到以"科技立国"，再到以"科技创新立国"作为立国之本，并在战略层面上将其内涵不断地扩展和深化，是高素质人才快速积累、创新能力迅速提高的关键之举。

实施"教育先行"战略，夯实创新源泉。第二次世界大战后，政府为提高全民族的科技文化知识水平，通过立法等多种渠道参与教育、鼓励教育、保护教育，在 1955 年发布的《经济自立五年计划》、1957 年发布的《新长期经济计划》、1960 年发布的《国民收入倍增计划》等重要国家战略中均提出"振兴科学技术"和"通过教育开发人的能力"，于 20 世纪 50 年代普及了九年制义务教育，于 70 年代普及了高中教育。同时，将"教育"的理念扩展到学校之外，将大学教育与技术研发、学校进修和企业培训有机结合，逐步建立起注重工程应用、覆盖"校企政"的先进、完备的教育体系，体现了政府以科教带动和促进经济发展的"教育先行"的理念，培育出一大批高素质的政府官员、企业家、科技研发人员，满足经济发展对高质量劳动力的需求。

实施"科技立国"战略，激活全社会创新能力。进入 20 世纪 80 年代，为巩固其世界经济大国的地位，日本政府依据国内外经济形势的变化重新调整科技发展战略，在 1980 年发布的《80 年代通商产业政策展望》《科技白皮书》等文件中多次提出了"科技立国"的战略口号，大力发展"官产学研"合作研究开发的模式，发展有独创性的自主科技，充分激活了大学、研究机构、企业和民间的创新活力，标志着日本步入以高科技带动经济增长的新时代。

实施"科技创新立国"战略，推动创新型经济形成。20 世纪 90 年代，政府在"科技立国"战略的基础上进一步丰富和发展，在 1995 年制定《科学技术基本法》的提案理由说明书等文件中明确提出日本将以"科技创新立国"作为基本国策,重视技术研究,发展自主高端技术,并积极推动国立科研机构和国立大学改革,给予其充分的研发自由,使日本的研究与开发活动更多地以市场需求为导向,更加强调产业化过程中对市场需求的快速反应。"科技立国"战略的不断深化,年度数据显示,科学技术对日本经济增长的贡献率达60%以上,部分年份甚至高达 89.5%,成为日本经济繁荣的决定性因素。2013 年,日本以建立"世界上最适合于科技创新的国家"为目标,发布了《日本再兴战略》和《科学技术创新综合战略——挑战新维度的日本创造》,提出科学技术创新应包括从"高等教育、研究人员培养"开始,经过"基础研究、应用研究、实用化和产业化"直到"普及、市场展开"的全过程,为实现 2030 年日本社会和经济发展愿景,做出了详细的规划和部署,成为未来创新驱动发展的纲领性政策。

8.2.4　韩国科技创新

8.2.4.1　韩国的科技创新政策

韩国科技创新政策分为三个阶段:第一起步阶段(1990~2002 年)。19 世纪 60 年代工业化时期,韩国依靠技术进口,提升自身科技水平,企业创新以产品模仿为主。到 90 年代中期,韩国开始建立区域创新系统,依靠大学和部分科研机构,实施一系列科技创新项目,较具代表性的包括科技部区域研究项目(1995)、工业部科技创新项目(1995)、产学研联合科技发展项目(1993)等。第二发展阶段(2003~2012 年)。这一时期,韩国摆脱单纯的产品模仿后,开始注重科技基础创新,确定科学与技术创新导向模式,着力发展一批重点工业。第三成熟阶段(2013 年至今)。韩国开始注重保护知识产权,信息通讯、材料科学等已经成为基础产业。2000 年以来,韩国科技创新政策涵盖三大分类、七个领域,主要包括以下的政策措施。

一是重点行业优先发展。韩国政府认为,新技术、新产品、新服务是经济可持续增长的关键。在不同的经济发展阶段,韩国政府确定发展不同的重点工业,通过科技进步使之成为新的增长引擎。其中,2003~2007 年重点发展数字电视、显示屏、移动通信、智能机器人、生物医药、数字内容产业、新一代电池;2008~2012 年重点发展新可再生能源、LED、高科技绿色城市、新媒体、新材料、生物医药及装备、健康疗养;2013 年至今主要发展智能汽车、

5G 通信、深海探测、智能机器人、智能装备、医疗保健定制、新可再生能源，具有很强的阶段性发展特征。韩国政府吸取发达国家科技创新经验，大量购买大型科研所需的先进设备，先后投资建立多个重要科技研发中心，并把绿色发展作为经济可持续发展的基本条件，加快向低碳型产业结构转型。

二是促进区域创新能力。为解决投资效率低下问题，韩国国家平衡发展委员会出台《5 年国家平衡发展计划》，引导资金密集区公共研发机构及设备转移到资金缺乏地区，强调科技创新以企业为主，推进企业、大学与科研机构合作。2001 年，韩国政府出台《科学技术转移保护法》，鼓励大学创新技术向企业转移。为促进企业专业化分工，韩国政府将企业划分为主导产业和国民产业两种，强调国民产业要增强与大学、科研机构合作，提升市场专业化水平。

三是培养创新能力。韩国人力资源创新集中在大学与科研机构，大学主要通过改变课程和结构，增强与企业、科研机构合作，建立教育培训中心等方式实现。为提升青少年科技创新能力，韩国在全国中小学科学班建立"青少年科学探索班"。除大学外，其他科研机构重在培养国际化人才、特殊领域专家与创新型人才。为促进科技创新发展，1998 年韩国就对基本行政法律进行修订，放开新航、新媒体等部分行业限制，并取消有关中小企业最低注册资本的限制。

四是完善创新政策体系。早在 20 世纪 90 年代，韩国政府就发表了《科学技术政策宣言》，及时调整科技发展的战略和方向，使韩国由单纯模仿国外技术转向自主科技创新，引领韩国迈入科技强国的行列。2000 年韩国又颁布了《2025 年构想：韩国科技发展长远规划》以及《科学技术基本计划》《宇宙开发振兴法》等一系列科技创新政策，2013 年，韩国政府公布《第六次产业技术创新计划（2014 – 2018 年）》，以保持其科技创新政策体系的完整性和连续性。

五是提供科研资金及技术信息。一方面，韩国政府有多种对技术研发的资助或支援资金，其中包括政府无偿性补助、提供贷款、为新技术推广所需投资或新设备的采购提供税收减免，财政拨款主要是针对政府主管或重大国家开发技术；另一方面，韩国的研究开发中心，承担着国家高速信息通信网络的建设，为企业、科研机构提供国内外最新技术的发展动态、产业技术发展情况等，建立起科技信息流通和共享系统。

8.2.4.2 韩国的科技创新成效

一是经济快速增长，科技进步作用大。经济学界普遍认为，科技进步是经济增长的内生动力。全要素生产率即科技进步贡献率，表明韩国科技进步对经济快速发展发挥了重要作用。

二是研发投入提高，科技创新提升快。2000～2013 年，韩国科技研发投入增速较快，为韩国科技创新提供了基本条件。随着经济发展，韩国每百人拥有计算机网络数量迅速增加，已基本实现计算机网络全覆盖。同时，科技创新能力快速提升，导致居民专利和非居民专利数量迅速增加。

三是信息技术迅速发展，国家创新能力显著增强。随着科技创新政策实施，韩国信息技术类产品快速发展。据美国彭博社调查，2015 年韩国在全球最具创新的 50 个国家中居首位，其中研发经费、教育和专利占第 1 位，高科技公司数量排名第 4 位，生产与研究人员占第 7 位。另据《2014 年全球创新指数报告》显示，韩国的创新指数名列第 16 位。在高等教育登记率、研发总支出、电子政府服务、网络参与、知识创造、国内专利申请率等指标甚至排名世界首位。

四是科技论文产出显著增加。SCI 科技论文发表数量往往是衡量地区科技创新能力的最重要指标之一，韩国科学家近十年来科技论文发表数量显著增加。根据中国科学院最新发布的《2015 科学发展报告》，韩国 2004～2014 年发表 SCI 科技论文数量为 206650 篇，居世界第 12 位，汤姆森科技信息集团对韩国 SCI 科技论文分析，韩国在材料科学、化学、物理领域的实力最强，领先于其他国家。

8.3　国外高技术产业发展经验及启示

8.3.1　国外高科技产业发展经验

依托高校和研究机构的发展方式。美国硅谷所在地拥有包括世界著名的斯坦福大学、加州大学伯克利分校、圣克拉拉大学和圣何塞大学在内的所大学，9 所专科学院和 33 所技工学校。这些高校与硅谷在业务上密切联系，学校里的课题大多来自开发区，许多大学教员还担任着企业的职务。斯坦福研究园依靠斯坦福大学雄厚的知识、技术、人才资源和出租校园土地，吸引各种企业机构入园。英国剑桥科技园依托久负盛名的剑桥大学发展，剑桥大学已经是该地区研究活动的核心。日本技术园区的发展也依托高校和科研机构，该区集中了众多高级科研机构，除了筑波大学和图书馆情报大学外，还有多个研究所，涉及物理、电子材料、农业技术、海洋环境、气象、微生物等诸多领域。

鼓励创新的体制和环境是园区企业创新的基础。马克斯·韦伯曾经说过，"任何一项伟大事业的背后，都必须存在着一种无形的巨大的精神力量。更为重要的是，这种精神力量一定与该项事业的社会文化背景有密切渊源。"硅谷几十年来形成的独特文化模式是它成功的最深刻而持久的因素，硅谷的独特文化最突出的就是创新精神。它的创新文化体现在鼓励尝试，容许失败。在这种宽松环境下，诞生了许多企业家、发明家和创业者。它的创新不仅包括科学技术，而且还包括行为模式、思维模式、交往模式等各个层面。

国家政府的优惠政策为园区发展提供机遇。美国政府通过立法，建立创业投资基金和完善知识产权保护制度对某些行业给予相应保护、将一些高新军事技术转向普通民用技术等，这些都在一定程度上加快了硅谷的发展。另外，还在税收、政府采购方面进行了相应调整，促进高科技和创业投资发展。英国政府虽然没有专门为科学园区制定特殊的政策，但政府出台了一系列鼓励中小企业发展、大学与企业共同发展的计划和政策，如联系计划、院校公司计划、大学挑战基金和小企业研究与技术奖励计划等，这些计划和政策在剑桥科学园区的发展过程中起到了重要的作用。筑波有健全的立法保障和大量优惠政策。大体分为两类：一是专门针对高新技术产业区制定的法律，二是与高新技术产业区相关的国家科技经济乃至社会方面的法律法规。其中，第一类法律更集中有力，这是筑波科学城建设的一个突出特点。通过立法手段，对房地产租赁设备折旧、税收、信贷、外资引进等给予多种优惠政策和措施，有力地保障和促进了科学城的发展。

风险投资为园区发展注入活力。各园区所在国家及地方政府对风险投资从政策、资金等方面给予了大力支持，对园区风险投资发展起到了重要的引导作用。美国是世界上风险投资规模最大的国家，已占世界风险投资的一半以上，而硅谷地区吸收了全美的风险资本，美国几乎所有的风险投资基金都设在硅谷，目前硅谷的风险投资公司有多家。在硅谷高技术产业发展史上，风险投资功不可没。风险投资和硅谷地区的发展形成了一种相互促进的良好循环机制。

8.3.2 对促进首都高技术产业发展的启示

形成完善的产学研体系，推动科研成果的产业化。作为知识创新源头的大学和科研机构与作为技术创新主体的企业间的高度结合，是高科技园区保持创新活力、实现持续发展的重要保障。美国硅谷等高科技园区一般都布局在高校密集区，各园区非常注重区域经济与大学等研究机构的互动发展。这些政策的实施，一方面，大大提高了高科技人员的积极性，推动了科技成果的转化；另一方面，还保持了这些创业者与学校的联系，这种创业过程对教师和科研人员来讲，是一个知识更新的过程，有利于他们的教学和科研工作。世界范围内的科技园区，绝大部分都是以大学作为依托的。建立大学科技园可以有效地建立教学、生产、研究之间的纽带，促进科技成果的快速转化，促进大学和科技园双向互动发展。

鼓励园区企业自主创新。自主创新是经济发展的动力，而实现技术自主创新则是关键。北京的企业还没有真正成为技术创新的主体，需要引进国外先进技术，因此，鼓励引进技术、引进外资是北京发展高技术产业的一个重要经济政策。但如果缺乏宏观规划与调控，一味鼓励引进，就会带来许多负面效应。我们需要在引进的基础上消化吸收，并进一步自主创新。第一，建立以企业为主体的自主创新体系。第二，用知识产权制度保障和促进自主创新。第三，采取多种方式实现自主创新。加快科技管理体制改革，提高科技投入的配置效率，充分利用现有科技机构进行科技资源重组。根据行业技术经济特征和产业组织特点，分类确定科研机构重组方式和产权结构，分层次建立创新体系。各级政府制定税收优惠激励政策。国外科技园区的发展都离不开政府的一系列优惠政策。据统计，一年间，硅谷半导体产业 35%~40% 的营业额来自政府采购。后来对民用市场开发成功之后，这个比例才逐渐下降。大量的国防采购对硅谷集成电路、计算机产业的发展起到了很大的促进作用。另外，政府通过加大开发投入力度等政策促进硅谷技术发展。联邦政府研发经费对硅谷的大学、实验室和私人企业的投入支持了硅谷关键技术的发展，促进了硅谷地区的技术创新。此外，联邦政府还积极支持中心企业的研发创新。例如通过"中小企业技术创新法案"，利用国防、卫生、能源等部门的研发基金支持中小企业相关技术创新，实行"研发抵税"的政策等。地方政府还通过担保、税收等政策支持中小企业发展。

推动风险投资。国外科技园的发展启示我们高技术产业需要风险投资。由于高技术产业发展迅速、技术更新快、产品寿命短、市场变化大、竞争激烈、开发风险大，如何缩短高技术产业化的时间是决定企业成败的关键。风险投资的发展是根据高技术与资金之间的供需矛盾，在高利润与高风险矛盾之间所作的权衡，它需要考虑技术成熟度、投资环境、经济形势、企业经营能力等，它本身也要有一个经验积累过程。

8.4 促进首都高新技术产业发展的政策建议

首都高技术产业发展方兴未艾，已经成为首都经济增长中最具有生机活力的产业部门之一，也是北京经济的重要增长点之一。结合本章的研究内容，为促进北京市高技术产业平稳健康发展，提出如下政策建议。

8.4.1 不断完善高技术产业发展制度

良好的制度环境是产业安全的重要保障。政府要逐步建立有利于高技术产业及相关产业发展的经济、社会制度，促进高技术企业的技术进步与创新能力的提升。

（1）加大政策宣传力度。

继续扩大政策宣传渠道范围，可结合电视、网络、宣讲会等多种信息传播方式提升科技政策的宣传力度。对于政策的变化、政策的关注重点、政策指引未来发展的方向等企业关注的重点问题进行深层次解读。对于现有政策进行全面梳理，并编制企业申报指南。帮助企业了解现行科技政策重点，指导企业有效利用各项优惠政策，以此促进企业提升获取政策信息、有效把握并利用政策的能力。

（2）不断完善高新技术企业认定标准。

可以针对不同行业、不同发展阶段的科技型企业采用不同的认定标准。企业经济发展周期及科技研发投入均有不同程度呈现，如某行业研发投入资金需求大，研发投入时间周期长，经济效益显现慢，则不利于企业通过高新技术企业认定。对于高新技术企业的认定标准，建议在大量调研的基础上，结合不同行业企业发展特点，以及行业企业所处的发展阶段进行细化，并随着高新技术企业的发展对认定办法进行完善。

（3）加大对小微企业的科技创新支持力度。

由于大型高新技术企业在拥有经济及科技资源禀赋方面具有较强优势，在发展过程中往往处于行业领先甚至垄断地位。而小微企业在发展过程中获得科技资源优势不明显，在发展过程中更需要政府的科技政策支持。建议政府在制定科技政策过程中，应更倾向于对小微企业的支持，采取如税收减免和立项补贴等资金支持方式，并加大支持力度，扩大支持范围，使更多的小微高新技术企业能更方便获得科技创新支持，以此推动小微企业快速健康发展。

（4）加强政府部门间有效沟通。

进一步简化税收减免的工作流程。如在高新技术企业专项所得税减免过程中，应简化对高新技术企业资格的审核，减少税收减免申报过程中提交的资质审核材料。加强部门间沟通和信息共享，尽量减少重复工作，提高政府信息资源利用率。在科技统计部门和高新技术企业认定部门之间实现信息共享，加强科技、税务和金融等主管部门的沟通与协调。

8.4.2　大力加强产业自主创新能力

技术创新是促进产业竞争力提升进而保证产业安全的根本动力，要将产业发展与自主创新紧密结合，努力解决高技术产业大而不强的问题。通过鼓励高校与企业开展多种类型的合作，着力建设高校重点实验室等，来提高产学研合作的水平，促进产业安全度的提升。发展高新技术产业时也要充分发挥市场机制的作用，同时也要注意传承我国重大科研项目集体攻关的经验，使得首都高新技术产业在全球化与市场经济条件下得以快速发展。对于加强自主创新能力，建议有以下三方面。

（1）增加研发经费投入。

高新技术产业作为研发投入的重要主体，其发展体现了知识经济时代下技术创新和产业创新的要求。经费投入是研发活动投入的重要组成部分，是形成高新技术产业技术创新能力的基础。高新技术产业依靠持续不断的资金支持得以开展科学实验，并实现科技成果转化，研发经费对技术创新的作用体现在研发链条的各个环节，比如提供前期策划和设备购买费用、劳务报酬以及后期市场运作资金等，为创新活动的开展提供保障。

（2）增加研发人员的投入。

高新技术产业发展是研发人员不断创新科研成果，并将其产品化、商业化的过程。作为技术创新成果的创造者和传播者，研发人员是研发活动投入的另一重要组成部分，人力资本要素的配置比例以及人力资本内部结构和质量都决定着技术创新的水平和效率。

（3）加快技术消化吸收。

技术引进能够在短期内使企业接近于"高新技术"，从而快速提升整体的技术创新能力。如果企业借助于自身的科技存量，通过消化吸收，实现二次创新，那么技术引进的效率就会大大提高。企业在技术引进后能否及时将其消化吸收并实现再创新，是检验企业自身技术能力的关键。

8.4.3 提高科技创新资本投入效率

发挥政府资金引导作用，重点带动创新资金结构调整。由于社会资金受营利性限制较强，政府资金在科技投入中起到先导性作用，因此要主动发挥政府资金的引导作用，推动形成有效率的科技创新资本投入结构。首先，要合理确定政府资金的投资方向，投资对象的选择应考虑"整体"与"核心"两大因素：整体要素是指财政支持对象要以基础共性技术为主，特别是一些社会资本匮乏的领域，补足基础科技短板；核心要素是指财政支持对象要以有利于增强地区核心竞争力为目标，在做好基础研究工作的前提下，找准地区经济发展动力，增加关键领域的科技投入。其次，要处理好科技资金投入"量"的关系，从国外高新技术产业发展经验来看，社会效果评估弊端明显，因此，政府科技部门应该转变职能，将属于市场行为的管理权力交给市场，重点承担起服务与监督的责任。在机构方面，需要主动培养第三方评估组织，评估组织要以独立性为核心，可以是国内外知名的咨询公司，也可以是非营利组织；在资金方面，无论是建设资金还是奖励资金，尽量通过市场机制形成，以保证评估过程的独立性与民主程度。但转变职能不等于弱化责任，在科技成果评估环节中，政府科技部门同样承担着支持与监管的责任。此外，为了保证政府科技资金的使用效率，可以建立起科研评估绩效与财政拨款力度之间的关系，提高财政科研支持的针对性。

8.4.4 推进产学研平台与市场对接

不同类型的研究机构在专业特长方面具有一定的差异性，要想实现科研资源的最优化，需要合理划分研究领域与范围，在细化专业领域的基础上，逐步推进研究机构与部门之间的横向合作，提高产学研平台的科研效率。高新技术产业研究类型主要分为基础型和应用型，二者在研究成果导向方面存在较大差异，基础型研究成果主要面向基础教育与基础研究，而应用型研究则以市场需求为导向，研究成果的核心价值在于经济价值的转化，因此，在研究项目分配时，应充分考虑科研机构的专业范围，在合理分工的基础上，重视过程合作，搭建起跨部门的横向合作平台，打破专业限制，实现科研基础知识的实时共享，增加科研机构的研究与开发效率。

创新资源的获取与科研成果的转化均离不开市场，只有不断推进产学研平台与市场的合作与对接，才能将市场机制引入科技创新环节。产学研平台建设的核心是推动研究与生产的结合，生产以研究为基础，研究以生产为动力，在合作的过程中，无论是技术研究，还是产品开发与生产，都离不开市场机制的作用，因此，有必要推动产学研平台内以及市场外的纵向合作，协同高新技术产业各个环节，增加创新活动的目标性。推进产学研平台与市场对接，重点在于鼓励企业成为科技创新的主体，建立起产业主体与市场的密切联系，以纵向合作为目标，制定创新体制优惠政策，提高科技市场合作积极性。

高技术产业的发展对于北京经济实现又好又快可持续增长具有非常重要的意义。提高首都高技术产业技术创新效率的同时，制定科学的高技术产业发展政策，并且尽快建立起以企业为主、以政府为辅、金融支持和社会各界参与的全方位、多层次、多形式的高技术产业发展投融资体系。充分调动科技人员的积极性，优化科技经费投入结构，提供经费的使用效率，提高专利产出和新产品的市场占有能力。多角度出发提升北京高技术产业的发展，同时带动各个相关产业平衡发展。

8.5　小　　结

本章对国内外高技术产业发展创新情况进行了全面的对比分析。对国内高技术产业发展的研究主要选取了山东省、安徽省、上海市、天津市等代表性地区省份城市，与北京市技术产业发展展开对比分析，从高技术产业总体发展情况、产业分技术领域发展情况和高技术产业创新发展情况三个角度出发。一方面，对各地区高技术产业科技人员、R&D 经费投入、专利数、利润和政策等指标维度的对比结果显示，北京市高技术产业无论从研发人员、经费，还是技术产出和经济产出方面均处于领先地位；另一方面，对各地区高新技术园区发展情况的对比结果显示，北京中关村高新技术园区在总收入、工业总产值、企业数、年末从业人员数这几项指标稳居首位，充分发挥了其领航作用。

对国外高技术产业发展的研究主要选取了美国、德国、日本和韩国等代表性国家，通过对各个国家创新战略制定、创新发展轨迹、创新政策实施及落实和创新成效等现状和经验的梳理总结，对首都高新技术产业发展提出合理的政策建议。结论显示，首都高新技术产业亟待实现制度的完善、效率的提升，同时也要不断提升自我创新能力，实现对产学研平台与市场的对接。

参 考 文 献

［1］Jaffe A. B. Real effects of academic research ［J］. American Economic Review, 1989, 79 (5): 957 –970.

［2］Hagedoorn J. , M. Cloodt. Measuring Innovative Performance: Is There an Advantage in Using Multiple Indicators ［J］. Research Policy, 2003, 32 (8): 1365 – 1379.

［3］Xiaohui, Liu & Trevor, Buck. Innovation Performance and Channels for International Technology Spillovers: Evidence from Chinese High-tech Industries ［J］. Research Policy, 2007 (36): 355 –366.

［4］S. M. Lin. Analysis of service satisfaction in web auction logistics service using a combination of Fruit fly optimization algorithm and general regression neural network ［J］. Neural Computing and Applications, 2013 (22): 783 –791.

［5］Enea S. F. , Palasca S. , Tiganas C. G7 countries-advocates of the global business cycle. In D. Airinei, C. Pintilescu, D. Viorica & M. Asandului (Eds.) ［J］. Globalization and Higher Education in Economics and Business Administration – Geba 2013 (20): 193 –200.

［6］Hwang J. , 이종하 . Financial and Business Cycles in China: Evidence from 31 Provincial Panel Data ［J］. The Journal of Modern China Studies, 2016, 18 (3): 1 –33.

［7］Li N. Revisiting Business Cycle Synchronization in East Asia ［J］. International Conference on Social Science and Humanity, 2015 (76): 243 –249.

［8］Park Y. J. Regional Business Cycles in East Asia: Synchronization and its Determinants ［J］. Journal of East Asian Economic Integration, 2013, 17 (2): 103 – 128.

［9］Posta V. Real Unit Labor Costsand Outputin Business Cycle Models: an Empircal Assessment ［J］. International Days of Statistics and Economics, 2013 (7): 1134 – 1140.

［10］Xiaoshan Chen，Terence C. Mills. Evaluating Growth Cycle Synchronisation in the EU［J］. Economic Modelling，2008，26（2）.

［11］Szomolanyi K.，Lukacik M.，Lukacikova A. The Effect of Terms – of – Trade on Czech Business Cycles：A Theoretical and SVAR Approach［J］. International Conference Mathematical Methods in Economics，2016（34）：809 – 814.

［12］Hüseyin Taştan. Real Business Cycles in Emerging Economies：Turkish Case［J］. Economic Modelling，2013（34）.

［13］Vrana L. Business Cycle Analysis：Tracking Turning Points［J］. Applications of Mathematics and Statistics in Economics，2014：277 – 283.

［14］J. V. Hansen，R. D. Meservy. Learning experiments with genetic optimization of a Generalized Regression Neural Networks［J］. Decision Support Systems，1996（18）：317 – 325.

［15］杭爱明. 如何处理统计数据中的异常值问题［J］. 上海统计，1994（4）：25 – 26.

［16］朱恒鹏. 企业规模、市场力量与民营企业创新行为［J］. 世界经济，2006（12）：41 – 52，96.

［17］张娜，杨秀云，李小光. 我国高技术产业技术创新影响因素分析［J］. 经济问题探索，2015（1）：30 – 35.

［18］古利平，张宗益，康继军. 专利与 R&D 资源：中国创新的投入产出分析［J］. 管理工程学报，2006（1）：147 – 151.

［19］张玉臣，吕宪鹏. 高新技术企业创新绩效影响因素研究［J］. 科研管理，2013（12）：58 – 65.

［20］张杰，刘志彪. 全球化背景下国家价值链的构建与中国企业升级［J］. 经济管理，2009（2）：22 – 25.

［21］周黎安，罗凯. 企业规模与创新：来自中国省级水平的经验证据［J］. 经济学，2005（2）：623 – 638.

［22］蒋殿春，夏良科. 外商直接投资对中国高技术产业技术创新作用的经验分析［J］，世界经济，2005（8）：5 – 12，82.

［23］吴福象，周绍东. 企业创新行为与产业集中度的相关性 – 基于中国工业企业的实证研究［J］. 财经问题研究，2006（12）：29 – 33.

［24］刘伟. 中国高新技术产业的技术创新影响因素：基于面板数据模型的实证检验［J］. 数学的实践与认识，2010（22）：62 – 70.

［25］储德银，崔莉莉. 中国财政政策产出效应的非对称性研究［J］. 财

贸经济，2014（12）：27 – 39.

[26] 邓创，徐曼. 中国的金融周期波动及其宏观经济效应的时变特征研究 [J]. 数量经济技术经济研究，2014，31（9）：75 – 91.

[27] 黄赜琳，朱保华. 中国的实际经济周期与税收政策效应 [J]. 经济研究，2015，50（3）：4 – 17，114.

[28] 何青，钱宗鑫，郭俊杰. 房地产驱动了中国经济周期吗？[J]. 经济研究，2015，50（12）：41 – 53.

[29] 吕朝凤，黄梅波，陈燕鸿. 政府支出、流动性冲击与中国实际经济周期 [J]. 金融研究，2013，393（3）：34 – 47.

[30] 吕朝凤，黄梅波. 偏向性技术变迁、习惯形成与中国经济周期特征——基于 RBC 模型的实证分析 [J]. 经济评论，2012，174（2）：32 – 44.

[31] 吴登生，李建平，汤铃，等. 生猪价格波动特征及影响事件的混合分析模型与实证 [J]. 系统工程理论与实践，2011，31（11）：2033 – 2042.

[32] 王金峰，闫东伟，鞠金艳，等. 基于经验模态分解与 BP 神经网络的农机总动力增长预测 [J]. 农业工程学报，2017，33（10）：116 – 122.

[33] 汪红驹，汪川. 国际经济周期错配_ 供给侧改革与中国经济中高速增长 [J]. 财贸经济，2016（2）：5 – 19.

[34] 王国静，田国强. 金融冲击和中国经济波动 [J]. 经济研究，2014，49（3）：20 – 34.

[35] 张同斌，高铁梅. 中国经济周期波动的阶段特征及驱动机制研究——基于时变概率马尔科夫区转移（MS – TVTP）模型的实证分析 [J]. 财贸经济，2015（1）：27 – 39.

[36] 刘金山，李宁. 我国区际贸易及其价格传导效应研究 [J]. 财贸经济，2013（6）：97 – 108.

[37] 史佳，冀巨海. 基于 BP 神经网络的黄河中下游人口预测研究 [J]. 科技管理研究，2014（6）：245 – 250.

[38] 乔俊飞，韩红桂. RBF 神经网络的结构动态优化设计 [J]. 自动化学报，2010，36（6）：865 – 872.

[39] 刘同海，李卓，滕光辉，罗城. 基于 RBF 神经网络的种猪体重预测 [J]. 农业机械学报，2013，44（8）：245 – 249.

[40] 李朝将，凡银生，李强. 基于 GRNN 的电火花线切割加工工艺预测 [J]. 华中科技大学学报（自然科学版），2012，40（S2）：1 – 4.

[41] 蔡仁，李如琦，唐冶，瓦哈提. 基于人工神经网络算法的新疆百里

风区风速预报方法研究 [J]. 干旱区资源与环境, 2014, 28 (8): 94 – 98.

[42] 王琳, 李士金. 基于 Elman 神经网络的我国入境游客量动态预测 [J]. 资源开发与市场, 2015, 31 (5): 627 – 629.

[43] 李蓬勃, 闫晓冉, 徐东瑞. BP 神经网络和多元线性回归在粮食产量空间分布预测中的比较 [J]. 干旱区资源与环境, 2014, 28 (9): 74 – 79.

[44] 刘雪, 李亚妹, 刘娇, 钟蒙蒙, 陈余, 李兴民. 基于 BP 神经网络的鲜鸡蛋货架期预测模型 [J]. 农业机械学报, 2015, 46 (10): 328 – 334.

[45] 陈昌华, 谭俊, 尹健康, 张飞, 姚进. 基于 PCA – RBF 神经网络的烟田土壤水分预测 [J]. 农业工程学报, 2010, 26 (8): 85 – 90.

[46] 王芹芹, 雷晓云, 高凡. 基于主成分分析和 RBF 神经网络的融雪期积雪深度模拟 [J]. 干旱区资源与环境, 2014, 28 (2): 175 – 179.

[47] 赵亮, 王连广, 齐锡晶. 基于广义回归神经网络的沈阳房地产市场研究 [J]. 东北大学学报 (自然科学版), 2014, 35 (8): 1203 – 1205.

[48] 张帆. 基于神经网络模型的沪深 300 指数预测 [J]. 统计与决策, 2013 (7): 79 – 81, 82.

[49] 李松, 刘力军, 解永乐. 遗传算法优化 BP 神经网络的短时交通流混沌预测 [J]. 控制与决策, 2011, 26 (10): 1581 – 1585.

[50] 龙亿, 杜志江, 王伟东. GA 优化的 RBF 神经网络外骨骼灵敏度放大控制 [J]. 哈尔滨工业大学学报, 2015, 47 (7): 26 – 30.

[51] 王雨, 刘国彬, 屠传豹. 基于遗传 – GRNN 在深基坑地连墙测斜预测中的研究 [J]. 岩土工程学报, 2010, 34 (S0): 167 – 171.

[52] 李松, 刘力军, 翟曼. 改进粒子群算法优化 BP 神经网络的短时交通流预测 [J]. 系统工程理论与实践, 2012, 32 (9): 2045 – 2049.

[53] 许兆美, 刘永志, 杨刚, 王庆安. 粒子群优化 BP 神经网络的激光铣削质量预测模型 [J]. 红外与激光工程, 2013, 42 (9): 2370 – 2374.

[54] 王东升, 李世华, 周杏鹏. 基于 PSO – RBF 神经网络模型的原水水质评价方法及应用 [J]. 东南大学学报, 2011, 41 (5): 1019 – 1024.

[55] 李宁洲, 冯晓云, 卫晓娟. 采用动态多子群 GSA – RBF 神经网络的机车黏着优化控制 [J]. 铁道学报, 2014, 36 (12): 27 – 34.

[56] 王晓霞, 马良玉, 王兵树, 王涛. 进化 Elman 神经网络在实时数据预测中的应用 [J]. 电力自动化设备, 2011, 31 (12): 77 – 81.

[57] 王改革, 郭立红, 段红, 刘逻, 王鹤淇. 基于萤火虫算法优化 BP 神经网络的目标威胁估计 [J]. 吉林大学学报 (工学版), 2013, 43 (4):

1064 - 1069.

[58] 张燕君, 刘文哲, 付兴虎, 毕卫红. 基于自适应变异果蝇优化算法和广义回归神经网络的布里渊散射谱特征提取 [J]. 光谱学与光谱分析, 2015, 35 (10): 2916 - 2923.

[59] 师彪, 李郁侠, 于新花, 闫旺, 孟欣, 何常胜. 弹性自适应人工鱼群_BP 神经网络模型及在短期电价预测中的应用 [J]. 农业工程学报, 2010, 29 (1): 5 - 9, 194.

[60] 杨淑霞, 韩奇, 徐琳茜, 路石俊. 基于鱼群算法优化 BP 神经网络的电力客户满意度综合评价方法 [J]. 电网技术, 2011, 35 (5): 146 - 151.

[61] 王德明, 王莉, 张广明. 基于遗传 BP 神经网络的短期风速预测模型 [J]. 浙江大学学报 (工学版), 2012, 46 (5): 837 - 841.

[62] 白继中, 师彪, 冯民权, 周利坤, 李小龙. 基于自适应调整蚁群_RBF 神经网络模型的中长期径流预测 [J]. 自然资源学报, 2011, 30 (3): 50 - 56.

[63] 贾义鹏, 吕庆, 尚岳全. 基于粒子群算法和广义回归神经网络的岩爆预测 [J]. 岩石力学与工程学报, 2013, 32 (2): 343 - 348.

[64] 丁世飞, 贾伟宽, 许新征, 苏春阳. 基于 PLS 的 Elman 神经网络算法研究 [J]. 电子学报, 2010 (2A): 71 - 75.

[65] 师洪涛, 杨静玲, 丁茂生, 王金梅. 基于小波 - BP 神经网络的短期风电功率预测方法 [J]. 电力系统自动化, 2011, 35 (16): 44 - 48.

[66] 肖迁, 李文华, 李志刚, 刘金龙, 刘会巧. 基于改进的小波 - BP 神经网络的风速和风电功率预测 [J]. 电力系统保护与控制, 2014, 42 (15): 80 - 86.

[67] 王韶, 杨江平, 李逢兵, 刘庭磊. 基于经验模式分解和神经网络的短期风速组合预测 [J]. 电力系统保护与控制, 2012, 40 (10): 6 - 11.

[68] 张瑜, 汪小旵, 孙国祥, 李永博. 基于集合经验模态分解与 Elman 神经网络的线椒株高预测 [J]. 农业工程学报, 2015, 31 (18): 169 - 174.

[69] 吕一清, 何跃. 基于灰色 Elman 神经网络的季度性工业增加值动态预测方法的研究 [J]. 生产力研究, 2011 (7): 60 - 61.

[70] 王恩德. 工业景气调查在工业生产形势生产中的应用 [C]. 中国电子学会工业工程学会第五届年会, 1997.

[71] 殷克东, 马景灏, 王自强. 中国海洋经济景气指数研究 [J]. 统计与信息论坛, 2011, 26 (4): 41 - 46.

［72］周德全，真虹，乐美龙．中国航运景气监测预警系统［J］．系统工程，2015，33（7）：126－135．

［73］王红云，李正辉．虚拟经济运行景气监测指标体系的设计［J］．统计与决策，2016（4）：4－7．

［74］蒋琦，钟赫曦，白明．贵州省经济景气监测研究［J］．统计与决策，2010（8）：119－122．

［75］杨海珍，李苏骁，李红，甘昶春，杨晓光．新疆经济增长监测预警指标体系构建研究［J］．新疆大学学报（哲学·人文社会科学版），2014，42（1）：1－5．

［76］张敏丽，杨长林．基于经济周期理论的房地产景气监测系统构建及实证_张敏丽［J］．统计与决策，2014（15）：23－26．

［77］何跃，张秋菊，杨剑，徐玖平．运用统计指标与景气指数对工业经济的组合预测［J］．统计与决策，2007（9）：80－82．

［78］李静文，刘刚．基于BP神经网络的景气预测模型［J］．统计与决策，2015（23）：70－74．

［79］戴明锋，金勇进，查奇芬，刘寅飞．二分类Logistic回归插补法及其应用［J］．数学的实践与认识，2013，43（21）：162－167．

［80］刘瑞元，陈占寿，刘宝慧．两个辅助变量下目标变量缺失数据的回归插补［J］．青海大学学报（自然科学版）2009，27（1）：39－41．

［81］杨军，赵宇．辅助变量不完全情形下的回归插补及其方差估计［J］．系统工程理论与实践，2008（1）：146－150．

［82］范爱军，刘云英．我国高技术产业技术创新影响因素的定量分析［J］．经济与管理研究，2006（10）：58－62．

［83］赵玉林，魏芳．高技术产业发展对经济增长带动作用的实证分析［J］．数量经济技术经济研究，2006（6）：44－54．

［84］阮连法，包洪洁．基于经验模态分解的房价周期波动实证分析［J］．中国管理科学，2012，20（3）：41－46．